AF234000

RESPONSE
DV Sr. DE
GIRAC,
A LA DEFENSE
DES OEVVRES
DE MONSr
DE VOITVRE
FAITE PAR Mr
COSTAR.

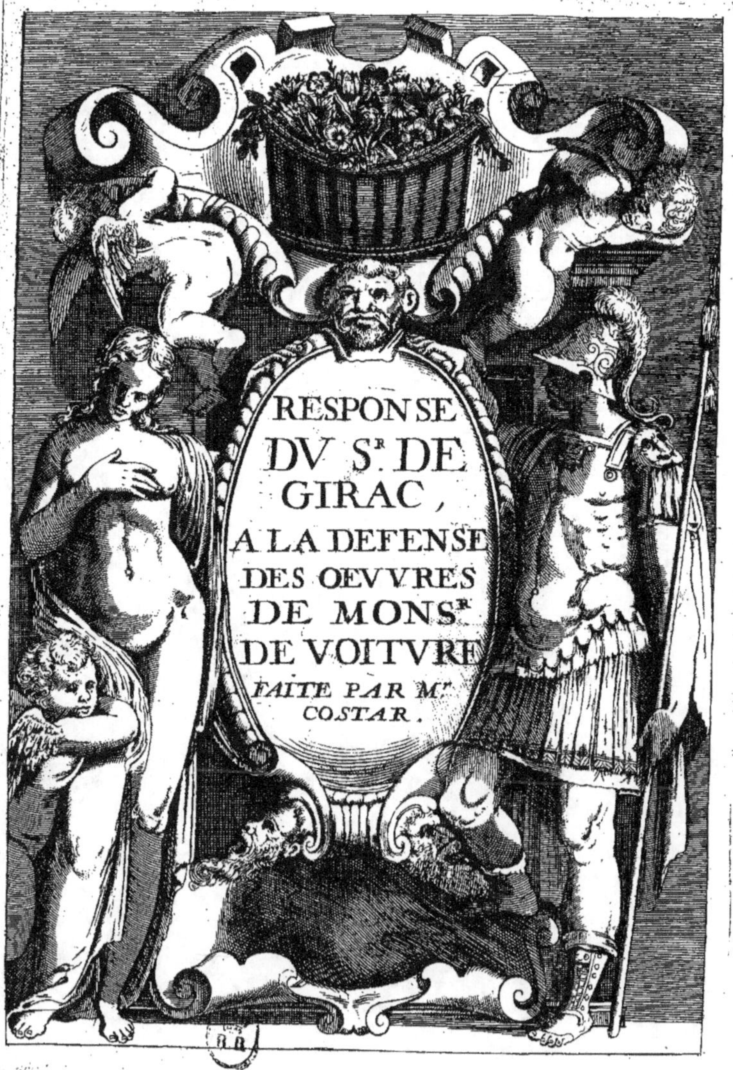
RESPONSE
DV Sʳ. DE
GIRAC,
A LA DEFENSE
DES OEVVRES
DE MONSʳ
DE VOITVRE
FAITE PAR Mʳ.
COSTAR.

RESPONSE

DV Sʳ DE GIRAC,

A LA DEFENSE DES OEVVRES

DE M. DE VOITVRE,

FAITE PAR M. COSTAR.

AVEC QVELQVES REMARQVES SVR SES ENTRETIENS.

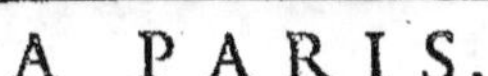

A PARIS,

Chez AVGVSTIN COVRBE', au Palais, en la
Gallerie des Merciers, à la Palme.

M. DC. LV.

AVEC PRIVILEGE DV ROY.

AV LECTEVR.

*'ENTRE dans vn com-
bat que ie n'ay pû euiter, y
eſtant prouoqué de la plus
preſſante maniere qu'on le
puiſſe eſtre ; Car quelque
ennemy que ie ſois de toute
ſorte de conteſtation, le deffy
qu'on m'a fait eſtant public,*

*& mon Aduerſaire ſe preſentant comme en triom-
phe à la veuë du peuple, il ne m'a pas eſté libre
de demeurer ſans luy repartir. Il eſt donc à propos, Lecteur, puiſque tu dois eſtre l'arbitre de nos
differens, que ie t'inſtruiſe de leur origine. Ceux
qui connoiſſent Monſieur Coſtar, ſçauent qu'il a
eu de tout temps vne enuie ſecrete contre les perſonnes d'vn merite extraordinaire, & que ne pouuant ſouffrir la gloire que Monſieur de Balzac*

ã iij

AV LECTEVR.

s'eftoit acquife par vn fi grand nombre de rares Ouurages, il attendoit toûiours l'occafion de luy faire vn mefme traittement qu'aux autres. L'é-troite amitié qu'il auoit liée autrefois aueque luy, feruit enfin de fujet à fa paßion. M. de Balzac luy ayant communiqué vne de mes lettres, où ie parlois de celles de M. de Voiture, l'engagea à en dire fon auis, fe perfuadant que comme ie n'auois écrit cette lettre que pour demeurer particuliere, le iugement qu'il en feroit le feroit außi. Ce fut alors que M. Coftar crût que pour venir à bout de fes deffeins, il n'auoit qu'à faire accroire que M. de Balzac & moy, auions agy de concert pour écrire contre fon amy: Qu'ainfi il auroit vn pretexte fort fpecieux de le deffendre, & de donner quelque atteinte à ce-luy dont la gloire luy caufoit tant d'inquietude. Pour le faire de meilleure grace, il s'excufa d'abord de ne pouuoir dire fes fentimẽs fur mes Remarques, & allegua mille occupations qui luy en oftoient le loifir. Enfin, aprés quelques années, & quand on y penfoit le moins, il enuoya fa deffenfe *écrite à la main*, à M. de Balzac, le coniurant, s'il y trou-uoit quelques lignes qui luy puffent déplaire, de les rayer, de les mettre au feu, de les ietter dans l'eau ; Qu'il les luy abandonnoit abfolu-ment. *Cependant, ce Liure, qui n'eft autre chofe*

qu'vne Satyre contre l'honneur de celuy à qui il
l'adresse, quoy qu'il fist profeßion de le cherir & de
l'honorer, estoit imprimé, & entre les mains de tout
le monde, auant que le manuscrit en fust seulement venu iusqu'à luy. Ie suis neanmoins, attaqué dans cét Ouurage, comme si c'estoit à moy seul
qu'on en voulust : Nostre Aduersaire paroist les
armes à la main, c'est moy qu'il cherche, c'est moy
qu'il combat. Il lance à la verité ses traits contre
moy, mais il veut qu'ils retombent sur vn autre.
Vn seul ennemy n'a pas suffi à cét Hercule, il
luy en a fallu deux. S'il me blesse, il veut que
le contre-coup fasse plus d'effet sur vn homme
que ses éminentes qualitez, sembloient auoir mis
au dessus de l'enuie & de la médisance. Il ra-
masse auec soin tout ce qu'on a dit autrefois contre
luy : Il se sert de toutes les armes de ceux qui l'ont
combattu, il les parfume seulement, & les couure
de fleurs & de feüilles, comme les Bacchantes faisoient leurs thyrses, pour le surprendre mieux, &
pour ne pas manquer son coup. Toutefois, il n'est
pas neceßaire que ie pare pour luy ; ie n'entrepren-
dray pas la deffense de celuy qu'il a si souuent nommé son Heros, & qui ne sçauroit estre offensé par de
si foibles attaques. Ie songeray seulement à moy.
Et quoy que je me puße plaindre auec justice de

AV LECTEVR.

l'infulte que M. Coſtar m'a faite, ſans luy en auoir
donné ſujet, comme il m'eſt facile de le repouſſer,
ie ne la veux demander à perſonne, & i'eſſayeray
de me la faire moy-meſme. Ie ſçay bien auſſi, que
n'eſtant que ſur la deffenſiue, le choix des armes me
deuroit appartenir, & que i'aurois droit, ſi ie voulois, de me feruir de celles qu'il a crû que i'ay quelque auantage; ie ne le feray pas toutefois, & i'écriray
en la Langue qu'il a choiſie, afin que chacun puiſſe
voir la ſincerité de mes intentions. Mais i'en vſeray
autrement que luy, qui ſentant la foibleſſe de ſa cauſe, l'a voulu maintenir par l'adreſſe & les artifices
de ſon ſtile, au lieu que ie ne me fonderay point ſur
ces deſtours & ces déguiſemens, & que ie tâcheray
de payer de ſolidité. Du moins, i'euiteray toûjours
ce qui pourra eſtre ſuſpect de faux raiſonnement,
& de fauſſes allegations; & lors que ie toucheray
quelques-vnes des fautes de M. de Voiture, ie le
feray auec regret, & ie n'auray pas tant la veuë ſur
luy, que ſur Monſieur Coſtar. Au reſte, ie ne te
demande aucune faueur, i'eſpere ſeulement que la
reputation de mon Aduerſaire n'impoſera pas à la
clarté de ton iugement.

PRI-

TABLE DES SECTIONS
CONTENVES EN CE
VOLVME.

ē

TABLE DES SECTIONS

TABLE DES SECTIONS.

ẽ ij

TABLE DES SECTIONS.

REMARQVES
SVR LES ENTRETIENS
DE M. COSTAR.

QVE *Monsieur Costar n'a fait que copier ses Recueils. Qu'il applique tres-mal vn passage de Tacite.*
SECTION I.   page 219

Que Monsieur Costar n'a pas fort leu les anciens Poëtes. Qu'il se trompe en disant que la Lune n'a point eu d'Amant. Qu'il ignore que l'Estoile du matin est la mesme que celle de Venus. Qu'Hercule chez Omphale rompoit ses fuseaux & ses quenoüilles.
SECTION II.   p.126

Fautes de Monsieur Costar dans l'interpretation de quelques passages de Sophocle, d'Euripide & d'Eschyle.
SECTION III.   p.230

Que Monsieur Costar n'a pas entendu vn passage du Chancelier Bacon. Qu'il ne traduit pas fidelement vn autre passage de Pline.

TABLE DES SECTIONS

TABLE DES SECTIONS.

PAVLI THOMÆ (A GIRACO) EPISTOLA

AD LVDOVICVM BALZACIVM.   p. 287.

RES-

RESPONCE
A LA DEFENCE
DES OEVVRES
DE M^R DE VOITVRE.

A MONSIEVR COSTAR.

SECTION PREMIERE.

OCCASION DV DISCOVRS
suiuant. Responce à quelques objections.

ONSIEVR,

I'ay veu auec vne extreme surprise le Discours
que vous auez fait contre moy ; & comme ie ne

me souuenois plus de la Lettre qui vous en a
fourni le sujet, ie ne pouuois m'imaginer qu'elle euft pû faire tant de bruit, ni qu'elle euft
troublé le repos d'vn homme de l'importance
que vous estes. C'est vne rencontre bien extraordinaire, & qui m'est fort glorieuse, que n'ayant
iamais fait paroiftre aucune production de mon
esprit, vne seule de mes lettres ait esté si long-
temps l'objet de vos plus serieuses meditations,
& que l'entretien que i'ay eu auec vn de mes
amis, foit deuenu vne action publique. Il y a
prés de quatre ans que feu Monfieur de Balzac
m'écriuit fur le sujet des lettres de Monfieur de
Voiture ; & bien que ce fuft vn iuge souuerain
en pareilles matieres, il desira neantmoins, d'en
fçauoir mes fentimens. Le deftin de ces Lettres
auoit esté si heureux, que dés le iour de leur naiffance elles auoient esté receuës auec la faueur
& l'applaudiffement de tout le monde. En effet,
elles font remplies de tant de graces, il y a de si
jolies chofes, & l'Autheur s'infinuë auec tant de
charmes dans l'esprit des Lecteurs, qu'il ne faut
pas s'eftonner s'il gagne d'abord leur eftime &
leur bienveillance.

Ie ne fus pas moins fenfible que les autres à
la veuë de ces beautez ; mais leur éclat ne m'é-
bloüit pas de telle forte, que ie n'y apperceuffe
quelques defauts. Ie iugeay toutefois que ces

defauts eſtoient les effets du malheur qui eſt ordinaire aux plus grands hommes. La mort de
M. de Voiture me parut la principale cauſe de
l'inégalité de ſes Ecrits. *Il nous a laiſſé, comme
vous dites, vn Ouurage qui eſt imparfait, l'ordre, la
ſtruſture, & l'harmonie y manquent en pluſieurs lieux;
il euſt corrigé beaucoup de choſes par vne veuë plus
appliquée, plus attentiue & plus recueillie.* Mais bien
loin de l'auoir conſideré aueque l'enuie dont
on m'accuſe, ie ſouffris ſa perte auec douleur,
& ie crus que noſtre ſiecle venoit d'eſtre priué
de l'vn de ſes plus grands ornemens. Cependant, comme i'eſtois obligé de reſpondre à M.
de Balzac, ie le fis auec la franchiſe & l'ingenüi-
té qui me ſont naturelles. Ie loüay ce que ie
trouuay de loüable, & ie repris ce que ie crus
digne de blâme. Ie luy écriuis en Latin, parce
que la Lettre que i'auois receuë de luy eſtoit Latine. Que cela ne vous mette plus en peine. Il
y a bien plus à s'eſtonner de ce que vous auez
reſpondu en François à vn Diſcours Latin, que
de trouuer mauuais que ie l'aye fait en la meſme
langue en laquelle on m'auoit écrit. Et quoy
qu'en die voſtre faiſeur de Preface, ie ne penſe
pas *qu'il m'euſt eſté fort honteux de parler ma langue
maternelle, ni que ie fuſſe tombé dans la diſgrace du
peuple, ſi i'euſſe marché à découuert.*

Certes, le procedé de ce galant homme me

A ij

paroiſt bien eſtrange, il ne parle de moy que
comme d'vn fâcheux, d'vn Cenſeur, & d'vn Critique. Monſieur, qu'il eſt deſobligeant! Qu'il
a peu ſacrifié aux Graces, & qu'il eſt éloigné de
la politeſſe & de la ciuilité de ſon parent! Ie
vous ſuis infiniment obligé de l'auoir preuenu,
s'il eſt vray qu'il euſt eu aſſez de temerité pour
m'attaquer. Qu'il euſt verſé de fiel & d'abſinthe
ſur le papier! Que vous m'auez ſauué d'injures!

Si i'eſtois d'auſſi mauuaiſe humeur que ce
foible ſecond dont vous vous eſtes ſerui, ie vous
ferois icy les meſmes reproches que Ciceron fit
autrefois à Marc-Antoine qui auoit diuulgué
vne de ſes Lettres. *N'eſt-ce pas*, dit-il, *retrancher*
de la vie toute ſorte de ſocieté? N'eſt-ce pas interdire
aux amis auec trop d'inhumanité, les entretiens qu'ils
ont pendant leur abſence? N'eſt-ce pas ignorer les loix
de la vie ciuile, & pecher contre le droit des gens?

Mais qu'y a-t-il dans ma Lettre qui ne ſoit
appuyé de raiſon, & qui n'ait pour but la recherche de la verité? Et ne peut-on pas vous reprocher, que vous auez eu bien moins de ſoin
de l'honneur de voſtre amy que moy; puiſque
ce n'a pas eſté de mon mouuement que i'ay
parlé de ſes fautes; que ç'a eſté *dans vne langue*
inconnuë aux Dames, & peu entenduë à la Cour, &
que ie n'ay point publié ce que i'en ay dit? La
publication n'en a eſté faite que par vous meſ-

mes ; c'eſt vous qui m'auez ſerui d'interprete.
Vous ne vous iuſtifiez pas en diſant que vous
auez entrepris ſa defence, car vous ne deuiez pas
penſer que vos raiſons demeuraſſent ſans repli-
que, & ſi vous l'auez penſé, vous auez eu grand
tort. Auoüez le vray, c'eſt que vous auiez beſoin de matiere pour exercer voſtre bel eſprit,
fuſt ce aux deſpends de vos meilleurs amis, &
pour ne pas perdre tant de bons mots que vous
gardiez dans vos Recueils.

I'ay choqué, me dites-vous, les ſentimens de la plus
belle moitié du Monde ; les Dames ont approuué les
Oeuures de M. de Voiture, il en a eſté les amours & les
délices. I'aurois, Monſieur, vn extreme déplaiſir ſi
ie les auois choquées, en n'approuuant pas en toutes choſes celuy dont elles ont fait leurs delices.
Mais quel préiudice luy ay-je pû faire, ſi ie me
ſuis exprimé en des termes qui leur ſont inconnus?
Et ſi vous m'auiez traduit de bonne foy, les Dames auroient veu que ie les confirme dans leurs
ſentimens, que ie les mene dans les plus beaux
endroits, & que ie dérobe ſeulement à leur veuë,
ce que l'Autheur luy-meſme eût ſupprimé pour
l'amour d'elles, s'il en eût eu le loiſir. Ce n'eſt
pas les offencer que d'oſter de leur chemin les
ronces & les pierres qui s'y ſont rencontrées
fortuitement. Les diamans ne perdent rien de
leur prix pour en retrancher ce qui y eſt de trop;

A iij

& on ne les brise pas pour leur donner quelque
tour de rouë. Les Zoïles meritent à la verité le
mépris & la haine de tout le monde : mais les
Hermogenes , les Denys d'Halicarnasse & les
Longins, les Casaubons & les Scaligers, ne doiuent point estre blâmez s'ils ont parlé des Autheurs les plus celebres auec beaucoup de liberté. Il se faut moquer de ces ridicules Declama-
teurs, qui ont cherché de la gloire dans la loüange *de Busire & de Neron* : mais il ne faut point
condamner ceux qui n'admirent pas tout ce
qui se trouue dans les Ouurages des grands
hommes.

Toutefois, ie ne sçay dequoy vous - vous
auisez d'alleguer ces differentes sortes de Critiques, dont l'occupation n'est autre que de reprendre les Ouurages d'autruy : ni pourquoy
vous demandez *si ceux-là ont reüssi, qui ont attaqué*
les amours de tout le monde, & les inclinations du petit
nombre choisy? Ie ne sçay pourquoy vous ajoustez,
que ce seroit grand dommage que ie m'arrestasse sur des
sujets comme celuy que i'ay voulu traiter en cette oc-
casion.

Qu'il vous sied mal, Monsieur, de dire cela,
& de m'accuser que i'ayme à reprendre les autres, puisque vous estes plus taché de ce defaut
que personne. Ce n'est pas d'aujourd'huy que
vous auez témoigné cette ardente passion de

trouuer à redire aux choses les plus approuuées.
Lors que vostre nom n'estoit point connu, & que
toutes vos pensées ne visoient qu'à faire parler
de vous, n'attaquastes vous pas les plus éclatantes lumieres de nostre siecle, & les plus grands
genies des belles Lettres ? Monsieur l'Euesque
de Grasse, Monsieur Chapelain, & Monsieur de
la Chambre, purent-ils éuiter vos atteintes &
vos morsures? Et n'est-ce pas là vne des plus
mauuaises manieres de se mettre en reputation?

Ie n'eus point des pensées si peu dignes d'v-
ne ame bien née, lors que i'écriuis à mon amy,
& que ie voulus satisfaire sa curiosité. Ie ne
remarquay que quelques mesprises de M. de
Voiture, parmy vne infinité de bonnes choses, qui me plurent extremement. Vous sçauez
que c'est vn malheur inéuitable à l'humanité, que de ne produire rien de parfait, & que
les beautez les plus acheuées ont leurs défauts.
Vous n'estes pas équitable, si vous voulez que
le seul M. de Voiture soit excepté d'vne loy qui
est vniuerselle ; si vous ne souffrez pas qu'on
remarque la moindre tache en celuy que vous
auez aimé. Car c'est ainsi que ie nomme les manquemens que i'y ay rencontrez. Cette tache de
la Venus de Praxitele, dont parle Lucien, ne blessoit les yeux de personne, elle ne faisoit tort ni

à l'excellence de l'Ouurage, ni à la reputation de l'Ouurier; & on ne trouue point que le Poëte Alcée se soit iamais fâché contre ceux qui blâmoient le seing que son amy auoit sur l'vn de ses doigts ; Pour luy, il croyoit qu'il fust plus brillant & plus agreable que la lumiere mesme. Le ieune Roscius estoit louche, & c'estoit dommage qu'vne si grande difformité se rencontrast dans vn visage aussi accompli que le sien. Quintus Catulus ne laissoit pas de l'aimer , mais il souffroit que tout le monde parlast de son défaut.

Neantmoins, ie ne blâme point le zele que vous auez pour vostre amy, & i'approuue les *larmes* que vous auez versées sur son tombeau. Il est vray que vostre zele est vn peu emporté, & qu'il y a de l'ambition dans vos larmes. Vous prenez la protection d'vn *amy mort,* dont vous feignez que la memoire est offencée. Vous voulez imiter les Heros d'Homere, qui combattent auec bien plus de courage aprés que leurs amis ont esté tuez. C'est lors qu'ils redoublent leurs forces, & qu'ils rappellent toute leur valeur. Il semble qu'ils reseruent ce temps-là pour tesmoigner la violence de leur amitié. Ils n'ont iamais fait de si grands efforts pour leur sauuer la vie, qu'ils en font pour conseruer leurs despoüilles.

Quoy

Cic. de nat.
deo. l. 1.

Quoy qu'il en soit, i'eusse bien souhaité que
quelque autre que moy vous eust serui de pretexte, & que les belles choses que vous dites eussent eu vn fondement plus raisonnable. Ie ne
puis souffrir, d'ouïr mon accusation parmi les
loüanges que vostre Ouurage a meritées. Ce
n'est pas sans colere que ie voy, qu'vne liberté
que vous appellez courageuse, & qui doit estre
le caractere & la passion d'vn honneste homme,
m'ait fait passer pour vn enuieux & vn delateur.
Pourquoy faites-vous vne iniustice en faisant
vne action de pieté ? Pourquoy esleuez-vous le
monument que vous preparez à l'honneur de
vostre amy, sur les ruines de ceux qui ne sont
pas coupables, & qui ne vous ont point offencé?

Ie n'ay iamais esté capable d'vne telle bassesse, que de vouloir obscurcir la gloire d'autruy. I'ay toûjours eu vne forte inclinatiō à
honorer la vertu en quelque sujet que ie l'aye
rencontrée. Comme cette vertu paroist plus
pure & plus brillante, quand elle a payé le dernier deuoir à la nature, & qu'elle est exempte de
ses infirmitez ; Aussi est-il iuste d'augmenter
alors l'honneur qui luy est deû, & de la regarder
mesme auec quelque veneration. Nous deuons
auoir pour la memoire de ceux qui ne sont plus,
la religion que les Iurisconsultes veulent que

nous ayons pour leurs cendres. Mais il ne faut pas que ce culte aille iusqu'à la superstition, il ne faut pas faire tous les iours des apotheoses. Leur repos n'est point troublé, & leurs Manes peuuent demeurer dans le cercueil sans estre inquietez, quoy que nous parlions d'eux en personnes libres & desinteressées. Il est mesme necessaire de remarquer leurs fautes, afin qu'on les euite, & qu'vne estime trop respectueuse ne cause pas vne mauuaise imitation.

Mais puisque ie suis reduit à la necessité de me deffendre, & de vous rendre raison de mes remarques, soit que ie parle de vous, ou de M. de Voiture, ie tâcheray de demeurer dans les termes de la bienseance & de la ciuilité. Ie n'ay pas besoin, comme ceux qui ont mauuaise cause, de me seruir d'adresses & d'inuentions. Il n'est pas necessaire que i'employe vn secours extraordinaire ; il ne me faut, ni beaucoup d'eloquence, ni beaucoup d'erudition ; & i'espere soustenir vos attaques auec la mesme facilité que vous les auez faites, Si dans la suite de mon Discours, il se glisce quelque chose qui vous soit desagreable, ie vous supplie de vous persuader que mon dessein n'est autre que de vous rendre ce que vous m'auez presté, & d'vser enuers vous de la mesme moderation, dont vous-vous estes serui contre moy.

SECTION II.

QVE MONSIEVR COSTAR S'EST
*mespris en prenant Ciceron pour Brutus. Qu'il allegue
de mauuaise foy les paroles de l'Autheur. Qu'il se
trompe en citant Homere, & le Sophiste
Longin? Que sa digression du genre
sublime est hors de propôs.*

AVANT que d'entrer en matiere, vous me
permettrez bien de vous auertir en pas-
sant, que vous auez failly dés le premier mot.
Vous auez pris l'vn pour l'autre, c'est à dire Ciceron pour Brutus : C'est de celuy-cy que Cesar
auoit accoustumé de dire ; *Il importe grandement
que cét homme veüille quelque chose, car ce qu'il veut,
il le veut extremement.* Si vous eussiez pris la peine
de consulter Plutarque en la vie de Brutus, où   Li. 14. ad·
Ciceron luy-mesme dans ses Epistres, vous au- Attic.ep.1.
riez sans doute changé vostre Exorde. On n'a
iamais accusé ce Prince des Orateurs de trop de
fermeté : Au contraire, combien de fois sa legere-
té luy a-t-elle esté reprochée en plein Senat,
& quels Historiens n'ont point parlé de son in-
constance ?

Ie ne m'arresteray pas beaucoup sur de semblables mesprises qui vous sont fort ordinaires.

Mais il y a vn peu trop de mauuaise foy dans celle-cy. Vous dites que i'accuse voftre amy *de ce qu'il ne parle pas Balzac, & qu'il n'a pas efcrit dans le genre fublime.* Vous-vous donnez en fuite carriere, & ne parlez que de la pompe & de la magnificence de ce ftile, que de fes foudres & de fes tonnerres.

Ie n'ay qu'à vous refpondre, Monfieur, que i'appelle de vous à vous mefmes. Vous fçauez que le fens de mes paroles eft bien efloigné de celuy-la. Ie defauouë ce Latin que vous auez mis en marge, il ne fe trouue point dans ma differtation ; & ie ne puis comprendre pourquoy vous me faites dire des chofes fi contraires à mes intentions. I'ay dit qu'il fe remarquoit de la negligence dans les Ecrits de M. de Voiture ; qu'il auoit euité en certains endroits la peine & la longueur du trauail ; Que ces belles peintures demandoient encore quelques coups de pinceau ; qu'il y auoit quelque chofe qui n'eftoit pas dans la derniere exactitude, comme l'eft tout ce qui part des mains de M. de Balzac.

Il n'y a rien-là, Monfieur, que vous n'ayez repeté plufieurs fois. *Sur tout,* dites-vous, *il a recherché cette forte de negligence qui fied fi bien aux belles perfonnes, &c. Il en eut retranché quelque chofe pour le rendre plus accomply. Il eut acheué ce qu'il n'auoit qu'ébauché. Il fe laiffe voir dans quelques vns*

*de ses lettres en desordre, en deshabillé, en robbe de
chambre.*

Ie ne blâme point M. de Voiture, *de ne parler
pas Balzac, & de n'auoir point ces violentes figures
qui rauissent les esprits, les transportent, les entraisnent,
les saisissent d'admiration & d'estonnement. Ie ne l'accuse pas de ce qu'il ne tonne point, de ce qu'il ne mesle
point le ciel auec la terre, & qu'il manque de cette rapidité impetueuse semblable aux torrens, aux orages &
aux tempestes,* que suiuant vostre allegation Homere donne à son Vlysse.

Il a fallu pour pousser plus auant vos belles
pensées, & enrichir vos hyperboles, que vous
donnassiez à Vlysse la rapidité des torrens, les
orages & les tempestes dont le bon Homere ne
s'estoit pas auisé. La comparaison dont il s'estoit
serui, de l'eloquence d'Vlysse auec les neges de
l'Hyuer, vous a semblé trop basse & trop froide.
Il est aisé de connoistre que ces Poëtes Grecs ne
vous sont pas extremement familiers, autrement vous n'auriez pas dit en suite, *que parmy eux, Iupiter chassant les nuées, & ramenant la
serenité, est le nom ordinaire de ce Dieu là;* Car
c'est l'epithete qu'ils donnent au vent de Bize.
Iupiter est tousiours celuy qui assemble & qui
produit les nuées, & qui en couure la terre & la
mer. De sorte qu'Eustathius a obserué, que bien
que Neptune ait droit de faire la mesme chose,

Καὶ ἔπεα νι-
φάδεσσι ἐοι-
κότα χειμα-
είησι. Ἰλ. χ.

Sur l'Odyss.

B iij

neantmoins Homere ne l'appelle iamais celuy qui assemble les nuées, ce nom estant particulierement affecté à Iupiter.

Vous dites encore, *qu'il y a d'habiles gens qui preferent l'Odyssée à l'Iliade*, & citez à ce propos le Rheteur Longin qui n'en parla iamais, non plus que de la comparaison que vous luy attribuez, *d'Homere écriuant l'Iliade à vn Soleil qui se leue*. Car bien qu'il compare ce mesme Poëte, dans son Odyssée, à vn Soleil qui se couche, c'est dans vn sens bien contraire à celuy que vous luy donnez. Mais i'ay tort d'y regarder de si prés, il ne faut pas exiger tant d'erudition & de regularité de vous, qui n'auez écrit que pour les Dames.

Vous comparez au mesme lieu M. de Balzac à M. de Voiture : Mais si c'est pour distribuër entr'eux la gloire d'auoir reüssi, l'vn dans ce genre éleué, & l'autre dans le fleuri & le mediocre, ou dans le troisiesme qui est le delicat & le subtil, vous estes bien iniuste dans vos partages. A la verité M. de Balzac s'est soustenu auecque dignité, & auec beaucoup de vigueur & de force, lors qu'il a traité des matieres grandes & releuées : & il est certain que ces matieres ont toûjours esté surpassées par l'éclat de ses paroles, & par la hauteur de ses pensées. Neantmoins lors qu'il a voulu descendre de ce haut degré,

& qu'il a parlé d'vn ton moins éleué, & plus propre à la conuerſation & aux diſcours ordinaires, il y a reüſſi de telle ſorte, que les plus beaux eſprits luy ont cedé volontairement ce premier rang de l'eloquence, que la voix publique luy auoit donné.

C'eſt d'elle & de la poſterité qu'il doit attendre les loüanges qui luy ſont deuës. Ie me contenteray de dire, qu'il poſſedoit tous les ſecrets de cét art qui regne ſur les perſonnes libres; qu'on tombe d'accord qu'il l'a appris à noſtre ſiecle; & pour nous renfermer dans noſtre ſujet, qu'il a montré à voſtre amy, auſſi bien qu'à beaucoup d'autres, le chemin qu'il falloit ſuiure.

Il y a donc de l'iniuſtice ſi vous luy deſrobez la gloire qu'il s'eſt acquiſe dans les deux genres, pour ne parler que de celuy dans lequel il ne s'eſt pas exercé ordinairement. Et meſmes puis qu'il n'eſt icy queſtion que du genre epiſtolaire, vous n'auez que faire d'alleguer les foudres & les tonnerres, qu'Ariſtophane & les autres Poëtes Comiques donnoient à Periclés lors qu'il luy diſoient des iniures.

Cette façon d'écrire qui n'eſt propre que pour les Harangues, pour les Panegyriques, & pour les ſujets éclatans, ſeroit à contre-temps & hors d'œuure dans de ſimples lettres. Elle ne

seroit pas moins vicieuse dans l'entretien familier d'vne personne que l'on aime, que ce stile
galant & enjoüé, eust esté ridicule à celuy qui
auroit voulu persuader aux Atheniens de de-
clarer la guerre à Philippe, ou d'entreprendre
de se rendre les maistres de la Grece. Il auroit
esté peu seant à vn Plenipotentiaire dans vne
assemblée generale de Munster, aussi bien qu'à
vn Legat du Pape qui voudroit publier vne
Croisade.

M. de Balzac n'est iamais tombé dans cét
excés dont vous l'accusez en le loüant. Vous
luy donnez de fausses loüanges pour luy oster
les veritables ; vous luy presentez des bouquets
empoisonnez. Ses lettres, Monsieur, sont d'vn
stile extremement net, agreable, & facile, il ne
se peut rien voir de plus delicat, de plus doux,
ni de plus poly : & rien de cela n'a de rapport
auec l'idée du genre sublime. Son dessein n'a
pas esté *de mesler le Ciel aueque la terre*, comme
vous dites : Il ne vouloit point, lors qu'il écriuoit à ses amis, remplir l'air d'éclairs, de ton-
nerre & de tempestes. Et il eust mieux valu dire
de luy ce qu'on disoit de Periclés, que la Deesse
Pitho ne partoit point de dessus ses levres, que
de luy faire porter sur la langue la foudre que
la Comedie donne au mesme Orateur. Vous
sçaurez, Monsieur, que ce Periclés n'estoit pas

toûjours

toûjours en feu ni en colere, & qu'il n'imprimoit
pas toûjours la terreur dans l'esprit des Atheniens. Il les charmoit bien souuent du son de sa
voix & de la douceur de ses paroles ; il les flattoit
aprés les auoir estonnez ; il tâchoit de les réjouïr
lors qu'il les auoit fachez. Iamais homme n'a
esté plus traittable ni plus moderé que luy.
C'estoit donc de ce Periclés radouci que vous
deuiez parler dans vos paralelles, & non pas de
Pericles l'Olympien, que vous appellez *Iupiter
lance-tonnerre*, & que d'autres interpreteroient
celeste.

Pour faire des comparaisons plus iustes, vous
deuiez faire celle de M. de Balzac & de Ciceron.
Vous deuiez opposer les lettres de l'vn à celles
de l'autre, & les beautez de nostre langue à la
magnificence de celle des Romains. Ou si vous
auiez resolu de prendre des exemples d'Athenes, il falloit choisir Isocrate ou Xenophon,
plutost qu'vn Orateur qui a traitté des sujets extremement differens, qui mesme n'a iamais escrit, & de qui il ne nous reste rien qu'vn peu de
bruit de tous ses tonnerres.

C

SECTION III.

QVE MONSIEVR COSTAR INTER-
prete mal les paroles de l'Autheur. Iugement sur la
premiere lettre de M. de Voiture, que Monsieur
Costart prend pour vne piece accomplie dans
le genre demonstratif. Qu'il se trompe
encore dans l'allegation d'Eschines.

VOus continuez, Monsieur, à peruertir le
sens de mes paroles, vos versions ne sont
iamais fideles. Vous dites parlant de moy. *Il re-*
marque que toutes les matieres que traitte M. de Voi-
ture, se peuuent reduire à trois. Que les premieres sont
graues & serieuses, les secondes de galanterie & d'a-
mour, & les dernieres de raillerie. Il croit que l'Au-
theur a excellé en ce second genre, mais il croit tout seul,
ou du moins auec fort peu de gens, que dans les autres
suiets il ne s'est acquis qu'vne mediocre louange.

Vous deuiez traduire que les matieres dont
traitte M. de Voiture se peuuent reduire à trois.
Que les premieres sont graues & serieuses, les
secondes de raillerie, de galanterie, & familieres, & les dernieres d'amour.

I'ay crû que l'Autheur a excellé dans la raillerie, & i'ay esté d'auis auec vne infinité de personnes qui ont le goust fort exquis & fort iu-

Tria potissi-
mum Autor
iste Epistola-
rum genera
videtur esse
persecutus.
Vnum mode-
stum & graue,
alterum face-
tum familiare
& iocosum,
tertium quod
ex duobus illis
componitur

dicieux, qu'il n'auoit pas également reüſſy quand il a fait le ſerieux, ou qu'il a parlé d'amour, Vous confondez contre mon intention, l'amour & la galanterie. Car bien que les affaires d'amour ſoient des galanteries, toutes les galanteries ne ſont pas amoureuſes. I'auois, ce me ſemble, oſté tout ſujet d'equiuoque, en faiſant deux genres diſtincts & ſeparez des lettres d'amour, & des lettres de raillerie & de galanterie, & en diſant aſſez intelligiblement, que ie trouuois celles d'amour mediocrement bonnes, & les autres tout à fait excellentes.

Mais vous auez pris vne peine bien inutile, & rendu vn mauuais office à voſtre amy, d'auoir copié vn ſi grand nombre de ſes lettres. Elles paroiſſoient plus belles dans la compagnie des autres, qu'aprés que vous les en auez détachées. Elles ſont de ces beautez qui ſe releuent par la preſence de celles qui ont moins d'éclat, & qu'il ne faut pas conſiderer auecque trop de curioſité. Neantmoins i'ay tort de vous blaſmer d'auoir ſeparé ces lettres, vous nous les auez apportées en vne trop grande quantité, vous nous auez fait voir M. de Voiture preſque en ſon entier. Vous m'accuſeriez encore de delicateſſe, ſi ie diſois que tant d'exemples m'ont ennuyé, & que vous m'auez fait reſſouuenir du Philoſophe Chryſippe, qui tranſcriuit entierement la Medée

d'Euripide dans vn petit traitté de Philosophie
qu'il auoit fait. A dire vray, qui vous auroit osté
ces pieces rapportées, & tout ce que vous empruntez de M. de Balzac, ou que vous prenez de
luy sans le nommer, on auroit retranché plus
de la moitié de vostre liure.

Aprés tout, ces lettres vont elles gueres au
dessus de la mediocrité? i'en excepte celles que
i'ay loüées, & qu'il n'estoit pas necessaire d'alleguer pour la preuue d'vne chose qui ne vous
estoit pas contestée. Pour les autres dont vous
choisissez les plus beaux endroits, quand mesme ces fragments & ces moitiez de lettres seroient dans l'excellence que vous vous persua-
dez, si le reste n'est pas d'vne pareille force, ny
du mesme genie, elles font plus de reproche à
l'Autheur qu'elles ne luy donnent d'estime.

I'ay releu attentiuement la premiere lettre
qui est escrite à M. de Balzac, & que vous faites
passer pour l'idée, & le modele du genre demonstratif. Mais à parler franchement, elle sent fort
le stile de Sophiste & de Declamateur; ou comme vous dites en quelque lieu dans la pensée d'vn
Autheur Grec, on y trouue vne affectation d'Escolier qui se hausse sur le bout des pieds, & fait
tous ses efforts pour paroistre plus grand qu'il
n'est.

Il me semble d'ailleurs que ce n'est pas extre-

mement loüer quelqu'vn, que de n'ajouſter pas
foy à ſes paroles. *Il me deplaiſt ſeulement, dit M. de
Voiture, que tant d'artifice & d'eloquence ne me puiſſent deguiſer la verité, &c. Pardonnez moy ſi ie me
défie de cette ſcience qui peut trouuer des loüanges pour
la fiévre quarte, & pour Neron, &c. Toutes ces gen-
tilleſſes, que i'admire dans voſtre lettre me ſont des preu-
ues de voſtre bon eſprit pluſtoſt que de voſtre bonne volonté, & de tant de belles choſes que vous dites à mon
auantage, tout ce que i'en puis croire pour me flatter,
c'eſt que la fortune m'ait donné quelque part en vos ſon-
ges. Encore ie ne ſçay ſi les reſueries d'vne ame ſi releuée
que la voſtre, ne ſont pas trop ſerieuſes & trop raiſonnables pour deſcendre inſques à moy.*

Pour vn homme qui auoit ſi bonne opinion
de ſoy comme M. de Voiture, il y a bien de la
baſſeſſe de ne ſe croire pas digne des reſueries
d'vn de ſes amis. Il pourſuit.

*Je ſçay bien que la ſeule affection que vous puiſſiez
auoir iuſtement eſt celle que vous vous deuez. Et ce pre-
ſepte de ſe connoiſtre ſoy-meſme qui eſt pour tous les autres vne leçon d'humilité, doit auoir pour voſtre regard
vn effect tout contraire, & vous oblige de meſpriſer ce
qui eſt hors de vous.*

Quelque ſeuere Critique s'eſcrieroit ſans doute. Vn eſprit ſi abondant que celuy de M. de
Voiture, n'auoit-il rien de meilleur à dire ſans
bleſſer la charité Chreſtienne, ſans renuerſer les

preceptes de la morale, & sans tomber dans l'excés de ce Timon l'ennemy des hommes? Ces
Philosophes flatteurs qui se sont toûjours insi-
nuez à la cour des mauuais Princes, ont ils iamais proferé rien de plus seruile ny de plus iniuste?

Vostre amy en suitte, console M. de Balzac
d'vn malheur qui ne luy est point arriué. Ce n'est
pas le peuple qui a repris ses beaux ouurages; il
n'y a que fort peu de gens, qui ont voulu aquerir
vne fausse reputation, en blâmant des choses qui
estoient vniuersellement approuuées. De sorte
qu'au lieu d'admirer cette pensée ie la trouue
froide & pleine d'affectation.

*Si nous auions en vsage cette loy qui permettoit de
bannir les plus puissans en authorité ou reputation, ie
croy que l'enuie publique se deschargeroit sur vostre teste,
& que M. le Cardinal de Richelieu ne courroit pas tant
de fortune que vous.*

Ie ne pense pas que dans tout l'Empire des Lettres, il se soit iamais rencontré d'homme, dont
la science ait attiré la haine & l'enuie publique.
Ce sont les seuls biens qui ne sont point enuiez,
& qui ne doiuent de tribut ny aux tyrans ny à la
fortune. Mais c'est consoler agreablement vn
homme, de luy dire que parmy les gens de merite qui l'estiment, il a trouué vn amy qu'il a perdu vne fois, & qui taschera de se mettre en estat

de le pouuoir encore faire? Voyez s'il vous plaiſt,
ſi la fin de cette lettre que vous faites tant valoir, n'eſt pas embaraſſée & aſſez platte ?

*Gardez vous bien d'appeller voſtre malheur, ce qui
n'eſt que le malheur du ſiecle, & ne vous pleignez plus
de l'iniuſtice des hommes, puiſque tous ceux qui ont quelque valeur ſont de voſtre coſté, & que vous auez trouué
entre'ux vn amy que peut eſtre vous pourrez perdre encore vne fois. Au moins ie vous aſſeure que ie feray tout
ce qui me ſera poſſible pour vous remettre en eſtat de le
pouuoir faire, puiſqu'aujourd'huy il y a tant de vanité
d'eſtre des voſtres. I'en ay fait iuſques icy vne profeſſion
ſi publique, que ſi d'auanture ie ne me puis empeſcher
que ie ne vous ayme moins que de couſtume, ie vous iure
que vous ſerez le ſeul à qui ie l'oſeray dire, & que ie teſ-
moigneray à tout le monde que ie ſuis autant que iamais
voſtre, &c.*

Vous appellez cela, Monſieur, le genre ſubli-
me, & le langage des Heros? Et vous le dites
aprés auoir rafraiſchi vos vieilles Idées, & aprés
auoir conſulté ces Autheurs Grecs dont vous
me reprochez ſi fort la lecture, & que vous ne
laiſſez pas d'alleguer à tout moment ? C'eſt peut-
eſtre qu'il n'eſt pas permis à tout le monde de les
lire, & qu'il n'y a que vous qui en ſçachiez le
bon vſage ? Vous ajouſtez, *que ſi cela n'eſt que
mediocre à mon iugement, il faut neceſſairement que
ie trouue petit tout ce qui n'eſt pas de la taille des*

Geant & des Colosses. Mais puisque vous me-
surez à l'aune la taille des mots & des periodes,
ie vous asseure que bien loin d'auoir trouué de
la grandeur dans l'Ouurage de vostre amy que
nous venons de voir, il m'a semblé de la taille
des Nains & des Pygmées, & mesme de celle
des Myrmidons auant qu'ils fussent changez *en*
hommes.

Ie sçay bien, *que non seulement le caracte-*
re moyen, mais aussi le plus sublime veut vne hau-
teur mesurée. Mais où trouuez vous que i'aye
approuué cette extremité vicieuse, qui au lieu
de releuer la grandeur des choses, en fait des
monstres & des prodiges? I'ay loüé au contraire M. de Voiture d'auoir choisi le beau caractere, & d'auoir meslé le stile bas auec le stile
mediocre. S'il a failli, c'est pour s'estre éloigné
de ce iuste temperament, & alors ie l'ay blamé,
i'ay dit qu'il n'auoit pas traitté les matieres graues, & celles d'amour, auec le mesme succés qu'il
auoit fait celles de galanterie.

C'est encore bien hors de vostre sujet que
vous alleguez *l'Orateur Eschines, qui fit reproche*
à Demosthene de la grandeur de ses paroles. Cette
remarque n'est pas en sa place, & mesme vous-
vous y estes trompé. Ie sçay qu'vn Poëte se moque de ces grands mots qui ont vn pied & demy
de long. Ie n'ignore pas que les anciens ont
blamé

blâmé ces termes compofez de plufieurs mots,
que les Poëtes Comiques & les Dithyrambiques
ont affecté. Mais perfonne n'en a accufé Demofthene. A la verité Efchinés railla vne fois
quelque mauuais mot qui eftoit efchappé à cét
Orateur dans la chaleur du difcours, & Demofthene parut alors, comme dit Ciceron, n'auoir
pas parlé affez Attiquement. Son aduerfaire reprit encore quelques metaphores dures, & for-
cées dont s'eftoit feruy ce fouuerain maiftre de
l'Eloquence. Il n'auoit pas eu le loifir de medi-
ter fur des penfées, que fon imagination ef-
chauffée par la vehemence de l'action, luy auoit
fuggerées dans l'action mefme; Et c'eft ce que
fon accufateur appelloit des monftres & des prodiges, que la pureté de la langue Attique ne
pouuoit fouffrir. La grandeur exceffiue n'eft pas
l'origine de tous les monftres, car la petiteffe en
fait auffi bien que la grandeur; & prefque par
tout l'excés & le défaut font également condan-
nables: D'ailleurs il me femble que vous auez
mauuaife grace de condanner les grands mots,
vous qui faites de fi grandes periodes, qu'on ne
les fçauroit prononcer d'vne haleine.

D

SECTION IV.

QVE LES LETTRES DE M. DE
*Voiture que rapporte Monsieur Costar ne sont que
mediocrement bonnes. Remarquez sur quelques-
vnes de ces lettres. Que Monsieur Costar loüe
extraordinairement vne pensée de M. de
Voiture, que les Peres ont condamnée
d'heresie. Que c'est vn grand admi-
rateur des fautes de son amy.*

LEs autres lettres que vous auez choisies
auecque tant de soin, ne m'ont paru que
mediocres aprés vne seconde lecture. Ie parle
toûjours des serieuses & des graues, car la lettre
187. à Monsieur le Prince aprés la prise de Dun-
kerque, & la 121. aprés la bataille de Rocroy,
comme elles sont fort bonnes, aussi sont elles de
raillerie entierement. Vous sçauez l'estime que
i'en ay faite, ie les ay trouuées toutes remplies
d'esprit & de iolies choses. La lettre 5. à M. de
Bellegarde, la 41. à M. de Puylorans, la 89. à M.
de Lysieux sont plutost de galanterie & de compliment, qu'elles ne sont graues, & ainsi vous
n'auiez que faire de les alleguer, non plus que celle qui parle de l'Andalousie, ny la 85. à Monsieur le Cardinal, que i'ay pareillement loüées.

Les deux qui sont adressées à des Dames sont L. 80. 131.
aussi plustost galantes que serieuses.

Le discours sur la reprise de Corbie est fort
beau, i'en ay parlé en des termes qui ne deuroient
pas vous offencer. On pourroit neantmoins en
blâmer quelques endroits. Parlant à Monsieur
le Cardinal de Richelieu. *Il voit*, dit M. de Voiture, *qu'il n'y a pas tant de sujet de loüange à esten-
dre de cent lieuës les bornes d'vn Royaume, qu'à dimi-
nuër vn sou de la Taille.*

Demetrius Phalereus a fort iudicieusement
remarqué qu'il n'y a point de figure plus vicieuse que l'hyperbole, & qu'au lieu de releuer l'excellence d'vn sujet, elle tombe d'ordinaire dans
le ridicule si elle n'est bien ménagée : aussi les
Poëtes Comiques s'en seruent-ils communement
pour faire rire. La pensée de vostre amy est encore bien contraire à ce qu'il a entrepris, qui est de
loüer M. le Cardinal : Car s'il est vray qu'il a
estendu les bornes de ce Royaume de trente
lieuës, ne pourroit-on pas luy reprocher, s'il n'y
auoit esté contraint par la necessité des affaires,
qu'il a augmenté la taille & les autres imposts de
prés de cent millions par an ? Et comment se
pourra-t-on persuader qu'vn esprit grand & ambitieux comme le sien, & dont le dessein n'e-
stoit pas moindre que d'abbatre la maison d'Austriche, & d'attaquer l'Empire des Ottomans,

D

eût plus estimé l'espargne d'vn sou de la taille,
que la conqueste de cent lieuës de païs?

Ce qui suit dans ce Panegyrique est bien
mieux dit. *Il y a moins de grandeur & de veritable*
gloire a défaire cent mille hommes, qu'à en mettre vint
milions à leur ayse & en seureté. Mais il falloit que
de semblables choses fussent dites à M. le Cardinal par vn homme d'vne plus grande authorité en son esprit que n'estoit M. de Voiture, qui
au lieu de parler des actions éclatantes de ce Mi-
nistre, ne parle plus qu'en Docteur & en Prophete, & s'estend sur les choses que celuy qu'il loüe
n'a pas faites, mais qu'il doit faire vn iour.

La lettre 55. à Monsieur Godeau est vne lettre de raillerie, plustost qu'vn discours serieux,
autrement il y auroit bien dequoy le reprendre,
& ie ne pense pas qu'on pût dire d'vne Dame
qu'auecque flatterie. *Si vous m'auiez mis deuant les*
yeux le Soleil dont vous me parlez, & quelque humble
que vous me voyez à cette heure, ie pourrois estre assez
hardy pour vous combatre si la lumiere estoit partagée
entre nous deux; C'est plus de l'auoir de vostre costé, que
si le reste du Ciel estoit pour vous. Toutes les beautez qui
brillent dans tout ce que vous faites ne viennent que de
la sienne, & ce sont ses rayons qui vous font produire
tant de fleurs.

Ce stile graue & austere paroist aussi fort peu
dans les termes qui suiuent. *Auec ces connoissan-*

*ces que i'ay de vous, il est difficile que ie m'en forme vne
image comme celle que vous m'en voulez donner, ny
que ie me figure que vous soyez cette petite creature que
vous dites. Ie ne puis comprendre que le Ciel ait pû mettre tant de choses dans vn si petit espace. Quand i'en lais-
se faire mon imagination, elle vous donne pour le moins
sept ou huit coudées, & vous represente de la taille de
ces hommes qui furent engendrez par les Anges. Vous
detromperez les hommes de cette erreur grossiere d'estimer
dauantage ceux qui pesent le plus. &c. Ils peuuent bien
vous auoir donné ma place sans que pour cela vous m'en
mettiez dehors, & celle que i'auois dans leur esprit n'e-
stoit pas si grande, si nous n'y pouuons pas bien tenir tous
deux. Pour ce qui est de moy, ie feray tout ce qui me
sera possible pour ne vous y estre pas incommode, & ie
m'y rangeray de sorte que i'y demeureray sans vous choquer.*

Voila ces pensées qui vous ont parû si belles
que pour *les mieux admirer*, vous reseruez pour
elles seules toute vostre *admiration*. Ce sont ces
riches expressions dont *le souuenir augmentant l'e-
stime que vous auiez* pour vostre amy, vous portoit à *le seruir aueque plus de passion & de chaleur.*

Remarquez, cependant, la bizarrerie des sentimens des hommes; ce qui vous rauit, d'autres
le condannent. En effet, il y a dequoy s'estonner
que vous receuiez aueque tant d'applaudisse-

Dans les En-
tretiens.pag.
67.

D iij,

mens, vne proposition si heretique que celle qui souftient, qu'il y a eu des hommes qui
furent engendrez par les Anges. Saint Chry-
sostome dit, qu'il n'y a que des gens inconside-
rez qui osent parler de choses si absurdes & si
temeraires. Il accuse mesme cette erreur d'impieté & de blaspheme. Theodoret asseure qu'il
faut estre bien estourdi (le mot Grec emporte
estourdi, comme ceux qui ont esté frappez de la
foudre.) Il dit qu'il faut auoir entierement perdu le sens pour se persuader que les Anges ayent
pû commettre de tels crimes.

Ie pardonne volontiers à M. de Voiture, qui
n'a eu dessein que de dire vn bon mot, & qui a
esté pris à la bonne foy. Pour vous, Monsieur,
qui estes vn si grand Theologien, & qui auez
toûjours entre les mains saint Thomas & l'Ecriture, pouuez-vous croire (sur tout aprés la de-
cision du Concile de Latran) que les Anges qui
sont des Intelligences purement spirituelles,
soient capables de generation, & qu'ils voulus-
sent quitter ces delices eternelles, qui les rendent bien-heureux, pour faire l'amour à des
femmes?

Ie ne le pense pas, mais ie souhaiterois bien
que vous m'appriffiez en quel païs on estime
dauantage ceux qui pesent le plus. Ie sçay que
ç'a esté le sentiment de Courtisans de Roboam;

Pour flatter ce ieune Prince, ils luy remontroient
que son petit doigt estoit plus gros que tout
le corps de son Pere, & concluoient par là
qu'il valoit bien mieux que Salomon. Il ne falut pas beaucoup de temps pour decider cette
question. Mais pour ne parler que des Grecs &
des Romains, il est certain que ces gens gras, &
extraordinairement pesans, ont toûjours esté
l'objet de leurs railleries & de leurs satyres; &
nous auons vne Epigramme dans l'Anthologie
qui les traitte de *haissables*, & qui fait des impre- *Li. 2. c. 39.*
cations contre vn peintre qui en auoit peint,
quoy qu'il eût admirablement obserué toutes
les regles de son art. Oppien ne les peut souffrir
à la chasse, & dés le commencement de son
Liure, il leur interdit cét exercice, comme à des
inutiles ou à des profanes. Vous sçauez que les *Nimis pingui*
Censeurs auoient accoustumé, s'ils rencontroient *homini & cor-*
quelque Cheualier Romain, dont le corps fût *pulento Censs.*
trop bien nourri & trop pesant, de le renuoyer *equum adime-*
re solitos, sci-
auec ignominie, & de luy oster son cheual. Ces *licet minus*
idoneum ratos
masses d'os & de chair sont encore l'auersion de *esse, cum tanti*
corporis pon-
noftre siecle. Possible que M. de Voiture par- *dere ad facien-*
dum equitis
loit du temps de nos vieux Gaulois; en quoy *munus.*
toutefois il se pourroit mesprendre, puisque Aul. Gell.
l. 7 c. 22.
Strabon remarque, qu'ils auoient vn extreme *Li. 4. Georg.*
soin de ne deuenir pas trop gros, & qu'ils condannoient à l'amende ceux qui passoient la me-

ſure d'vne certaine ceinture, qui ſeruoit de bornes à la groſſeur des ieunes gens. Tous les peuples ont fait eſtat de la belle taille, & ont admiré
les hommes d'vne ſtature eminente; mais ils ne
les ont iamais peſez.

Vous auez eu tort de dire, que M. de Voiture traittoit là ſerieuſement, & ſi la lettre qu'il
écrit à Mᵉ la Marquiſe de Ramboüillet, qui
auoit appellé Alexandre ſon galant, n'eſt vne
raillerie toute pure, i'auoüe que ie n'y entens
rien, & que ce que vous appellez raillerie doit
eſtre bien enioüe. Ie ne puis croire, à le prendre dans le ſerieux, *qu'Alexandre euſt plus eſtimé
l'honneur d'vn compliment, que le diadéme des Perſes,
& qu'il n'euſt plus enuié à Achille les loüanges d'Homere.* Ce qu'ajouſte M. de Voiture, n'eſt-il pas
bien du genre graue?

*Dans la gloire où ie me trouue, ſi ie porte enuie à la
ſienne, ce n'eſt pas tant à celle qu'il s'eſt aquiſe, qu'à
celle que vous luy auez donnée, & il n'a point receu
d'honneurs que ie ne tienne au deſſous des miens, ſi ce
n'eſt celuy que vous luy faites en le nommant voſtre
galant. Sa vanité ni ſes flatteurs ne luy ont iamais
rien fait accroire de ſi auantageux, & la qualité de
fils de Iupiter Ammon, n'eſtoit pas ſi glorieuſe que
celle-là.*

I'oubliois les reflexions que vous faites ſur la
lettre 121. à Monſieur le Prince: elle eſt ſuiuant
la

la decifion que vous en donnez, vn vray original du genre demonftratif : & vous marquez ce
qui eft de plus ferieux, comme l'exemplaire &
l'acheuement de ce caractere. *Car vous qui eftes
vn vray Cefar en efprit & en fcience, Cefar en dili-
gence, en vigilance, en courage, Cæfar & per omnes
cafus Cæfar. Vous auez trompé le iugement, & paffé
l'efperance des hommes.*

Comme ie demeure d'accord que cette raillerie eft affez ingenieufe (ie ne retracteray pas
le iugement que i'en ay def-ja donné) & que
Monfieur le Prince peut eftre comparé ferieu-
fement à Iules Cefar en toutes fes actions. Auffi
croy-je que vous vous raillez, quand vous dites que ce *Cæfar & per omnes cafus Cæfar,* eft vne
chofe fort ferieufe & fort graue ; auffi bien que
cét endroit.

*Aprés cela, vous pouuez vous imaginer que vous
ferez bien receu & careffé des Seigneurs de la Cour,
& quelle ioye les Dames ont eüe, d'apprendre que celuy qu'elles ont veu triompher dans les bals , faffe la
mefme chofe dans les armées, & que la plus belle tefte
de France , foit auffi la meilleure & la plus ferme. Il
n'y a pas iufqu'à M. de Beaumont qui ne parle en
voftre faueur, tous ceux qui eftoient reuoltez contre
vous, & qui fe pleignoient que vous-vous moquiez
toûjours, auoüent que pour cette fois vous ne vous eftes
pas moqué, &c. Trouuez bon, ô Cefar, que ie vous*

E

parle auec cette liberté, receuez les loüanges qui vous sont deües, & souffrez qu'on rende à Cesar ce qui appartient à Cesar.

A propos de cette belle exclamation, ô Cesar, & de cét asne d'Homere que vous auez fait venir de si bonne grace, vous me faites souuenir des asnes de Lucien & d'Apulée, qui veulent à toute force estre de la partie, & crier à leur tour, ô Cesar. Vous, Monsieur, qui connoissez *toutes les bestes parlantes, & qui les voyez si souuent,* vous nous direz bien si celles-cy n'ont pas appris depuis si long-temps, à prononcer auec facilité ce *Cesar:* Elles tascherent autresfois inutilement d'inuoquer ce nom Auguste, pour euiter les bastonnades de leurs impitoyables maistres; car pour l'O, que M. de Voiture trouuoit dans le mot de *Neufgermain,* elles le prononçoient admirablement. Vostre amy ne sera pas offencé de la rencontre de ces animaux si celebres dans l'Arcadie, puisqu'ainsi que vous le remarquez, Horace qui estoit si poli, ne fait point de scrupule de se seruir pour vn grand Empereur, d'vn mot qui ne se disoit proprement que d'vn cheual, & qu'Homere n'a pas crû faire iniure au braue Ajax, de le comparer à vn Asne.

SECTION V.

REMARQVEZ SVR LES LETTRES
écrites à Monsieur le Mareschal de Schomberg.

CHangeons de discours. Vous me condan-
nez bien cruellement, pour m'estre ennuyé à la lecture de quelques lettres de M. de
Voiture, & particulierement de ces trois qu'il a
écrites à Monsieur le Mareschal de Schomberg.
*Les deux premieres, dites-vous sont si courtes qu'on
les auroit leuës en moins de temps qu'il n'en faut pour
bâiller deux fois à son ayse, & la troisiesme est extremement bien faite.* D'où vous concluez que ie
suis aussi aysé à fatiguer que cét Espagnol à qui
certains distiques paroissoient trop longs.

Ie vous diray, Monsieur, que si ie n'eusse rencontré de lettres ennuyeuses que ces trois là, ie
ne m'en fusse pas plaint. Ie ne suis pas si delicat
que vous-vous imaginez. Mais elles m'ont ennuyé auec vne quantité d'autres plus lassantes.
Et vous mesmes qui trouuez excellent tout ce
que fait vostre amy, auez esté contraint de des-
auouër la lettre 197. & là 201. comme indignes
d'auoir rang parmy les autres. Quand ie n'aurois
gagné que cela, ce me seroit toûjours vn grand
auantage.   E ij

Des distiques, aussi bien que de courtes lettres, pourroient causer de l'ennuy & du chagrin,
s'ils n'estoient que mediocrement bons, ou qu'ils
fussent en trop grand nombre. Faites plusieurs
distiques, & vous aurez fait vn gros liure. Ie ne
suis pas fâché de m'estre rencontré dans la pensée de cét Espagnol dont vous parlez, puisque
c'est Martial qui a dit de M. de Voiture sous le
nom d'vn mauuais Poëte. Que ces pieces ne
sont iamais trop longues qui n'ont rien qu'on y
puisse retrancher, mais qu'il y a des personnes
dont les distiques sont longs & ennuyeux. Et
ie croy qu'il me doit bien estre permis de tesmoigner vn peu d'ennuy à la lecture de plusieurs lettres, quoy qu'elles soient assez courtes;
Puis qu'vn fort habille homme dans Lucien
souhaita la mort du Poëte Admetus qui luy re-
cita vn iour vne Epigramme, qu'il auoit faite
pour seruir d'inscription sur son tombeau;
neantmoins elle n'estoit que d'vn seul vers, &
aussi bonne que la meilleure des trois lettres de
M. de Voiture.

> *Si la Terre à mon Corps, mon ame est dans le*
> *Ciel.*

Cét Epitaphe, s'escria cét habile homme, est
si beau, que ie voudrois qu'il fust des-ja dans le
lieu que vous luy auez destiné. Que diriez-vous,
Monsieur, de la delicatesse de ces gens-là qui ay-

moient tant la briéueté, qu'ils trouuoient vne
lettre de Ctesias trop longue de la moitié, bien
qu'elle fust à peine de deux lignes? Cét Historien rapporte ainsi la lettre , & le sujet de la
lettre.

*Les femmes des Scythes vont à la guerre aussi bien
que les AmaZones ; vne de ces femmes ayant esté
abatüe de son cheual par vn Caualier Persan, elle luy
parût ieune & belle, ce qui l'obligea de luy donner la
vie. La paix s'estant faite peu de temps aprés, & le
Caualier ayant eu tout loisir de la voir , en deuint
amoureux; Neantmoins, il ne receut de cette ingra-
te que de mauuais traitements. Ce qui l'affligea de telle sorte qu'il resolut de se tuër. Mais auant que d'en
venir à cette extremité , il luy écriuit en ces termes.
Ie vous ay sauué la vie, c'est par moy que vous auez
esté sauuée , & ie viens de mourir pour l'amour de
vous.*

Ἐγὼ μέν σε
ἔσωσα, κὴ σὺ
μὲν δι᾽ ἐμὲ
ἐσώθης, ἐγὼ
ἢ διὰ σὲ ἀπο-
λόμίω.

Si ces Messieurs les Critiques eussent leu les
longues lettres à Mademoiselle Paulet, & plusieurs autres semblables, aueque les redites qu'il
y a, & le peu de choses qui sont estenduës par
tant de paroles, ie m'asseure qu'ils n'en eussent
pas esté extremement satisfaits. Si vous les trouuez si excellentes, ie n'en suis pas fâché; Permettez moy seulement d'en dire mon auis, & ne
vous en mettez plus en colere.

Vous croyez, *que ie ne me suis pas apperceu des ap-*

pas *secrets*, *&* des graces cachées qui *sont* dans ces lettres, parce que i'*estois esblöüy* de l'*éclat des belles pe-*
riodes que *M. de Balzac a employées pour feu Mon-*
sieur le Mareschal de Schomberg. Cela pourroit bien
estre. Les appas de M. de Voiture estoient de
petits feux qu'vn peu d'exhalaison auoit fait naistre, & qui ont disparu à la rencontre d'vne lumiere viue & éclatante. I'ayme beaucoup mieux
ouïr de grandes choses d'vne vertu eminente,
que de la voir auilie par des railleries basses & in-
sipides. Si i'ay eu les pensées que vous me reprochez, ie ne croy pas estre coupable d'vn fort
grand crime. Et ie vous auoüeray, puisque vous
le voulez ainsi, que la haute idée que i'auois for-
mée pour feu Monsieur de Schomberg demeure la mesme en mon esprit pour Monsieur le
Mareschal son fils; Et que comme ie n'en auois
conceu que de grandes choses, i'ay esté surpris
de ne voir pour luy que des railleries assez plattes & trop disproportionnées. Ie n'ay pas beaucoup estimé vos trois lettres, & ce qui m'a particulierement depleu est cette comparaison de
Rodomont, dont le nom est employé plus ordinairement, que le Thrason des Comedies,
pour marquer les extrauagances des Fanfarons.
Ie sçay que vostre amy n'a pas eu des pensées
si criminelles, mais i'ay trouué cecy bien familier.

Ridiculum
nunquam ho-
norificum.
Quint. li. 6.

Pour vous dire la verité, hors que Rodomont n'auoit pas les pieds si bien faits que vous, ie vous trouue assez de son air, & quand vous auez l'espée à la main, ie croy que vous luy ressemblez encore dauantage.

SECTION VI.

SI MONSIEVR COSTAR A RAISON
de se moquer de Plaute & de Martial.

MAis voyons, Monsieur, si vous n'auez point le goust plus depraué que moy, puisque vous-vous moquez de *ces sçauans, qui faisoient tant d'estime des bons mots de Plaute, & des pointes de Martial.* Cependant, si vous en exceptez Horace, toute l'Antiquité a admiré ces bons mots de Plaute. Ciceron trouue ses railleries belles, ingenieuses, remplies de sel, d vrbanité & de graces. Il ne fait point de difficulté de le mettre au rang de ces grands personnages que l'Escole de Socrate a produits, & qui ont esté de grands railleurs. Varron le plus sçauant des Romains, disoit que les Muses parleroient par la bouche de ce Poëte, si elles vouloient parler Latin, ainsi qu'vn autre a dit, que si Iupiter se vouloit exprimer en Grec, ce seroit sans doute, auec les termes de Platon. Aulugelle appelle ce Plaute pour qui vous n'auez que du mespris, le

De offic. l.1.

Prince de l'Elegance, & de la Langue de Rome;
& Volcatius Sedigitus le prefere à Terence. Plufieurs font de l'auis de Volcatius, d'autres au
contraire eftiment Terence dauantage. Il ne
m'appartient pas de rien determiner là deffus.

De arte Poët.
l.4.c.2. Ie vous rapporteray feulement la decifion de
Scaliger qui remarque, que la Comedie n'eft
faite que pour réjouïr les Spectateurs ; & que
Plaute ayant trouué le fecret de plaire, & particulierement de plaire au peuple, & à ceux qui
dans les Republiques affectent d'eftre populai-
res, il l'emporte de beaucoup par deffus Terence. Mais puifque nous fommes eftrangers dans
le païs Latin, nous auons befoin des Autheurs
les plus intelligibles & les plus polis, pour en
apprendre la langue, & pour l'appliquer à noftre
vfage : il femble que la pureté de celuy-cy, nous
foit plus neceffaire que les railleries du premier.
De forte, que noftre neceffité a donné à Terence le mefme honneur que les bons mots de Plaute auoient receus des anciens. Il a efté fait grand
par fon merite, fi nous en croyons Scaliger, &
Terence s'eft agrandi par noftre pauureté. Le
Romain doit eftre admiré comme vn excellent
Poëte, & l'Africain comme vn beau parleur.

Ie ne voudrois pas fuiure entierement les fentimens de Scaliger, & encore moins lors qu'il
parle de Catulle; Car ie ne trouue que des attraits

& des

& des charmes, dans la pluſpart de ſes Ouurages. Ce ſont les Graces elles-meſmes qui les ont
compoſez. A la verité, il eſt dur en quelques
endroits ; mais c'eſt plutoſt le vice de ſon ſiecle
que le ſien, & i'aymerois mieux auoir fait trois
ou quatre de ſes Epigrammes, que toutes celles
de Martial. Neantmoins, celuy-cy eſt tout brillant d'eſprit & de belles penſées : il eſt rempli
de doctrine, ſa locution eſt tout à fait poëtique,
& du bon ſiecle ; il tourne parfaitement bien ſes
vers ; ils ſont fort coulans & nombreux. Si Muret a eſté trop ſeuere en ſon endroit, Politien,
Turnebe, Lipſe, & les plus celebres Critiques
l'ont admiré. Vous ſçauez que le ieune Pline en
parle comme d'vn Poëte extremement inge-
nieux, qui outre vne ſinguliere netteté, eſt tout
plein de ſel & de pointes. Scaliger encherit encore pardeſſus, & traitte de diuines pluſieurs de
ſes Epigrammes.

   Aprés cela, Monſieur, vous-vous moquerez,
ſi bon vous ſemble, de ce *qu'on appelle les bons
mots de Plaute, & les pointes de Martial.* Et ie
m'eſtonne, que vous qui eſtes ſi ſubtil & ſi clair-
voyant, à remarquer ce qui eſt de plus fin & de
plus delié dans les productions de l'eſprit : Vous
à qui ces appas ſecrets paroiſſent d'abord, & à
qui les Graces les plus cachées ſe montrent à découuert ; Ie m'eſtonne, diſ-je, comme vous ne

F

Poët.l.6.c 6.

les auez pas apperceuës dans ces Poëtes, où elles
se font voir en foule en tant de rencontres, &
auec tant d'agrémens & d'éclat. Peut-estre que
s'il y en eût eu moins, elles vous auroient esté
plus sensibles. Vous ressemblez à ceux qui ont
la veüe foible, qui sont aueugles en plein midy, & qui ne voyent que dans les lieux som-
bres.

Pour *l'Orateur* à qui vous me comparez, *qui
admiroit l'Eneide comme diuine, & mesprisoit les Bucoliques comme indignes de Virgile :* Ie vous asseure
que ie n'ay iamais esté de son opinion, en ce qui
regarde les Bucoliques. On peut pourtant aller
iusques-là, & dire que ce ne sont que des coups
d'essay de cét admirable Ouurier. Ce sont les
premiers traits qu'il a ébauchez, auant que de
toucher aux diuins Ouurages des Georgiques
& de l'Eneide. Ie ne puis souffrir toutesfois, que
Seruius & plusieurs autres sçauans, ayent mis au
dessous des Ecloques de Theocrite, celles de cét
incomparable Poëte.

SECTION VII.

QVE L'AVTHEVR EST ACCVSE'
iniuſtement de n'auoir pas loüé M. de Voiture.
Faux raiſonnement de Monſieur
Coſtar.

IE vous rends tres-humbles graces de l'honneur que vous me faites encore de me comparer à Caton, bien que vous luy faſſiez dire des
choſes auſquelles il ne penſa iamais : C'eſt Brutus qui diſoit de Ciceron, aprés qu'il eut étoufé
la coniuration de Catilina , & eſteint vn embra-
ſement qui ne deuoit finir que par l'entiere ruine de la Republique, que c'eſtoit vn bon Con-
ſul. A la verité, ce Prince des Orateurs s'en plaint
comme d'vne iniure & d'vn outrage, & il ſemble qu'il meritoit bien de plus grandes loüanges , & qu'on luy pouuoit donner auec iuſtice le
titre de Liberateur de la Patrie, & de ſecond Fondateur de Rome. Quoy qu'il en ſoit, vous n'a- Liu. 12. ad
uez pas compris l'endroit où il parle de cela, & Atti. ep. 22.
le pauure Brutus eſt bien malheureux de n'eſtre
pas connû de vous, car vous prenez toûjours
quelqu'autre pour luy. Vous dites que, *je me con-* pag. 2.
tente à l'exemple de Caton, de loüer maigrement vos
lettres de galanterie & d'amour. Vous croyez que

F ij

ie vous faſſe iniure, ſi ie ne vais pas choiſir les plus ſuperbes Eloges pour en releuer l'excellence. Vous demandez reparation d'honneur, parce que i'ay dit que ie ne les trouuois pas tout à fait mauuaiſes.

Vous eſtes bien delicat en loüanges! Certes, ſi la paſſion que vous auez pour voſtre amy pouuoit ſe moderer & ſe payer de raiſon, vous auriez deû eſtre ſatisfait de tant de choſes que i'ay dites à ſon auantage. Vous ne vous offenceriez pas ſi i'ay écrit qu'il a euité le blâme ; Puiſqu'il a eſté dit par vn des Maiſtres de l'Eloquence, que la premiere vertu de l'oraiſon, c'eſt de n'auoir rien de mauuais ; Puiſque le Prince des Poëtes ne trouue point d'Epithetes plus glorieuſes & plus magnifiques pour ſes Heros, qu'en les nommant des gens ſans reproche & ſans défauts.

Mais ſi ie ne puis vous contenter en toutes choſes, il faut que ie le faſſe du moins en ce que ie pourray. Et en cecy, ie vous ſupplie de ſoufrir mes redites, car ie ſuis obligé de reſpondre aux voſtres. I'ay loüé, Monſieur, abondamment & aueque profuſion vos lettres de galanterie. Ie vous ay dés-ja auerti que vous les confondiez auec celles d'amour, que i'auois ſeparées comme n'eſtant pas du merite des autres. Vous vous opiniaſtrez eſtrangement à me faire quitter le chemin que ie veux tenir, vous-vous atta-

chez toûjours au sens que vous me donnez, &
vous faites trop de violence à celuy de mes paroles. Vous me donnez des armes à vostre choix
pour me vaincre plus facilement. Combattez
donc tant qu'il vous plaira ce Phantosme que
vous auez formé, declamez, diuertissez vous à
prouuer vne chose dont ie demeure d'accord, &
que i'ay dite auant-vous. Vos lettres de galanterie, à parler generalement, sont fort belles.
Il est vray qu'il me semble que vous ne choisissez pas les meilleures pour nous persuader ce
que nous auoüons.

La lettre 3. sous le nom de Callot, la 7. à vne Dame
à qui M. de Voiture faisoit present d'vn Roland
furieux, ny la 4. sous le nom du Roy de Suéde,
ne m'ont pas semblé estre dans la derniere perfection. En effet, si on a blâmé Virgile d'auoir
fait dire à son Heros, Ie suis le pieux Enée, dont
la renommée vole au dessus des Cieux. Si on
s'est moqué de l'Vlysse d'Homere qui se vante
à peu pres de la mesme chose. Si Achille a passé
pour ridicule, parce qu'il auoit dit. Ne sçauez-
vous pas ce que ie vaux, ne voyez-vous pas combien ie suis beau & grand, & cependant, ie dois
mourir. On pourra blâmer le Roy de Suéde d'a-
uoir fait la mesme faute. *Voicy le Lion du Nord,*
& ce Conquerant dont le nom fait tant de bruit dans
le monde, qui vient mettre à vos pieds les trophées de

F. iij

l'Alemagne. &c. I'ay arresté en vous seule, cette am-
bition qui embrassoit toute la terre. &c. Si mes sou-
haits peuuent réüssir, & si la fortune qui me fait vain-
cre par tout. &c. Ie vous en dirois dauantage, Made-
moiselle, mais ie vais à ce moment donner bataille à
l'armée Imperiale, & prendre six heures aprés Nu-
remberg.

Ces termes ne sont pas dans toute la mode-
stie, & la vray-semblance imaginable ; mais
comme ils se peuuent defendre dans le burlef-
que, ie ne les condanne pas absolument. I'ayme
mieux admirer vostre nouuelle Dialectique, &
les consequences que vous tirez auec tant de
subtilité.

Pag. 62. *Ceux qui reliront soigneusement toutes ces lettres,*
s'ils vnt le goust bon & delicat, confesseront qu'elles
sont incomparables, puisque vous auez declaré solen-
nellement sur le sujet des Sonnets de Iob & d'Vranie,
que vous ne souffririez pas qu'on vous reprochast d'a-
uoir fait de semblables choses, & que vous aymeriez au-
tant qu'on vous fist Autheur de la Mauleurier, ou
de la Chabote.

Vous dites, que les lettres de M. de Voiture
sont incomparables, parce que M. de Balzac a
écrit, qu'il ne voudroit pas auoir fait ni l'vn ni
l'autre de ces deux Sonnets, si on luy demandoit lequel des deux il aymeroit mieux auoir
fait ; & qu'il vaudroit autant, en l'estat & en

l'âge qu'il estoit, luy demander de laquelle des
deux Courantes il aymeroit mieux estre l'Autheur, ou de la Mauleurier, ou de la Chabote.

Que cette consequence est bien prise ! Que
les regles de l'art y sont bien obseruées ! Et que
vous auez bonne grace de dire, que ie m'amuse
à feüilleter ces gros Liures Grecs & Latins, &
que ie ne m'apperçois pas de vos graces cachées,
& de vos appas secrets !

Au reste, ie vous remercie de vos liberali-
tez, & de tant de langues estrangeres dont vous
m'attribuez la connoissance. A la verité, puisque les loüanges que vous donnez à vos meilleurs amis sont toûjours suspectes, & que vous
ne parlez iamais à cœur ouuert, ie n'ay pas sujet
de croire que vous m'ayez voulu obliger en cette rencontre. Vous pensez peut-estre me faire
vn reproche odieux d'vne chose, que ie tien-
drois à grand honneur si elle estoit veritable ;
Mais comme mon procedé est sincere & de
bonne foy, vous sçaurez, s'il vous plaist, que
mes estudes n'ont gueres passé les langues Greque & Latine. Qu'à peine ay-je les principes de
la langue Sainte, & que i'ignore entierement
cét Arabe, & ces langues Orientales dont vous
pretendez me décrier. Certes, les Gaumins ni
les Hardis, les Scaligers ni les Saumaises, ni tous
ces sçauans de Holande, ne tomberoient pas

ayſément d'accord, que ce fut vn ſi grand défaut que vous vous imaginez.

Mais ie ne ſçay pas qui vous a fait vne ſi belle
deſcription de mon viſage, de mon humeur, &
de mes inclinations: pourquoy vous m'auez mis
tant de rides ſur le front auant le temps, ni ce
qui vous a obligé de me repreſenter ſi ſeuere & ſi
mal poli. Neantmoins ie ne ſuis pas ſi auſtere que
ie n'aye ry de bon cœur, me voyant dépeint de
telle ſorte, ſur tout lors que vous dites, *Infail-*
liblement on luy aura fait lire ces galanteries à quelques
heures de ce precieux temps qu'il auoit deſtinées à vn
Scoliaſte de Lycophron, ou peut-eſtre meſme à vn
Rabbi Nephtalin, & ſans mentir, il eſt bien fâ-
cheux de perdre la plus pure, & la plus belle partie du
iour, & c'eſt la perdre que de ne l'employer pas à ſa
volonté, & ſelon ſon premier deſſein. Il ſemble que
vous me vouliez faire paſſer pour quelque Pedant, qui n'a aucun commerce auec les honneſtes gens, qui n'a aucun gouſt pour les belles choſes, qui ſçait tout ce qu'il ne faut pas
ſçauoir, & qui n'a iamais ouy parler de politeſſe, ni du beau monde. Certes, il y a grand ſujet
de s'eſtonner que vous ayez voulu toucher cette corde, ayant pû apprendre, lors que vous
eſtiez à Engoleſme, quelle eſtoit ma naiſſance
& mon genre de vie, & que i'auois aymé les Lettres pour elles ſeules, & non pas pour en faire

vn

vn instrument de fortune. Comme aussi estant
à Paris l'ay sceu ce qui vous auoit obligé de
suiure les Muses, iusqu'à chercher vostre subsi-
stance dans la profession d'enseigner : Et mesme
afin que ie n'obmette rien de ce qui peut con-
tribüer à vostre gloire, vous auez laissé vn assez
grand nom dans les Colleges de l'Vniuersité, &
on n'y parle encore auiourd'huy que de vos
Paranymphes. Ce n'est pas que ie vous reproche
cela comme vn défaut. Ie tiens cette profession
honorable & vtile au public. Ayant depuis se-
coüé la poussiere de l'Escole, les Lettres qui vous
auoient éleué ont serui à vous agrandir ; mais il
ne falloit pas pour cela les payer d'ingratitude,
ni oublier vostre premiere condition. Enfin,
vous voyez que s'il y auoit quelque reproche à
faire sur ce sujet, ce seroit à vous, & non pas à
moy, qu'il deuroit estre fait.

G

SECTION. VIII.

QVE LES POVLETS DE M. DE
Voiture ne sont pas fort bons. D'où vient que ceux
qui ont écrit des Lettres d'amour, y ont tous
mal reussi. Remarques sur quelques
lettres de M. de Voiture.

VOVS pouuiez, Monsieur, dire serieuse-
ment ce que vous dites pensant vous moquer, *Que les poulets de M. de Voiture ne sont pas*
les meilleurs du monde? En effet, qui en retranche-
roit deux ou trois, les autres sont tout à fait indignes d'estre comparez à ses lettres de raillerie.
Si bien, que si ie deuois estre repris, ce seroit
d'auoir creu qu'ils estoient mediocrement bons,
& qu'ils meritoient quelque sorte de loüange.

Mais, d'où vient que ces lettres d'amour sont
si difficiles? que c'est l'écueil de tous les Ecriuains, & que nous voyons de gros volumes qui
seroient estimez vniuersellement, si on n'y lisoit point de poulets? Ne seroit-ce point que
les affaires d'amour sont des Mysteres qui veulent estre cachez? Ne sçauons-nous pas que
ceux de la Deesse Isis, & ceux de la Deesse Ce-
rés, qui estoient celebrez auec tant de respect
& de ceremonies, qui donnoient tant de terreur

à ceux qui n'estoient pas initiés, & tant de con-
fiance à ceux qui l'estoient, parurent extremement badins & ridicules lors qu'ils furent diuul-
guez ? C'est à peu prés dans cette pensée que les
anciens ont appellé les actions d'amour des larcins; Et les Poëtes nous apprennent que Venus
commendoit tres-estroittement que ces larcins
fussent secrets.

Peut-estre que ceux-là ont bien rencontré
qui ont dit, que l'amour auoit vn langage muët,
qu'il s'exprimoit par des gestes, par des larmes,
& par des souspirs plutost que par des paroles;
Et que comme les yeux en reçoiuent les premieres atteintes, aussi en sont-ils les truchements &
les interpretes. C'est pourquoy les Platoniciens
ont creu que l'amour n'estoit qu'vn commerce
& vn meslange d'esprits, que les personnes qui
s'aymoient se communiquoient par les yeux.
Si bien que les discours sont presque inutiles,
où tant de choses doiuent parler.

Il se peut faire aussi que c'est la difficulté de la
matiere qui n'a pû iusqu'icy rencontrer d'arti-
sans assez industrieux pour la bien manier. En
effet, ce genre d'escrire demande tant d'esprit
& de naïueté, il faut exprimer des passions si
contraires, louër & se plaindre si adroitement,
feindre & imaginer tant de choses, qu'vn esprit
mediocre ne sçauroit y reüssir. Et s'il a esté dit

par vn Sage que ceux qui approchent les Roys,
ne doiuent se seruir que de paroles de soye, il est
necessaire que ceux qui parlent à leurs Maistres-
ses en ayent encore de plus deliées & de plus
douces.

Possible que cét auantage est reserué à la Poësie; Que c'est la mesme Diuinité qui inspire les
Poëtes & les amoureux. Les vns & les autres sont
emportez par l'enthousiasme & par la fureur.
Le langage des hommes est trop rampant pour
exprimer vne passion si noble. Et si la Poësie ne
donne pas d'ornement à l'amour, il est certain
qu'elle en reçoit de luy. De là vient que nous
auons vn si grand nombre d'Ouurages Poëtiques, tant des anciens que des modernes, qui
ont parlé si excellemment de l'amour, qu'ils
contraignent les Hippolytes & les Lucreces à
aymer. Vous rapportez à ce propos vne Epigramme Greque qui est de Platon, mais qui n'a
pas, quelque bon traducteur que vous soyez, la
mesme beauté que son original. Nous en auons
encore trois ou quatre du mesme Autheur; Et
ie diray hardiment que le moindre de ces petits
Poëmes, ou de ceux d'Anacreon, ou de Sappho,
vaut incomparablement mieux, & est plus galant, que tout ce que M. de Voiture a fait en
Prose sur cette matiere. N'est-il pas sec &
languissant en beaucoup de lieux? Ses lettres

font elles animées de ce beau feu qui brille dans
celles de l'incomparable Ouide? a-t-il fa facilité & fes graces? Et n'eſt il pas ayſé de connoiſtre que voſtre amy feint vne paſſion qu'il n'a
pas; & que la colere, les tranſports, le deſeſpoir,
l'eſperance, la ioye, la triſteſſe & la ialouſie; Enfin, que Venus elle meſme & tous les Amours,
ont emprunté la plume de ce Poëte, pour ſe faire voir auec vne expreſſion plus viue, & plus d'e-
nergie, & auec des couleurs plus éclatantes &
plus naturelles?

Vous eſtes fort eloquent, mais vous ne ſçauriez me perſuader que les poulets de M. de Voiture ſoient plus que mediocres, & que toute la
Cour & toutes les Dames les ayent approuuez.
Elles ſont trop ſçauantes en cette matiere, elles
ont le gouſt trop rafiné, & le iugement trop
ſain pour en iuger ainſi. Vous ne les auez pas
toutes conſultées là deſſus. Vous n'eſtes pas de
toutes les ruelles ny de tous les cabinets. Et ie ne
doute point qu'il n'y ait pluſieurs beaux eſprits
de ce ſexe, qui feroient en ſe ioüant des lettres
bien meilleures & plus ingénieuſes. Mais puiſque vous n'inſiſtez pas beaucoup ſur ces lettres
d'amour; que meſme vous demeurez d'accord
que la 197. & la 201. ne valent rien; & qu'aprés
nous auoir allégué vne infinité de lettres dans le
genre galant, & dans le ſerieux, à peine auez-

G iij

vous bſé faire paroiſtre trois periodes d'vn pau-
-ure poulet, ie veux auoir pour vous de la complaiſance, & n'en plus parler.

Ie vous demande donc, qu'eſt-ce que vous
auez trouué de ſi rare dans les lettres 30. & 34.
à Mademoiſelle Paulet ? Ce n'eſtoit pas ſans
quelque raiſon, qu'elles m'auoient ſemblé en-
nuyeuſes. Car outre qu'elles ne ſont pleines
que de bagatelles, ſi vous en oſtez deux ou trois
penſées aſſez raiſonnables, la premiere contient
onze pages, & la ſeconde huit, qui eſt à peu prés
ce qu'il faut pour ſe bien ennuyer. Les lettres,
Monſieur, quand elles paſſent vne longueur
proportionnée ne ſont plus des lettres, ce ſont
des diſcours, ce ſont des liures, au bas deſquels
on a mis voſtre tres-humble & tres-obeïſſant
ſeruiteur.

La lettre 34. commence par vn pur galima-
tias. *Rien ne peut eſtre dans vos lettres plus agreable
qu'elles meſmes. I'ay trouué dés le commencement de la
voſtre, ce que vous ne me vouliez faire eſperer qu'à la
fin, & vous m'auez donné le contentement que vous
me promettiez ailleurs.*

Sans nous arreſter dauantage là-deſſus, vne
lettre n'eſt autre choſe que ce qu'elle contient,
comme vne maiſon n'eſt rien que les parties qui
la compoſent. Il dit vn peu aprés.

Vous pouuez obliger Mᵉ de Clermont à continüer

*de m'aymer, & de prier Dieu pour moy. Ie feray de
mon cofté tout ce qui me fera poffible, pour me rendre
digne des graces qu'elle me peut obtenir, & il eft difficile qu'vn homme que vous prefchez, & pour qui elle
a prié, ne fe conuertiffe point; mais qu'elle fçache, s'il
vous plaift, que ie demande plus fon affection que fes
prieres, & quoy que ie croye qu'elle me peut rendre faint,
conftant, & heureux, ie ne defire pas tant cela que d'eftre
aymé d'elle.*

C'eft vne fauffe galanterie, & qui feroit mefme infupportable à vn amoureux paffionné,
que ce compliment de M. de Voiture à vne
Dame fi fage que l'eftoit Madame de Clermont, d'eftimer plus fon amitié que d'eftre faint
& d'eftre heureux. Ce qui fuit n'eft pas meilleur.

*Ie la puis affeurer, que lors que i'auois deux éuan-
tails dans la gorge, & que i'eftois entre les mains de
mes plus grandes ennemies, ie n'eftois pas plus à plaindre que ie le fuis, & qu'il eft plus à fouhaiter de mourir
en fa prefence, que de viure loin d'elle.*

La lettre 30. eft trop longue pour l'examiner tout du long; Les endroits mefme que vous
auez chofis, qu'ont-ils de fi acheué, de fi galant
& de fi fpirituel? Eft-ce cecy? *Vous-vous efton-
nerez quelque iour, quand ie vous diray que i'ay paffé
huit mois fans parler à vne femme, fans gronder, fans
difputer, fans ioüer, &, ce qui eft plus eftrange, fans me*

chausser vne fois. Et en suite. S'il y a quelque per-
sonne au monde que i'ayme plus qu'elle. &c. Où le
mot d'elle, ou qu'elle, ayant esté fort souuent re-
peté, l'est encore sept ou huit fois dans sept ou
huit lignes.

Nous verrons en vn autre lieu, si cette pensée est fort galante. *Ie reçois l'honneur qu'elle me*
fait, auec tout le respect & toute la ioye que ie dou,
& ie prie Dieu qu'il la console comme elle console les
autres. Cette bonté deuroit faire beaucoup de honte, à
cette Dame, sur qui on trouua vne fois trois poux, &c.
Mais passons outre.

SECTION IX.

QVE L'AVTHEVR A ESTÉ MAL
repris dans les loüanges qu'il à données à la lettre de
la Carpe. Diuerses fautes de Monsieur Costar.
S'il faut dire, Hippotame, Phtiriophage, la
nef d'Argos. S'il faut écrire, Thetis,
lors qu'on parle de la femme
de Nerée.

IL faut auoüer, Monsieur, que vous estes vn
homme bien difficile. Il auroit mieux valu
estre Courtisan de l'Empereur Tibere, que le
vostre. Si on blâme tant soit peu vostre amy,
ou si on ne le loüe pas assez, vous-vous mettez

en colere, ou vous ne parlez que par Ironie, qui
eſt la figure que vous affectez ſi fort, & qui ne
vous manque iamais au beſoin, quand les raiſons vous manquent. Ma diſſertation eſt toute
pleine des loüanges que i'ay données à M. de
Voiture ; Quelque affamé qu'il en eût pû eſtre, il
y auoit dequoy le raſſaſſier. Mais vous trouuez
toûjours quelque choſe à redire ; Et vous faites
comme les jaloux qui s'offencent plus de l'eſtime qu'on fait de celles qu'ils ayment, que ſi on
auoit pour elles de l'auerſion ou du meſpris.

Qu'y auoit-il de plus obligeant pour voſtre
Commere la Carpe, que de la comparer à vn Cygne,
le chant duquel a eſté admiré, non ſeulement de
tous les Poëtes, mais encore de tous les Philoſo-
phes, & de tous les Naturaliſtes ? Si l'experience
les dément, ou que Lucien & Scaliger ayent eſté
d'vn auis contraire ; il y a des erreurs ſi generalement receuës, qu'il vaut mieux les ſuiure bien
ſouuent, que la verité qui n'eſt pas reconnuë.
C'eſt pourquoy les Iuriſconſultes donnent force & authorité de loy aux fauſſes opinions, ſi
elles ſont eſtablies par la crédulité des peuples.

Vous eſtes donc trop delicat de vous choquer
d'vne choſe que tous les ſiecles, & toutes les nations ont approuuée, & meſme il y a encore à
preſent beaucoup de gens dignes de foy, qui
aſſeurent auoir oüy chanter des Cygnes ſur les

H

lacs de Suede, & dans ces autres pays du Septentrion. Mais vous dites, que ma comparaiſon eſt
mauuaiſe, *puiſqu'il n'eſtoit pas queſtion de l'vſage
de la voix, mais de celuy de la parole. Que voſtre
Carpe parle, & dit des merueilles, & que perſonne
n'a encore fait parler des Cygnes.* Prenez garde,
Monſieur, qu'en m'accuſant, vous ne blâmiez
M. de Voiture, qui les fait chanter & parler comme les autres.

> *Vn Roſſignol & ſes appas,*
> *Vn Cygne proche du trépas,*
> *Dreſſent à cette voix vn ſuperbe trophée.*

Et ailleurs, il appelle Virgile vn Cygne, &
Virgile eſtoit vn homme qui parloit, & parloit
tres-bien, comme vous ſçauez.

> *Par tous les coins de l'Vniuers.*
> *Le Cygne Mantoüan reſonne. &c.*

Horace appelle auſſi Pindare, le Cygne de
Thebes, & Virgile luy-meſme, dit en quelque
lieu, que les Cygnes ont l'vſage de la parole, il
les repreſente ſi babillards qu'ils en deuiennent
enroüez. Ariſtophane les fait parler auſſi bien
que les autres oyſeaux, & la pluſpart des Poëtes
ne les font pas ſeulement parler, ils leur font
chanter des vers, & meſme chanter en Muſique.
Syneſius, pour releuer l'eloquence de Dion, dit,
qu'il auoit celle du Cygne ; Et Ciceron, voulant loüer la derniere harangue que fit L Craſ-

fus. *Ce fût, dit-il, comme la voix & la parole des Cygnes, que celle de cét homme diuin.* D'ailleurs, le mot de *voix*, se prenant indifferemment dans tous les Autheurs pour la parole, vostre obseruation demeure inutile, & on ne laissera pas de donner aux Cygnes l'vsage de la parole, puisqu'ils sont le symbole des Poëtes & des Orateurs, des Philosophes & des Prophetes.

Et pourquoy ne la donner pas à ces doctes oyseaux, aussi-tost qu'à vne Carpe, qui estant muëtte comme tous les autres poissons (quoy que l'on die de ceux à qui de grands Autheurs ont donné l'vsage de la voix) a encore cela de commun auec plusieurs, de n'auoir point de langue. Cette proposition vous paroistra estrange, & vous m'objecterez l'opinion de tout le monde, qui ne parle que des langues de Carpe. Il est pourtant tres-constant qu'elles n'en ont point, & ce qu'on appelle ainsi fort abusiuement, n'est autre chose que le palais de ce poisson qui se détache seulement quand il est cuit. C'est vne substance charnuë qui n'est aucunement iointe à la partie inferieure, qui n'est nullement libre ou suspenduë; De sorte, qu'elle ne doit point estre appellée langue. Aristote à le premier fait cette obseruation, & Rondelet tres-sçauant Medecin l'a expliquée bien clairement dans son liure des poissons.

Plin.l.9.c 19.
Ariftot.hift.
an.l.4. c.9.
Pausa. in Arcad.
Athen.l.8.
c.1.

Lib. 4. hift.
ani.c 8 & lib.
2. de part.
anim.c. 17.

H ij

Mais ne pourrois-je pas dire qu'il vous eſt arriué ce qui arriua autrefois à Ciceron, qui pour auoir tâché auec vne application trop forte, de ſurpaſſer Hortenſius qui deuoit plaider contre luy, on remarqua, qu'il n'auoit pas fait à ſon ordinaire, & qu'il décheut pour cette fois du premier rang qu'aucun ne luy pouuoit conteſter. Vous auez dit de fort iolies choſes de voſtre Carpe, mais pour auoir donné trop auant, vous eſtes tombé dans le ſtile froid, au moins, ſi nous en croyons le meſme iuge que vous auez choiſi.

La Carpe, (ce ſont vos paroles) eſt encore tout autre choſe. Et pour parler dignement de ſon Panegyrique, il n'eſt pas moins admirable en ſon eſpece que celuy d'Iſocrate, qui fût le trauail de dix ans entiers, & qu'il fût autant de temps à acheuer, qu'Alexandre en employa à la conqueſte de toute l'Aſie.

A vous traitter à la rigueur, ie pourrois dire que vous faillez doublement. En premier lieu, de faire aller du pair vne galanterie qui eſt veritablement aſſez ingénieuſe, mais au fonds qui n'eſt pas ſi grand'choſe que vous pourriez vous imaginer, auec vne des pieces la plus acheuée, & la plus admirable de toute l'antiquité. Si ce n'eſt que vous ſoyez en cela de l'auis de voſtre amy, *qui eſtimoit plus vn bon potage que le Panegyrique de Pline, & que la plus longue harangue d'Iſocrate.* Le Secretaire de la Reyne Zenobie m'a fait prendre garde à vne seconde faute que vous faites. Ie n'aurois pas pris la liberté de vous condanner, si ie n'auois leu voftre arreft dans cét excellent Critique.

L'Hiftorien Timée, dit-il, eftoit d'ailleurs vn galant homme, il fçauoit beaucoup de chofes, il penfoit bien, & s'exprimoit quelquefois auec des paroles belles & releuées ; mais comme il reprenoit extremement les défauts d'autruy, il ne voyoit aucunement les fiens. Il affectoit aueque tant de foin d'auoir des penfées fingulieres, & éloignées de fon fujet, qu'il en paroiffoit enfant. I'en produiray deux ou trois exemples. Parlant d'Alexandre, Il employa, dit-il, moins de temps à la conquefte de toute l'Afie, qu'Ifocrate n'en mit à acheuer fon Panegyrique. C'eft vne belle comparaifon, d'vn fi grand Prince auec vn Sophifte. Par cette raifon Timée, les Lacedemoniens ont efté moins vaillans qu'Ifocrate, puif-qu'il ne luy falut que dix ans à compofer fon Panegyrique, & qu'ils en mirent trente à la conquefte de Meffene.

Vous voyez que les paroles de Longinus vous pourroient eftre appliquées, en changeant tant foit peu le fens. *O la belle comparaifon, d'vne Carpe à vn Orateur celebre, & de ce mefme Orateur au plus grand Prince qui fût iamais !* Vous eftes tellement accouftumé à prendre les penfées de tous les Autheurs, & a les mettre dans vos lieux communs, que vous n'auez point épargné les haillons du pauure Timée, & on pourroit dire de luy, ce que Diogene dit vne fois voyant des rats qui mangeoient les restes de son disner; *Quoy? Diogene a des Parasites ?*

Auant que d'acheuer ce chapitre, il est à propos que ie vous communique vn scrupule que m'a donné vn Grammairien. Il blâmoit vostre Carpe de ne parler pas correctement, lors qu'elle appelle les cheuaux de riuiere, qui est vn poisson du Nil, des *Hippotames*, au lieu d'*Hippopotames. Ie ne sçay pas,* disoit-il, *pourquoy il faut oster vne syllabe à l'Hippopotame plutost qu'au Crocodile. Nous disons philologie, l'oracle de Dodone, & le berger Tityre. Rien ne nous obligeoit de dire vn concombre, & vn assassin, si nostre langue ne souffroit pas cette repetition de syllabes ; elle ne les ioindroit pas dans ces mots, sa sagesse, ma maladie, vous-vous, & ainsi des autres.*

Mais ce Grammairien auoit tort de reprendre M. de Voiture, puisque vous, Monsieur, qui estes si exact & si sçauant, auez crû faire vne elegance, quand parlant de certains peuples qui se nourrissoient de poux, au lieu de les appeller *Phtirophages*, vous les nommez *Phtiricphages*, contre l'vsage de tous les Autheurs, & les regles de la Grammaire. Vous ne pouuez-pas en rejetter la faute sur l'impression, puis-qu'il est ainsi écrit dans vostre original.

Pag. 91.

Telles beüeuës vous sont fort familieres ; & quoy qu'elles ne se commettent que par ceux qui ne sçauent pas la Langue Greque ; vous ne laissez pas de dire en vos Entretiens, *La nef d'Argos ne fût iamais où vous m'auez mené, non plus que celle de l'impudique Médée.* Il falloit écrire, *la nef Argo.* Car disant, *la nef d'Argos,* c'est dire qu'elle appartenoit à vne ville du Peloponese, qui s'appelloit Argos. Vous donnez aussi de vostre liberalité vn nauire à Medée, bien que le Poëte que vous traduisez, ne luy en eût point fourni en son particulier.

En vn autre endroit, interpretant vn vers d'Homere qui parle de Tethys femme de l'Ocean, vous la prenez pour Thetis qui estoit sa petite fille, & femme de Peleus, bien que leurs noms soient extremement differens, sur tout, si vous les lisez en Grec ; & mesme vous ne prenez pas garde, que vous faites faire à Homere vne faute contre la quantité.

Ἡ Ἀργὼ. ναῦς.
Τὸ Ἄργος. πόλις.
Pag. 232.57.
Non huc Argoo contendit remige pinus, Neque impudica Colchis intulit pedem. Hor. Epod. 16.
Ὠκεανόν τε Θεῶν γένεσιν, ἢ μητέρα Τηθύ. Hom.
Pag. 169.
Téne Thetis tenuit pulcherrima Neptunine, Téne suam Tethys concessit ducere neptem? Catull. de nupt. Pel.
Τηθὺς *vxor Oceani, vtráque syllaba longa.* Θέτις *filia Nerei, mater Achillis, vtráque breui.*

SECTION X.

OBSERVATIONS SVR LA LETTRE
de la Berne.

IE n'ay rien icy à dire, touchant l'Eloge que vous faites de M. de Voiture. Ie demeure volontiers d'accord de tous les auantages que vous luy donnez. Ie suis fort persuadé de la beauté de son esprit, & de la douceur de ses mœurs, *de sa complaisance & de sa seuerité.* I'ay pris plaisir à vous voir *estaler les thresors que possedoit vostre amy, tant ceux qui brilloient le plus en sa personne, que ceux qui estoient cachez, & qui ne se decouuroient qu'aux occasions. Ie croy que le riche fonds de sa probité, de sa iustice, & de sa genereuse amitié,* estoit encore plus grand & mieux cultiué que vous ne dites ; bien que vous confessiez en vn autre endroit, *que ses actions n'estoient pas toutes pures.* Mais comme i'en auois conceu vne opinion grande & proportionnée aux rares qualitez que vous auez si bien décrites, il me deplaist que ce Heros se rende luy-mesme ridicule. Ie n'estime pas que ce soit vne chose bien-séante à vn honneste homme, de feindre d'auoir esté berné, qui est la derniere injure qu'on puisse faire aux personnes les plus viles.

Suétone

Pag.102.

Suétone remarque pour vne preuue de l'extreme infolence d'Othon, qu'il auoit accouftumé de courir la nuit par les ruës, & de berner ceux qu'il trouuoit yures, ou trop foibles pour luy refifter. C'eft le diuertiffement qu'on prenoit ordinairement des chiens, ou des valets les plus méprifez. Martial aprehendant le peu d'eftime qu'on pourroit faire de fon liure, s'il eftoit fi temeraire que de paroiftre en public, luy reprefente le danger de la berne; fuplice qui n'eftoit pas moins à craindre pour vn liure, que celuy dont parle Perfe, qui eft d'eftre déchiré, & de feruir à enuelopper de l'encens ou des poiffons. L'éponge & le feu dont ces productions de l'efprit mal-receuës ont efté punies, n'ont rien de fi ignominieux que cette berne; mais ce feroit vne action trop inhumaine que d'en punir les Autheurs; & M. de Voiture fe fait tort, luy qui eftoit fi *graue*, de nous faire vn recit qui luy eft fi defauantageux,& qui eft à peu pres la mefme chofe, que fi quelqu'vn fe railloit d'auoir eu les eftriuieres, ou des coups de bafton.

Au refte, ie n'ay point dit, qu'il n'eftoit pas de la *dignité d'vn Orateur*, de faire des contes dont la honte retombe fur celuy qui les a faits. D'où vous prenez occafion, à voftre ordinaire, de faire valoir vos lieux communs, & de nous dire vne infinité de belles chofes que nous n'aurions

I

pas sceuës, si vous n'auiez changé le sens de mon discours. I'ay dit, sans parler aucunement des Orateurs, qu'il n'estoit pas séant à vn honneste homme, & que cela sentoit le Comedien, de faire des contes ridicules de soy, pour diuertir les autres. Ie me suis serui de l'authorité de Quintilien qui écrit fort iudicieusement, *Que c'est galanterie, quand on descouure en autruy quelque difformité & quelque défaut, mais que c'est vne grande impertinence de les faire remarquer en nous-mesmes.* Or Quintilien parle en cét endroit, en general, soit des actions particulieres & qui se passent entre les amis, soit de celles qui paroissent en public & dans le barreau, ainsi que cét Autheur l'explique plus clairement au mesme liure. *Parler contre soy-mesme & à son desauantage, c'est le mestier des plaisants & des bouffons, il n'est au moins aucunement pardonnable à vn Orateur.* Et plus bas, parlant des railleris qui se disent dans le particulier. *C'est vne chose ridicule de faire des contes de soy-mesme.*

In se dicere non est fere nisi scurrarum, & in Oratore utique minime probabile, Interim de se dicere ridiculum est.

Ceux qui ont écrit les preceptes de la Rhetorique, ne les ont pas bornez à vne sale d'audience, ils en ont donné pour toute sorte de temps & de rencontres. Ciceron, parlant des railleries & des bons mots qu'il faut employer quelquesfois dans les harangues, *Toutes ces choses,* dit il, *que nous alléguons, appartiennent également aux actions du*

De Orat. l. 2.
Et herculè omnia hæc qua

Palais, & aux entretiens ordinaires ; Ce font des affai-
fonnemens communs qui doiuent s'employer pour les vns
& pour les autres. Mais il faut par tout garder fa
dignité, & ne faire iamais rien de feruile, & qui
nous caufe de la honte & de la confufion.

Ce que vous ajouftez en fuite, n'excufe point
M. de Voiture. *Des Princes & des Philofophes fe*
font diuertis, ils ont ioüé à de petits ieux, ils ont fait
les bouffons. Car ce n'eftoit pas pour donner du
paffe-temps, & pour faire rire les autres, ce qui
n'appartient qu'aux Comediens & aux Saltin-
banques. Ils n'ont pas mis ces extrauagances
dans des liures, ils n'ont pas écrit qu'ils auoient
efté bernez, ou qu'ils auoient receu des bafton-
nades. Qu'il foit permis à Dauus & à Geta de
raconter comme ils ont efté battus, & de montrer fur leur dos les marques des coups de foüet;
mais qu'vn honnefte homme ne die pas de foy-
mefme de pareilles galanteries.

S'il eft arriué quelques difgraces à Lucien & à
Apulée pendant leurs metamorphofes, ils n'e-
ftoient pas fi fort à plaindre que vous penfez ;
ils eftoient reueftus d'vn cuir extremement dur,
& il femble que les afnes ne foient faits que
pour fouffrir. Au refte, ils fe moquoient des autres feignant d'eftre moquez; Ils ioüoient fort
bien leur perfonnage, & reprefentoient naïue-
ment la vie ordinaire des hommes dans la varie-

I ij

à me de face-
tiis difputan-
tur, non ma-
iora foren-
fium quam
omnium con-
dimenta funt
&c.

té de tant d'accidents. Ils raisonnent si bien, ils disent de si bonnes choses, qu'elles peuuent releuer la bassesse de cette inuention. On peut tirer mile belles moralitez de la stupidité de ces bestes, ainsi qu'autresfois on faisoit de leurs os, les meilleurs instruments de Musique. Ces Philosophes ne se sont point fait de tort de se deguiser en asnes, puisque ces animaux ont esté en si grand honneur, qu'en Sicile dans les Temples de Bacchus, l'on conseruoit soigneusement la teste d'vn asne sur laquelle on faisoit iurer les femmes qui estoient accusées d'adultere. Toute l'antiquité à crû que les Iuifs adoroient des asnes. Et la fable nous apprent que les Dieux pour les grands seruices qu'ils en receurent en diuerses rencontres, & particulierement dans la bataille contre les Geans, leur donnerent vn appartement dans le Ciel, afin qu'ayant esté les Autheurs de leur victoire, ils partageassent auec eux les biens qu'elle leur auoit causez.

Socrate, Aristippe, & plusieurs sages ont fait des actions qui sembloient indécentes ; mais ce n'estoit pas pour faire les badins, c'estoit pour l'instruction de la ieunesse & des Princes, qui se prennent souuent par des bagatelles. Vostre amy n'a eu dessein que de donner la Comedie, il plaist, mais il n'instruit point. Ie n'ay pourtant pas trouué que dans Platon, *Socrate ne fasse autre*

chose que contre-faire l'yvrogne. Voſtre memoire,
Monſieur, vous rend ſouuent de mauuais offices.

Oüy, mais Vlpien, qui a parlé de cette ſorte de
jeu qu'il appelle, Sagatio, comme qui diroit le jeu de
la ſaye (puis que vous trouuez à propos de faire
changer de ſexe à ce mot-là) ne nous apprent point
que ceux qui auoient eſté vannez (comme on parloit
autresfois) fuſſent declarez infames, & indignes de
poſſeder les charges & les honneurs.

Ie n'ay pas dit, Monſieur, qu'on fûſt declaré
infame pour auoir eſté berné. Ce Iuriſconſulte
n'auoit garde de le dire, puiſque dans le lieu
dont vous auez oüy parler, celuy qui auoit eſté
traitté de la ſorte en mourut, & le berneur fûſt
relegué pour cinq ans. Agrerez-vous que ie vous
die, en chemin faiſant, que vous citez Vlpien
ſur la foy d'autruy. Le lieu que vous alleguez ſe
trouue dans les Oeuures de Pithou. C'eſt vn fragment qui a pour titre, la conference des loix de
Moïſe, & de celles des Romains, mais il n'eſt
point fait mention du terme *ſagatio*, qui m'eſt
aſſez ſuſpect, quoy qu'il ſe trouue dans le vieux
gloſſaire attribué à Philoxene, qui met ſimplement, *ſagatio* παλμὸς. Et puis *ſaliſſatio* παλμὸς. Et le
vieux Lexicon παλμὸς *ſalcio*. Or le mot Grec ne ſe
rencontre dans aucun Autheur que i'aye leû,
pour ſignifier le ieu de la berne; & *ſalcio* ou *ſaliſ-*

L. 7. de off.
proconſ. ſub
tit. de ſicariis
& venef.

L. iij,

satio n'expriment rien de tel, quoy qu'ils viennent de *saltre*, qui veut dire, *sauter en haut, resaltir*. Neantmoins, ie ne m'appuye pas trop sur ma conjecture, puisque Pithou & Casaubon approuuent le terme *sagatio* dans le sens que vous auez remarqué.

SECTION XI.

DV PEV DE RESPECT QVE M. de Voiture portoit aux Dames de condition. Qu'il dit des choses qui offencent la pudeur. Que Monsieur Costar l'imite en cela en quelques endroits.

LA chose qui a esté blâmée plus vniuersellement dans les écrits de M. de Voiture, est cette familiarité licentieuse auec laquelle il entretient des Dames de haute condition. Vous me direz, qu'elles n'estoient pas fâchées qu'il traittast auec elles de cette maniere. Mais comment pourra-t-on defendre ceux qui ont imprimé des priuautez si temeraires, ou ceux qui ne les ont pas trouué mauuaises? Il y a vne infinité de railleries, comme dit Ciceron, dont les lettres peuuent estre capables, qui estant diuulguées, sont tout à fait impertinentes. La

Philipp.2.]

Lettre à Madame la Princesse est de ce genre-là, si iamais il en fust.

I'ay vne raison fondamentale de ne bouger d'icy, sur laquelle ie n'ose appuyer. I'ay deliberé long-temps en moy-mesme, si ie deuois aller, & il y a eu vn grand combat entre mon cœur, & vne autre partie que ie ne nomme pas (il la deuoit nommer, il n'eust gueres parlé plus intelligiblement) *mais enfin, Madame, ie vous auoüe que celle qui raisonnablement doit estre dessous, a eu le dessus, & que i'ay mis deuant toutes choses, ce qui naturellement doit estre derriere. &c.*

Certes, ie trouue bien estrange que vous defendiez si hardiment les saillies de vostre amy; & qu'au lieu de iuger de la valeur du sang de Montmorency, par la grandeur de courage de ceux qui ont porté ce nom illustre, & par le mépris qu'ils ont toûjours fait de la mort & des perils; Vous la mettiez en la bonne constitution de l'estomac ; vous croyez qu'ils ne s'offensent pas comme les autres hommes, d'ouir des ordures & des familiaritez insolentes. Pour moy, ie confesse ma simplicité, pareilles choses me font rougir, & si ie n'estois obligé, pour ma defense, d'en parler vn peu, ie ne representerois pas au Lecteur des images si deshonnestes.

M. de Voiture ne s'estoit pas épuisé, il traite encore auec la mesme liberté dans vne chanson qu'il dedie à la mesme Princesse.

I'ay receu deux coups de ciseau
En vn lieu bien loin du museau,
Landrireties
Ie m'en porte mieux Dieu mercy,
Landriry.

Et dans la Lettre qu'il écrit à M. Chapelain, *Ie suis fáché, dit-il, de vostre clou, mais à ce que i'en puis iuger, ce n'est rien au prix de celuy que i'ay, si vous en auiez vn pareil sur le nez, vous l'auriez sur tout le visage.*

Il n'y a que Iodelet, s'il auoit vn froncle en la partie que vostre amy a si bien designée, qui voulût parler ainsi. Si M. de Voiture eût fait present luy-mesme au public de ses Ouurages, il estoit trop galant pour ne pas supprimer telles bassesses. Il eût renuoyé à l'Hostel de Bourgongne, ces mots de la lettre 86.

Il est vray que les trois derniers cheuaux que i'auois montez, m'auoient mis en vn pitoyable estat, cét endroit que vous sçauez que Brunel montroit à Marphise, & ce qui estoit plus à craindre, i'auois vne si grande chaleur, que quand i'eusse esté fait Gouuerneur de Monsieur le Dauphin, ie n'eusse pas esté plus propre que ie le fus les quatre premiers iours. I'en parlay à vn fort honneste homme de Roane, que l'on m'a dit qui est Apoticaire, lequel me donna quelque chose qui me soulagea fort.

On auoit peur qu'il n'y eut pas suffisamment

de

de ces bons mots dans les lettres de M. de Voiture, & qu'il fût en cela inferieur à Plaute & à
Aristophane, il a esté besoin d'ajouster en la
derniere impression, ces termes qui manquoient
à la lettre 178. & qui est vne pensée prise de vos
Entretiens. *Ie consens que l'on chastre Vlpien puisque vous le voulez, & mesme Papinien, aussi-bien
n'engendrent-ils que des procez.*

   La lettre 130. à pareillement quelque chose
qui offence la pudeur. *Ie ne sçay pas comme sont
faites vos beautez d'Asie, mais ie vous asseure que
cinq ou six des plus belles personnes de l'Europe sont
deuenuës amoureuses de vous, & pourueu que vous
ne vous soyez rien fait coupper, au lieu que vous
trouuez là des filles qui vous prient de les acheter,
vous-vous vendrez icy aussi cherement qu'il vous
plaira.*

   Si ces railleries ne m'ont point causé d'admiration, i'en accuse la dureté de mon naturel, &
la rusticité de la Prouince. Mais que dites-vous
de ceux qui reprenoient ces termes de Saluste, *ductare exercitus,* & *patrare bellum,* comme
ayant vn sens impudique ? Que dites-vous de
Celsus qui blâmoit cét endroit de Virgile, lors
qu'il parle des flots de la mer. *Incipiunt agitata
tumescere,* ou de Seruius qui condanne cette locution, *fuit aut tibi quidquam dulce meum ?* Les anciens éuitoient les mots *diuisio, intercapedo, lo-*

K

quimur bini , ils diſoient, *cum hominibus notis loqui*, il n'eût pas eſté bien-ſéant de dire, *cum notis hominibus.*

La Langue Françoiſe eſt encore bien plus cha-
ſte que la Latine ny que la Greque. Nous ne
parlons pas ainſi que Martial dit de l'Empereur
Auguſte , auec cette ſimplicité Romaine. Si nos
mœurs ſont auſſi corrompuës que celles des anciens, nous conſeruons , au moins, plus de retenuë dans nos paroles. Il ne ſuffit pas, ſelon
Quintilien, que nos termes ſoient exempts de
tout ce qui choque l'honneſteté, il faut que tout
ce qu'ils ſignifient ſoit dans la bien - ſeance &
dans la modeſtie.

Ie ne dis rien de la licence que M. de Voiture
prend dans ſes Poëſies. Ce n'eſt pas d'aujour-
d'huy que les Poëtes ſe ſont donnez cette vi-
cieuſe liberté. Il y a long temps qu'ils ont pro-
ſtitué la chaſteté des Muſes. Ils ſe défendent par
leur multitude. Il ne faut plus leur diſputer vne
poſſeſſion qu'ils ont preſcrite depuis tant de ſiecles, par le conſentement de toutes les nations.
Ajouſtons ſeulement vn mot à vn ancien arreſt
des Ephores, & diſons , *Qu'il eſt permis aux Poëtes auſſi-bien qu'aux habitans de Chio d'eſtre inſo-
tents.*

Il ne faut pas, toutesfois, s'eſtonner ſi vous
défendez auecque tant d'empreſſement ces vi-

cieuſes libertez de voſtre amy; En cela vous ſouſtenez vos intereſts, puiſque vous-vous donnez,
à tout propos, la meſme licence. Car que veut
dire *cette petite hiſtoriette* que vous contez ſi gen-
timent dans vos Entretiens? Se peut-il rien voir
de plus paſſionné? Et ne faites vous pas connoiſtre qu'on ce temps-là vous liſiez bien plus
ſouuent Petrone & Catulle, qu'Ariſtote ou ſaint
Thomas? Vous reſpondrez, que vous-vous
eſtes exprimé en vne langue inconnuë aux Dames, & que vous n'auez point bleſſé leur modeſtie. Mais que diront-elles ſi elles liſent cette autre belle hiſtoire?

Ie voudrois bien que Iupiter voulut encore piſſer
des riuieres de Nectar comme autrefois, ſelon voſtre
Poëte, & il me fâche qu'il ait ſi bien gardé ſon eau
depuis ce temps-là. Et à propos de ces fictions, ie ne
ſçay ſi on vous aura conté que la derniere fois que le
Roy fut à Châlons, on tendit dans ſa chambre vne
tapiſſerie extrememnt riche qui venoit de la feuë Rey-
ne de Nauarre, où eſtoient repreſentez Luther &
Caluin qui donnoient vn lauement au Pape, dont le
bon Prince eſtoit tellement émeu, qu'on le voyoit ail-
leurs, trauaillé d'vn grand déuoyement par haut &
par bas, ſe purger de quantité de Royaumes & de
Souuerainetez, &c.

Il eſt vray que vous teſmoignez blâmer l'inſolence de ceux qui inuenterent le deſſein de

K ij

cette tapifferie. Rien, pourtant, ne vous obligeoit de nous reprefenter des objets fi honteux. Telles chofes ne fe condannent que par le filence; Et c'eft vn artifice ordinaire à ceux qui veulent introduire de mauuaifes maximes, de les refuter aprés les auoir eftablies.

Vous faites ailleurs vne digne Paraphrafe d'vn mot de Pline, *qui parlant des pendus, dit, que ce genre de mort eft contre l'ordre des chofes lors qu'on renferme vne ame qu'on auoit deffein de faire fortir.* Vous ajouftez, *que c'eft luy fermer le paffage ordinaire, & la reduire à fe fauuer par vne porte de derriere qui n'eft pas faite pour cela.* Ie paffe d'autres endroits, où vous parlez auec cette liberté des Stoïciens & des Cyniques; mais que la politeffe de noftre temps ne peut fouffrir.

Quant aux exemples que vous alléguez de M. de Balzac & de Fracaftor, ils n'ont rien qui offence la pudeur de la Veftale la plus feuere. N'eft-il pas permis de fe plaindre à quelqu'vn de nos amis, des maux qui nous trauaillent? Le Phalaris d'Ouide n'a pas efté capable d'vne telle iniuftice. On n'accufe pas M. de Voiture d'eftre malade, on trouue que fes Entretiens font peu modeftes, & peu refpectuëux. Ce Medecin qui a parlé d'vn mal fort vilain aueque des paroles diuines, ne peut eftre blâmé, fi ce n'eft de n'auoir pas choifi vn fujet proportionné à la grandeur

de son esprit. Et tant s'en faut qu'il ait voulu
railler sur vne maladie qu'il traitte dans les regles
& dans les principes de son art : que pouuant
dire de tres-belles choses de son origine, qui est
attribuée communément aux excés de Venus, il
s'en taist absolument; il recherche dans les in-
fluënces des Cieux, & dans les secrets les plus cachez de la Nature, les causes qu'il eût trouuées
dans l'intemperance de son siecle.

SECTION XII.

QVE CE N'EST PAS ESTRE GALANT,
que de parler de poux & de choses semblables,
en presence des Dames.

PARMY les fausses railleries de M. de Voiture, i'ay remarqué celle-cy. *Cette bonté de-* L.30.
uroit faire beaucoup de honte à cette Dame, sur qui on
trouua vne fois trois poux. Vous-vous estonnez de
ma delicatesse, & vous croyez qu'il n'y a point
de femme de condition qui ne doiue approuuer
cette galanterie.

Des Exemples que vous apportez pour confirmer vostre opinion, les vns sont tout à fait
contre vous, & les autres seroient fort à propos, si, comme parlent les Iurisconsultes, les

eſpeces n'eſtoient pas differentes. Il n'y a point
de ſujet ſi vil & ſi honteux, qu'on ne puiſſe releuer par quelque belle conception, ou par la
deſcription d'vne rencontre & d'vn accident,
qui attirant à ſoy l'attention de l'Auditeur, la
détache d'vn objet qui de ſoy-meſme ſeroit extremement deſagreable. L'imagination la plus
tendre, ne ſera point offencée par l'hiſtoire d'vn
Tyran, dont le corps aura eſté traiſné par les ruës,
& mené à la voirie. Elle ſera bien-aiſe d'apprendre qu'on a voulu jetter Heliogabale dans vne
claoque, & qu'Herode a eſté mangé des poux:
L'horreur des ſupplices que ſouffrit ce dernier, &
que Ioſephe décrit ſi elegamment, réjouït plus
le Lecteur, que le recit des delices du premier ne
le ſatisfait. On ne lit qu'auec indignation les
proſperitez de ces mauuais Princes, & on prent
d'autant plus de plaiſir à leur chaſtiment, que la
maniere en eſt cruëlle & infame.

Le conte de Monſieur le Mareſchal de Baſ-
ſompierre eſt fort ioly, & ſa reſponce eſt ingénieuſe. L'eſprit ne ſe ſouuient plus quand il eſt
diuerty ſi agréablement, du ſujet qui de ſoy
eſtoit fort deshonneſte, il eſt ſurpris de la ſubtilité d'vn bon mot, ou de la nouueauté de
l'hiſtoire.

In Phocicis. Celle que Pauſanias raconte de Phalantus,
merite bien que ie l'ajouſte aux voſtres. Il fai-

foit la guerre aux Tarentins, qui le vainquirent
aprés vn combat fort opiniaſtré, & le contrei-
gnirent de fuïr. Ayant perdu toute eſperance
de remettre ſes affaires en meilleur eſtat; vn iour
comme il reſuoit ſur ſa diſgrace, il mit la teſte
ſur les genoux de ſa femme : elle s'apperceut
qu'il eſtoit tout couuert de poux, & incontinent
elle ſe mit en deuoir de les tuër; mais auſſi-toſt
elle fondit en larmes à l'aſpect des miſeres de
ſon mary. Phalantus, que les pleurs & les gemiſ-
ſemens de ſa femme réueillerent de ſon aſſou-
piſſement, ſe reſſouuint de l'Oracle de Delphes
qui luy auoit predit, qu'il verroit la fin de ſes
maux, lors qu'il ſe trouueroit ſurpris de la pluye
dans vn beau temps (cette femme s'appelloit
Æthra, qui ſignifie en Grec le beau temps.) Il
fût donc bien réjoüy de ce bon augure, & ajoû-
tant foy à la prediction, il reprit cœur, aſſem-
bla de nouuelles forces, & vint à bout des Tarentins.

Comme des accidens ſi inopinez peuuent ef-
facer de la memoire le ſouuenir de ces vilains inſectes; ie ne croy point qu'il y ait de Dame qui
n'ait de l'auerſion & de l'horreur, d'ouïr qu'il y
a des peuples qui ramaſſent auec ſoin, les poux
pour les manger; Elles trouueront, ſans doute,
que ce Philoſophe eſtoit bien brutal, qui ſe
vantoit d'eſtre le pere de cette ſale vermine, auſſi

bien que de ſes enfans, & qui ne faiſoit pas plus d'eſtat des vns que des autres. Vous pouuiez ajoûter ce que dit Herodote, des femmes d'vne Prouince de Lybie, qui tuënt aueque les dents les poux qu'elles abatent de leur teſte, quand elles ſe peignent.

Si ces exemples ne vous font point mal au cœur, i'auoüe que vous n'eſtes pas trop delicat; Mais ie m'eſtonne que dans ces compagnies où vous-vous trouuez ſi ſouuent, & où il y a toûjours *de belles perſonnes*, aucune de ces Dames n'ait iamais fait la moindre grimace, & n'a témoigné ſon auerſion & ſon dégouſt, lors que vous leur racontiez tant de belles hiſtoires; que vous vous plaiſiez ſi fort en voſtre jeu, & que vous-vous piquiez de leur dire tout ce que vous ſçauiez ſur ce ſujet.

Pour ce qui eſt de M. de Voiture, le lieu où il parle des poux, eſt-il embelli d'aucun ornement eſtranger ? Sa difformité ne paroiſt-elle pas toute nuë, y a-t-il de l'eſprit ou de la galanterie ? Et meſme n'eſt il pas deſobligeant ? Car il ſemble qu'il eſt de l'opinion d'Ariſtote & de Galien, qui diſent, que les femmes ſont plus ſujetes à produire ces inſectes importuns, que ne ſont les hommes. Vous ne deuez donc pas trouuer eſtrange, ſi les Dames de condition les ont en horreur. Ce ſont les ennemis communs de la nature,

nature, s'il est vray ce que remarquent les Naturalistes, qu'il n'y a point d'animaux qui n'en soient tourmentez, sans en excepter mesme les poissons. Pline dit qu'ils sont aussi vilains que cét insecte, qui s'appelle en Latin *ricinus*, & dont le mot François est fort deshonneste. Et Martial, qui n'est pas le plus scrupuleux du monde à nommer les choses par leur nom, ne parle des poux que par circonlocution. En effet, ils sont si hideux, qu'estant mis dans ces verres qui grossissent les objets, il y a peu de personnes qui n'en détournent la veuë.

Deffendet manus hæc scapulas mordente molesto Pulice, vel si quid pulice sordidius. Li. 14. ep. 8. de scalptorio.

SECTION XIII.

DE LA DESCRIPTION DV VAlentin. Du sel Attique. Diuerses mesprises de Monsieur Costar.

LA description du Valentin m'a semblé froide, & sentir plûtost le stile d'vn Comedien que d'vn galant homme; Et à dire vray, c'est vne façon de s'exprimer si particuliere au theatre, qu'elle n'est point en vsage hors de là. C'est-là seulement qu'elle doit faire rire. Vn homme serieux ne dira iamais.

Le Valentin, Madame, puisque Valentin y a, est vne maison qui est à vn quart de lieuë de Thurin

L

située dans vne prairie & sur le bord du Pô. En ar-
riuant, on trouue d'abord, ie croy que c'est vn per-
ron, non, non, c'est vn portique, ie me trompe, c'est
vn perron : par ma foy, ie ne sçay si c'est vn porti-
que ou vn perron. Il n'y a pas vne heure que ie sça-
uois admirablement tout cela, & ma memoire m'à man-
qué. A mon retour ie m'en informeray mieux : & ie
ne manqueray pas de vous en faire le rapport plus pon-
ctuellement.

Mais vous défendez mal vostre Valentin: l'a-
uoüe, dites-vous, qu'il n'y a pas-là vn grain de sel,
Qu'il n'y a point de ce qui s'appelle des pointes. Cependant, s'il ne se trouüe rien qui pique, il s'y trouue pourtant quelque chose qui chatoüille, & dans les
pieces de cette sorte, toute la grace consiste en la seule naifueté. Elles sont assez ingénieuses, si elles paroissent naturelles, & sans aucune affectation.

Vous ne dites rien moins que ce que vous
voulez dire, il y a mesme de la contradiction,
ou vous n'auez pas compris la signification du
mot de *sel*, lors qu'il est pris par metaphore.
N'auoir point de sel, c'est estre fade, insipide,
& sans graces, suiuant la definition de Quintilien, & vous-mesmes, lors que i'ay dit de vostre
*Abracadabra. Quàm insulsa barbarie illius dicis Abra-
cadabra usurpatio !* Vous auez traduit, *Que cette
inuention est sotte !* Lors donc que parlant de la description du Valentin, vous aduoüez qu'il n'y a

pas-là vn grain de fel, vous confeſſez nettement
par là qu'elle eſt bien ſotte. Et certes, auec raiſon, puiſque le ſel, dans tous les bons Autheurs,
ſe prent pour vne grace particuliere, pour vne
naïueté ſçauante, pour vn air galant, pour vne
pointe qui chatoüille, & pour vne raillerie ingénieuſe : Enfin, pour vn certain aſſaiſonne-
ment delicat & ſimple que le iugement gou-
ſte imperceptiblement, qui réueille l'appetit,
qui luy oſte l'ennuy & la laſſitude. C'eſtoit
le grand ſecret des Atheniens, & qui ne ſe
trouue preſque nulle part que dans leurs écrits.
Voila ce que ſignifie ce ſel que vous demeurez
d'accord qui manque à la deſcription de voſtre
amy.

Que vous eſtes merueilleux, lors que pour
défendre la naïfue repreſentation de ſon inſuf-
fiſance, & de ſon incapacité en matiere de baſti-
ments, Vous dites, *Qu'vne ignorance groſſiere, dans
les hommes qui ſont d'ailleurs extraordinaires, eſt vne
choſe fort plaiſante. Et que vous ne doutez point que
ſi Socrate, dans Platon, ou dans Xenophon, ſe fût
auiſé de faire le recit de la peine & de l'embarras où
il ſe trouua quand il luy fallut conter les voix & les
ſuffrages de ſa lignée, & qu'il eut la confuſion de n'en
pouuoir venir à bout, cét endroit du dialogue n'euſt
eſté au moins auſſi agreable que tout le reſte!*

Il n'y a rien de plus ayſé que de ſatisfaire à vos
L iij

souhaits & à voſtre curioſité. On y a pourueu,
Monſieur, vous n'aurez que la peine de voir le
Gorgias de Platon, où Socrate décrit ainſi luy-
meſme fort ingénûment cette auenture. *Ie vous
diray, Polus, que ie n'entends point les affaires Po-
litiques, & qu'il y a vn an que le ſort me donna en-
trée au Senat; & parce que la Tribu dont ie ſuis, pre-
ſidoit alors, & que i'eſtois obligé de prendre les ſuffrages & de faire les arreſts; ie donnay bien à rire
n'en pouuant venir à bout.*

Cependanr, vous prendrez garde, s'il vous
plaiſt, que ceux qui vous ont parlé de cette
hiſtoire, ſe ſont trompez lors qu'ils vous ont dit,
que Socrate ſe trouua embaraſſé quand il luy
fallut conter les voix & les ſuffrages de ſa lignée.
Car il n'eſtoit pas ſimplement queſtion de re-
cueillir les voix, ce qui ne conſiſtoit qu'à conter
de petites pierres, que les Iuges, ou ceux qui traittoient des affaires publiques, jettoient dans des
vrnes qui eſtoient deſtinées à cét vſage. Et vous
connoiſſez bien la difference qui eſtoit entre la
lignée ou la parenté de Socrate & vne *Tribu*,
c'eſt à dire, entre vne ſimple famille & la di-
xieſme partie de la ville d'Athenes.

Poſſible que vous auez crû que les Atheniens
eſtoient Iuifs. Car ceux-cy ayant eſté diuiſez par
Tribus ſuiuant le nombre des familles & des lignées de leurs Patriarches, on appelle indifferem-

ment les douze parties ou Cantons des Iuifs, des Tribus ou des lignées.

Ce qui me confirme dans cette conjecture, c'est que vous croyez que les Atheniens & les Lacedemoniens n'estoient qu'vn mesme peuple. Or il est certain que ces derniers se vantoient d'estre descendus des Israëlites, tesmoin Iosephe, qui rapporte vne lettre que le Roy de Sparte escriuit autresfois au grand Prestre Onias. Elle estoit conceüe en ces termes : Au liu. des Antiq. Iud. ch. 5.

ARIVS ROY DES LACEDEMONIENS, A ONIAS. Salut.

Nous trouuons dans nos Archiues, que les Lacedemoniens & les Iuifs ont vne mesme origine, & que les vns & les autres nous sommes tous issus d'Abraham. Il est donc bien raisonnable, puisque vous estes nos freres, que vous enuoyez demander nostre assistance quand vous en aurez besoin. Nous en vserons aueque vous de la mesme sorte : nous entrerons absolument dans vos interests, vos affaires seront les nostres, & vous disposerez comme il vous plaira, de tout ce qui dépendra de nous. Et afin que vous ajoustiez foy à nostre lettre, celuy qui vous la rendra s'appelle Demotelés, elle est écrite en quarré, & seellée de nostre sceau, où est graué vne Aigle qui tient vn Dragon entre ses griffes.

Les Iuifs enuoyerent en suitte des Ambassadeurs à Lacedemone, où ils traiterent de freres

L iij

les Ephores, le Senat & le Peuple, les auoüant
pour leurs proches, les asseurant, de plus, que
leur parenté se verifioit bien clairement dans
les Liures Sacrez.

Entretiens.
P. 584.

Ie ne sçay pas bien au vray pourquoy vous
confondez les Atheniens auec ceux de Lacedemone. Quoy qu'il en soit, vous dites dans l'vne
de vos Lettres. *Souuenez-vous là-dessus du decret des*
Atheniens. Il est permis aux habitans de Chio, d'estre
de sales vilains. Plutarque, neantmoins, de qui
vous auez pris ce passage, dit, que ce furent les
Ephores qui donnerent ce decret. I'auois esté
iusqu'icy dans cette erreur, que de croire qu'ils
estoient Lacedemoniens, dont les loix, les mœurs
& l'origine estoient bien differentes de celles
des Atheniens.

Au liu. des
Apoph. des
Lacedem.

Pour reuenir à vos lettres qui manquent de
ce sel Attique, Celle qui est écrite à Monsieur le
Cardinal de la Vallette en est bien dépouruëuë,
outre qu'elle est assez familiere. *Vos armes,* dit
M. de Voiture, *font icy des conquestes qui sont plus à*
desirer que toutes celles que vous pourriez faire delà le
Rhin. Quelque ambitieux que vous puissiez estre, cela
vous doit donner enuie de reuenir; Car en verité, Mon-
seigneur, ce n'est pas vne bataille qui est aujourd'huy la
plus belle chose du monde à gagner, & vous m'auoürez
vous-mesmes, qu'il y a telle rose de soulier qui vaut mieux
que neuf Cornettes Imperiales.

A la verité, Monſieur, n'eſt-ce pas bien ra-
ualler la majeſté de l'Empire, & ne trouuez-vous
pas que voſtre amy raille auec vn peu trop de
liberté? La Lettre à Monſieur le Mareſchal de
Gramon, ſur la mort de Monſieur ſon Pere,
n'eſt pas meilleure. Il y a des railleries ſi fort à
contre-temps, que ie m'eſtonne que des Gens
qui ont le diſcernement ſi excellent, & qui connoiſſent ſi bien les *differens degrez du beau & du bon*,
les ayent voulu publier.

Ce bon mot que voſtre amy a apporté aueque tant d'affectation dans la lettre 191. à Monſieur d'Auaux, ne vous ſemble-t-il pas ſentir
vn peu le Comédien? *Quand ie ſçauray que vous*
aurez plus de gayeté, que vous m'aurez mandé que
l'orage eſt paſſé, & qu'il ne pleut pla ple pli plo plus,
alors ie retourneray à cette façon d'écrire, que Ciceron
appelle genus litteratum iocoſum. Ie vous aſſeure,
Monſieur, que Ciceron, quelque grand railleur
qu'il ait eſté, n'a iamais écrit de la ſorte, & qu'il
ne ſe void rien de pareil dans aucune de ſes
Epiſtres.

L. 164.

SECTION XIV.

DISCOVRS SVR LE STILE FROID.
Que M. de Voiture & Monsieur Costar,
y tombent souuent.

MAis puisque sur le sujet du stile froid vous m'auez fait vne digression qui n'est pas hors de propos, vous me permetrez bien, Monsieur, de m'y arrester vn peu. Certes, pour vn homme qui a tant *consulté les Longins & les Hermogenes, qui n'a pas oublié Demetrius Phalereus, ny Denys d'Halicarnasse*, & qui, sans doute, a veu *Quintilien, Ciceron, & Aristote*, Vous auez pris beaucoup de peine pour dire bien peu de chose; Et vous y estes allez bien froidement, si parmy tant de differentes especes du genre froid, vous n'en auez rencontré que trois; *La premiere, vne grande enflure de paroles iointe à vne grande secheresse de sens; La seconde, vne affectation d'enfant & d'escolier, qui se hausse pour paroistre plus grand qu'il n'est. La troisiesme, vne sotte ambition de dire des choses qui surprennent par leur nouueauté, qui sont recherchées auec trop de soin & de curiosité, & qui sont menées comme à force de bras & de machines.*

Vous auez crû que ces defauts ne se trouuoient point dans M. de Voiture, & que les
Maistres

Maiſtres n'ayant pas remarqué d'autres ſortes
d'expreſſions froides , ie l'accuſois ſans raiſon;
& luy attribuois vn manquement dont il ſemble qu'il eſt le plus éloigné ; Mais il n'a pû entierement l'éuiter non plus que vous, comme il
eſt aiſé de vous le faire voir , & ces Meſſieurs
nous ont marqué pluſieurs autres eſpeces du
ſtile froid.

Il nous apprennent, qu'on appelle ceux-là
froids, lors qu'aprés auoir promis de parler de
grandes choſes, ils n'en diſent que de mediocres, ou de fort baſſes ; Ainſi que fait M. de Voiture, qui vient tout preparé pour faire vne regu-
liere deſcription de la ſtructure d'vn Palais ſuperbe & magnifique, &, puis il donne auſſi-toſt
le change, & ne dit que des choſes plattes & ri-
-dicules. Neantmoins, elles vous ont parû ſi belles & ſi ingénieuſes, que vous auez crû que noſtre ſiecle eſtoit trop groſſier pour les bien comprendre ; vous auez éuoqué les Manes du Secretaire de la Reyne Zenobie, comme le iuſte eſti-
mateur d'vne ſi excellente production. *Vous ſou-* Pag. 97.
haiteriez de tout voſtre cœur qu'il fût au monde, afin de
me voir condanné par vn ſi fameux Critique.

Croyez-vous, Monſieur, que cét homme qui
n'a pas eu de reſpect, ni pour Timée, ni pour
vous, qui vous a condanné l'vn & l'autre comme
gens froids, lors que vous auez comparé les con-

M

queſtes d'Alexandre au Panegyrique d'Iſocrate.
Croyez-vous, diſ-je, qu'vn Critique ſi difficile
à ſatisfaire n'eût pas rencontré des glaces dans
le Valentin, auſſi bien que dans voſtre *Abracadabra* ? Qu'il n'eût pas trouué cette inuention
triuiale, & indigne d'eſtre alleguée? Vous eſtes
tellement plein de M. de Voiture, & vous auez
l'imagination ſi preocupée, que vous approuuez tout ce qu'il dit.

Il auoit trouué dans les ruës, & parmy les ordures, (aueque voſtre permiſſion ie me ſeruiray
encore de ce mot) vne ſi admirable recette : Il
ſe perſuada incontinent d'auoir découuert vn
grand threſor, & crût nous ſurprendre par vne
ſi grande nouueauté. Quintus Serenus qui en eſt
l'Autheur, quoy qu'il ne ſoit pas fort connû dans
le grand monde, eſt toutefois, bien familier &
bien triuial dans l'eſcole de Medecine. C'eſt-là
où M. de Voiture l'auoit pris. Mais ces polis qui
n'ont pas fait de longs voyages dans le païs des
Lettres, qui ne ſaluënt les Muſes que de bien-
loin, qui s'arreſtent à la porte de leur Temple,
& ne ſe font iamais initier en leurs myſteres, eſti-
ment que tout ce qu'ils entendent dire la premiere fois, eſt rare & precieux ; ils penſent que
peu de gens ont ſceu ce qu'ils ont ignoré. La
moindre authorité du plus petit Eſcriuain leur
ſuffit, & auec la meſme bizarrerie qu'ils ſe feront

moquez d'Herodote & de Salufte, ils louëront
Quintus Serenus, Moldenarius & Indagine.

Il a fallu donc pour deffendre les deux lettres
de voftre amy, reffufciter le Sophifte Longin, &
deuiner contre toute apparence ce qu'il auroit
dit en cette rencontre. C'eft auec le mefme artifice, que faute de meilleures raifons, pour nous
faire trouuer bons vos poulets; *Vous eftes fafché*
que Platon ne foit pas né à Paris, ou dans le voifinage
de M. de Balzac; & qu'il n'ait efté fujet de Loüis qua-
torziefme, car il eût efté, fans doute, vn de vos plus
zeltz partifans.

Ie ne fçay fi le fouhait que vous faites luy feroit agreable maintenant, car autrefois il rendit graces aux Dieux de l'auoir fait naiftre Grec
& Athenien de plus. Au moins, ie doute fort
de la verité de voftre conjecture. Mais n'eft-ce
pas tirer les chofes de bien-loin, que d'appeller
à voftre fecours des ombres & des phantofmes,
à l'exemple de ce Prince qui dans le defefpoir de
fes affaires, éuoqua l'ame d'vn Prophete? Vous
reffemblez à ces Poëtes qui ne pouuant defmef-
ler l'intrigue des pieces qu'ils reprefentoient fur
le theatre, faifoient venir des Dieux aueque des
machines, afin que par leur authorité ils don-
naffent quelque iffuë aux affaires que l'Autheur
auoit trop embroüillées.

Or tout cela, Monfieur, s'appelle froid & vi-

cieux, de mesme que les allusions aux mauuais
Autheurs. Comme lors que vous défendez la negligence de M. de Voiture par l'exemple de Iupiter, *qui auoit la memoire si mauuaise, qu'il ne se souue-*
noit plus d'vn expedient qu'il auoit trouué autresfois
pour accorder deux arrests du destin qui se contredi-
soient. Vous dites, *que ce fût dans cette affaire qu'il*
fit tant d'effort qu'il en sua d'ahan, & que de cette
sueur naquirent les choux cabus. Certes, i'ay trouué
cette sueur bien froide, & Rabelais de qui vous
auez pris vne pensée si ingénieuse, à pû passer
autresfois pour vn excellent bouffon, maintenant il fait rire bien peu de personnes : Ses railleries sont aussi glacées que ces *paroles* dont il parle
quelque part, & vouloir les remettre en vsage,
c'est presenter des viandes froides & réchauffées,
c'est rappeller dans le bal la volte & la pauane,
c'est ramener la mode des fraises & des vertu-
gadins.

l'ay desja remarqué, que vostre amy tomboit bien-souuent dans la faute de ceux qui recherchent auecque trop d'affectation tout ce qui
peut faire rire. Il est des railleries de Comedien,
il en est d'honneste homme. Le Poëte peut, sur
le theatre, faire dire à ses Acteurs des choses basses & deshonnestes ; mais il les faut éuiter par
tout ailleurs. Tel fera rire le menu peuple, qui
deplaira extremement aux sages & aux serieux,

ou s'il les fait rire, ce sera de son impertinence. *Fecit risum, sed ridiculus fuit.*

Quelques-fois, Monsieur, vous faites de petits contes qui sont froids de la derniere froideur. Comme celuy de *l'Hostelier d'Argen-* Entret. p. 233. *teüil, qu'on appelloit le maucoiffé, parce qu'on auoit donné autrefois à sa femme le sobriquet de maucoiffée.* L'Histoire du page est pareillement memorable. Pag. 20. *Il auoit esté changé en nourice, & pestoit fort contre ceux qui luy auoient fait ce meschant tour. Ce bel es- prit, pour distinguer deux Recolets, qui estoient ve- nu rendre vne visite à son maistre, appelloit l'vn le Pere Per, & l'autre le Pere Frere.* A dire vray, Mon- sieur, il estoit tres important que la posterité n'ignorast pas ces bons mots, ni ces belles re- marques que vous y ajoustez de si bonne grace.

Ie ne suis pas si seuere que l'est vn Critique de ma connoissance, qui trouuoit froides plusieurs de vos expressions : par exemple, quand vous di- tes, *Christianus Moldenarius au liure troisiesme de sa metoposcopie, ne sont-ce pas là de grands mots ?* Il ap- prehendoit, me disoit il parlant de vous, que ces grands mots nous fissent peur comme à de petits enfans : Que nous les prissions pour des termes de magie, ou pour des noms aussi terri- bles que l'estoient ceux d'Hector & d'Annibal, aux Dames de Grece & de Rome.

Il reprenoit beaucoup d'endroits où vous

vous seruez de cette vaine enflure de paroles que
vous allez chercher bien-loin auec affectation,
& que vous prenez pour le genre sublime. Il
souftenoit que tout ce que vous dites de ce caractere auoit ce défaut, & entr'autres, ces termes.
*Il a iugé que cette sorte d'eloquence ne pouuoit souf-
frir deux Balzacs, non plus que l'Empire de l'Asie deux
Souuerains, & le monde deux Soleils ; Que mesme la
Nature, ie dis la ieune Nature, lors qu'elle estoit la plus
feconde en miracles, eut eu de la peine de produire en
France deux hommes faits comme vous. Et que sur son
declin pour vous donner au monde, elle a espuisé ses derniers efforts. Il s'est donc resolu de vous laisser foudroyer,
& tonner tout seul. &c.*

Vous ne vous souueniez plus de l'auis que vous
me donnez ; Que le genre le plus sublime veut
vne hauteur mesurée ; Et ce qui m'estonne le plus
est, qu'aprés auoir dit ces belles choses de M. de
Balzac, vous luy preferez au mesme lieu M. de
Voiture, qui estoit d'vne taille trop mediocre
pour porter le faix de tant de loüanges.

Ce Critique remarquoit encore, que les repetitions des mesmes pensées, ou des mesmes
mots, s'ils ne faisoient vne figure, ou qu'ils ne
fussent necessaires, estoient du stile froid. Il
m'en montra plusieurs dans vostre escrit. Par
exemple, dans la 7. page. *Ie n'ay connu personne
jusqu'icy, qui souffrit de meilleure grace qu'on le contre-*

dit , & qu'on eût des opinions contraires aux siennes.
Et puis, en changeant la proposition. *Seroit-il* ^Pag.12.
possible que tant de testes differentes, tant de ceruelles di-
uersement composées, pûssent estre de concert ensemble,
& s'accorder dans les mesmes sentimens ? Et dans la
13. page. *Sur tout, s'ils découurent quelques fragments,*
quelques parties d'vn corps qui ne soit que demy-formé,
quelques commencemens grossiers d'vne piece qui soit de-
meurée imparfaite. A quoy bon, disoit-il, tant d'i-
nutiles paroles pour expliquer vn fragment, qui
est vn terme si intelligible?

Il ne pouuoit souffrir ces belles antitheses
dont vous - vous seruez quelquesfois, comme
lors que vous dites, *Vn de mes amis me disoit l'autre*
iour, qu'il aymeroit mieux ne voir pas plus loin que son
nez, que de ne croire pas plus loin que sa veüe.

Ailleurs, vous-vous applaudissez sans aucun
fondement, & il n'y a rien de plus froid que cela.
Si nous estions d'humeur, dites-vous , à triompher de
nos auantages, nous en aurions assez de sujet, mais il faut
estre moderé dans sa bonne fortune, & n'vser pas in-
solemment de sa victoire. M. de Voiture se loüoit
aussi fort volontiers, & il se vante à tout propos
qu'il sçait faire de bonnes lettres.

Aristote & Demetrius mettent au rang des
locutions froides, les mots poëtiques & estrangers, & ceux que l'vsage a abolis, ils deffendent
d'entremesler dans vn discours plusieurs vers.

Ce que M. de Voiture, à voſtre imitation, pratique aueque ſi peu de ſcrupule, qu'à peine dans quelques vnes de ſes lettres, y a-t-il aſſez de paroles qui ſoient ſiennes pour lier les pieces détachées qu'il a priſes dans ſes recueils. Ie croy donc qu'ils n'auroient admiré ny le burleſque de voſtre amy, ny ſes lettres en vieux langage, & que meſme ils auroient trouué voſtre ſtile vn peu trop poëtique. Vous dites dans vos Entretiens, que vous n'auiez iamais fait de vers auant celuy-cy,

Vn aſne chargé d'or, ne laiſſe pas de braire.
Comment donc ne vous eſtes vous point apperceu de tant d'autres qui m'ont fait peine en les liſant, & qui m'ont quelquefois fait douter ſi vos Ouurages eſtoient des vers ou de la proſe. I'ay trouué que pour vn Orateur, vous eſtiez vn fort grand Poëte, au moins pour la verſification. Mais c'eſt qu'en cela meſme vous auez pretendu imiter Demoſthene, dont les periodes ſont ſi harmonieuſes : On n'y void par tout que des nombres, des meſures, & des cadences fort iuſtes. Peut eſtre que ſon artifice eſt vn peu plus caché que le voſtre, & que vous eſtes Poëte ſans le ſçauoir.

Denys d'Ha-

Les mots compoſez, comme ceux dont ſe ſeruoient les Autheurs du ſiecle paſſé, les epithetes trop frequentes & mal appliquées, ſur tout,

les

les metaphores dures & affeẽées, & les hyperboles, font du genre froid. M. de Voiture nous
en peut fournir beaucoup d'exemples dans fes
Poëfies, & il femble qu'il ait pris foin de les ra-
maffer dans le Sonnet qu'il a fait fur des fleurs.

Belles fleurs dont ie voy ces iardins embellis,
Chaftes Nymphes, l'amour & le foin de l'Aurore,
Innocentes beautez que le Soleil adore,
Dont l'éclat rend la terre & les Cieux embellis.

Il me fera bien permis aprés deux grands Per-
fonnages qui ont blâmé deux Sonnets de M. de
Voiture, de dire vn mot de celuy-cy, & fans parler de ce terme *embellis,* qui fert de rime au premier & au quatriefme vers ; Ie dis que dans les
Fables, les Nymphes fe cachoient bien fous l'é-
corce des arbres ; qu'elles en eftoient comme
l'ame, & que coupper vn chefne c'eftoit donner
la mort à ces pauures diuinitez. Neantmoins,
aucun Poëte n'a iamais efté fi hardy, que d'appeller des chefnes de chaftes Nymphes, ni d'affeurer que les Nymphes habitaffent dans les
fleurs. Si les Nymphes aiment les bouquets, les
fleurs pour cela ne font pas des Nymphes. Et
pourquoy appeller des fleurs, *Nymphes,* pluftoft
que *garçons,* ou *demy-dieux,* puif-qu'on n'entend
parler d'autre chofe que des metamorphofes de
ceux-cy en diuerfes fleurs ? Puifqu'il y en a qui
font teintes du fang du bel Adonis, & que nos

N

Aufone Idy. 2
parlant des
ruiſſeaux des
champs Ely-
ſées.
*Quorum per
ripas nebuloſo
lumine mar-
cent
Fleti olim re-
gum, & puero-
rum nomina
flores
Mirator Nar-
ciſſus, & Oeba-
lides Hyacin-
thus,
Et Crocus au-
ricomans, &
murice pictus
Adonis,
Et tragico ſcri-
ptus gemitu
Salaminius
Aiax.*
Hya. Meta-
morph. 10.
Crocus 4.
Adonidis
cruor 10.
Aiax 13.

campagnes ſont pleines de celles qui doiuent leur naiſſance à la mort de Crocus? Puiſque les plaintes que les infortunes d'Ajax & d'Hyacinthe cauſerent autresfois, ſe liſent encore ſur les feüilles d'vne fleur; & que les Curieux montrent dans leurs iardins, celle qui a eſté ce cruel Narciſſe qui meſpriſoit toutes les Nymphes, & qui n'eſtimoit rien que ſoy-meſme digne de ſon amour?

Innocentes beautez que le Soleil adore.

Cette hyperbole eſt extrauagante. Le Soleil eſt le pere des fleurs, & il n'y a aucune proportion de ſa lumiere, de ſa beauté, & de ſon excellence, auec ces petites productions de ſa chaleur. Ce ſont elles qui luy doiuent leurs adorations & leurs hommages. Mais dire que les Cieux ſoient embellis par l'éclat d'vne anemone ou d'vne roſe, c'eſt paſſer les bornes de la Poëſie, auſſi bien que celles du ſens commun.

C'eſt aueque raiſon, Monſieur, que l'hyperbole eſt eſtimée la plus froide de toutes les figures, parce qu'elle ment toûjours, & qu'elle eſt toûjours dans l'impoſſible. En effet, ſi elle n'eſt touchée par des mains adroites & ſçauantes, elle approche le plus de la definition de ce ſtile vicieux dont nous parlons, qui eſt, ſelon Theophraſte, vn diſcours qui excede la propre & naturelle expoſition de la choſe qu'on veut décrire.

Ψυχρολογία
ψευδολογία.
Hely.

Si vn Autheur fort iudicieux a blâmé vn ancien pour auoir appellé les vautours, des *sepul-*
chres viuans, ie penſe qu'il n'auroit pas approuué
M. de Voiture, qui appelle des yeux, *le Paradis des*
ames; & incontinent apres, *des Aſtres de diuines puiſ-*
ſances ; & en ſuite, *les clefs de ſon ame.*

> *Ses yeux, le Paradis des ames,*
> *Pleins de ris, d'attraits, & de flames,*
> *Faiſoient de la nuit vn beau iour;*
> *Aſtres de diuines puiſſances,*
> *De qui l'Empire de l'amour*
> *Prend ſes meilleures influences. &c.*

> *Gagné d'vne ſorciere flame,*
> *I'auois mis les clefs de mon ame*
> *En la garde de ce voleur;*
> *Mais d'vne malice funeſte,*
> *M'en ayant raui le meilleur,*
> *Il mit le feu dedans le reſte.*

La deſcription que M. de Voiture fait de l'a-
mour en vn autre endroit eſt encore bien platte,
& bien froide.

> *Amour, petit Dieu qui diſpoſes*
> *Du reglement de toutes choſes. &c.*

Et puis,

> *Meſme ce Dieu qui ſçait voler. &c.*

Ie croy que l'Amour cauſe bien autant de déré-
glement & de confuſion, que de bon ordre ; il y
a meſme pluſieurs choſes qui ne ſont pas de ſa

iurifdiction. Et ie voudrois bien que M. de Voiture m'eût expliqué de quel Dieu il entend parler dans ce dernier vers, fi c'eft du Temps, de la Victoire, de la Renommée, de Morphée, des Furies, de la Nuit, de Cupidon, ou de mille autres Dieux qui auoient tous des aifles.

Enfin, pour acheuer la defcription des locutions froides que nous auions commencée, vn difcours eft froid, qui n'a rien d'extraordinaire, qui n'inftruit point, qui ne perfuade rien, qui ne remüe aucune paffion, quoy qu'il fe rencontre quelque iuftefse & quelque cadence dans les periodes, quoy qu'il y ait de la beauté dans l'expreffion, ou de la fubtilité dans les penfées, quand mefme il n'y auroit rien contre le bon fens : Ce difcours, dif-je, ne laiffe pas de meriter le nom de froid, parce qu'il eft languiffant & foible ; qu'il ne caufe aucun mouuement, qu'il fent le Sophifte, qu'il n'a que de fauffes pointes, & qu'il n'eft produit que par vne fauffe Rhetoriqne.

SECTION XV.

POVQVOY LES ANCIENS ONT
donné le nom de froid à cette forte de ftile.

IL eft facile de reconnoiftre par-là pourquoy ces grands Autheurs qui nous ont laiffé de fi beaux preceptes d'eloquence, ont donné le nom de froides à ces expreffions vicieufes. Auant, toutesfois, que ie m'explique plus clairement, il eft neceffaire que ie faffe voir que vous n'auez pas extrémement bien reüffi dans la feconde partie de voftre digreffion.

Vous recherchez les caufes qui ont obligé les anciens de nommer froid ce genre qu'ils blâment fi fort, & vous dites, *Que comme dans les animaux le froid quand il eft exceffif eft ennemy de leur temperament, ainfi dans le difcours l'enflure, la vaine 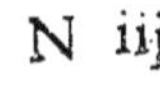 frivole fubtilité, la fauffe grandeur, & ce que les Grecs appellent cacozele eft ennemy de la raifon & du bon fens, & met les chofes hors de la iufte mefure pour eftre iugées belles & bonnes.*

Si cela eft, par la mefme raifon i'appelleray ces défauts chauds & humides, parce que l'humidité & la chaleur, quand elles font extremes, font contraires à la nature des animaux, auffi bien que le froid quand il eft exceffif. Le chaud

N iij

enflame & confume les efprits, defféche & bruf-
le l'humide radical, qui eft pareillement noyé,
eftouffé, & corrompu par l'humidité exceffiue.
D'ailleurs, tout ce qui eft contre la raifon & le
bon fens n'eft pas appellé froid, & les chofes qui
n'ont pas la fymmetrie & la proportion qui leur
eft deuë, font bien defagreables, mais elles ne
font pas toûjours froides.

Pourquoy donc les anciens ont-ils dit que les
locutions dont nous venons de traitter, eftoient
froides? Il faut fuppofer que la chaleur eft la
fource & le principe du mouuement & de l'a-
ction, & que le froid, au contraire, eft ce qui
arrefte & qui détruit le mouuement. D'autre
part, nous auons remarqué que l'objet principal du difcours qui eft fait fuiuant les regles de
l'art, eft d'efmouuoir les paffions, & de faire im-
preffion dans l'efprit de l'auditeur. C'eft donc
auec raifon que nous appellons parler auec
chaleur quand ces mouuemens & ces paffions
font produites dans l'ame de ceux qui nous ef-
coutent, par la vehemence de noftre action &
de noftre raifonnement.

De mefme, nous difons que celuy là a parlé
froidement, qui n'a pû exciter aucune de ces
paffions, qui n'a rien dit que de bas & de languiffant, qui a rampé fur terre fans s'efleuer par
la force de fes raifons, & par la vigueur de fes

penſées. S'il a parlé dans vn barreau, les glaces &
les neges de ſes paroles auront paſſé dans l'eſprit
de ſes Iuges, ils les receuront auec la meſme froideur qu'il les aura prononcées. S'il vouloit les
obliger à compatir aux miſeres de ſon client, on
ſe ſeruira de l'equiuoque de Philoxene, on re-
marquera qu'il a dit des choſes fort pitoyables.
Il fera rire par vn diſcours à contretemps, au lieu
de faire pleurer, il attirera ſur ſoy la colere & l'a-
uerſion qui deuoient tomber ſur ſon aduerſaire.

Mais il eſt auſſi tres-important de ſe ioüer
quelquesfois, & de faire rire, ſoit dans les entretiens particuliers, ſoit dans les actions publiques. Il eſt neceſſare de délaſſer l'eſprit qu'vne
trop grande application aura fatigué. Il eſt ſouuent beſoin d'éluder en riant, vne objection
puiſſante, qui autrement ne pourroit eſtre réfu-
tée. Car bien que le rire naiſſe communément
de tres-peu de choſe, que de ſa nature il ne ſoit
preſque rien; Neantmoins, c'eſt vn mouuement
tres-imperieux. Il remuë & il agite, par vne force qui ne ſe peut vaincre, toutes les parties &
& toutes les puiſſances de l'ame & du corps, &
comme il n'eſt pas toûjours en noſtre pouuoir
de le produire, il eſt quelquefois impoſſible de
l'arreſter. L'Orateur adroit & iudicieux s'en ſeruira donc à propos, il en éuitera la moquerie &

le mépris qui en sont l'effet ordinaire ; C'est vne grenade qu'il empeschera bien de creuer entre ses mains, il la iettera sur son ennemy.

Or les tristes & les mal-plaisants, les gens rustiques & sans graces sont appellez froids, parce qu'ils ne peuuent exciter vne qualité si naturelle à l'homme : Ou bien, parce qu'ils ne peuuent plaire, & qu'ils ne disent que des choses fâchéuses & desagreables : Puis-que naturellement la chaleur est plus agreable que le froid ; & que nous-nous réjoüissons autant de l'Esté, que l'Hyuer nous attriste & nous importune. Ce qui me fait souuenir d'vne remarque d'Eustathius. Il dit, que les anciens auoient accoustumé d'appeller froides les choses qui causoient de la douleur & de la tristesse, & au contraire, ils disoient que les choses agreables & plaisantes estoient chaudes, d'où vient qu'Homere appelle l'Esperance, d'vn mot qui signifie la chaleur.

Pour conclusion, il est certain que tout ce qui ralentit l'impetuosité des passions, qui en arreste le cours ou qui le tempere, est appellé froid ; Et au contraire, ce qui les excite, les réueille, & les pousse, est attribué à la chaleur. Nous le disons de la colere, de l'ambition, de l'appetit du gain, viure auec froideur, c'est traitter quelqu'vn d'indifference : c'est ne parler plus auec ceux qui ont esté nos amis, & qui ont par quelque

que offence violé les loix de l'amitié. Les anciens se sont seruis de ces termes aussi bien que nous. Les Iurisconsultes appellent froideur, ainsi que nous faisons, la mauuaise intelligence qui naist souuent entre les femmes & les maris. Et Seneque parle d'vn certain Montanus qui estoit aussi connû par l'amitié de Tibere, que par la foideur dont il le traitta en suitte.

Vlp.l.33.D.de donat. int vi. & vxo.
Quod si diuortium non intercesserit, sed frigusculum ? profecto valebit donatio si frigusculum quieuit.
Sen. ep. 122. Amicitia Tiberÿ notus & frigore.

SECTION XVI.

S'IL EST PERMIS D'EMPLOYER les termes de l'Escriture Sainte en raillerie, comme fait M. de Voiture.

IVsqu'icy, Monsieur, vous auez écrit auec assez de moderation, mais vous-vous emportez estrangement où vous en auez le moins de sujet; Il estoit plus seant à tout autre qu'à vous d'approuuer les railleries de vostre amy; Puis qu'elles semblent estre iniurieuses à Dieu, & qu'elles se ioüent de sa parole, & de ces mots sacrez qui ont basti les Cieux, & qui font trembler les Anges.

Vous me dites, *que l'intention de M. de Voiture n'estoit pas corrompuë, qu'il n'y auoit point d'entendement plus soumis que le sien, quoy que ses actions*

O

ne fuſſent pas toutes pures, ſa creance pourtant de-
meuroit toûjours inuiolable.

Ie veux croire tout cela, & vous auez tort de
vous plaindre que ie l'accuſe d'impieté; Ie n'at-
taque ny ſa perſonne ny ſa creance. I'eſtime
que la corruption du ſiecle, & la couſtume preſque generale l'ont emporté ſur ſa modeſtie. Ie
penſe, comme dit le Poëte, que ſa langue a iuré,
& que ſon ame n'a point commis de pariure.
Mais nous ne pouuons paſſer pour innocens ſi
nos actions ſont criminelles; Vous ſçauez le chaſtiment de celuy qui toucha l'Arche, bien que
ſon deſſein ne fût que de la ſouſtenir. Et ces enfans qui ſe moquerent d'vn Prophete, ne laiſſe-
rent pas de ſouffrir de fort cruelles peines, quoy-
qu'il ſemblaſt que l'innocence de leur âge les
rendît dignes de pardon.

De ſorte, que dans cette rencontre vous meri-
teriez, à mon auis, bien mieux que moy les cen-
ſures de l'Egliſe, puiſque vous eſtes l'vn de ceux
à qui ce ſacré depoſt de l'Ecriture a eſté confié,
& que les Peres diſent à toute heure, qu'il n'y a
mot, ny ſyllabe, dans ces diuins liures, qui ne ſoit
rempli de myſteres; Que tout y eſt ſaint, que
tout y eſt inuiolable. Vous nous preſchez tous
les iours que c'eſt vn moindre crime d'employer
les vaſes ſacrez, & les ornemens des autels à des
vſages prophanes, que d'auilir & de rendre ridi-

cules les termes de noftre Religion. Et ie n'entens dire autre chofe à ceux de voftre profeffion,
que cette belle penfée de faint Auguftin. *Il eft
mefme tres-dangereux de dire vray lors que l'on parle
des chofes diuines.*

Ainfi ie ne fçay pas comme vous pourrez
excufer ce que vous ajouftez. *Il nous eft deffendu
expreffément de prendre en vain le nom de Dieu, mais
ie penfe pouuoir dire en quelque forte, qu'il nous eft
permis de prendre en vain fa parole, & de nous en
feruir hors des matieres de religion & des fujets graues
& importans.*

Il n'eft iamais permis, Monfieur, de la prendre en vain, n'y de s'en feruir pour en faire des
railleries. Vous deuez auoir leû le Concile de
Trente qui condanne en la feffion 4. *la temerité
de ceux qui tournent & employent le fens & les paroles
de l'Ecriture facrée pour dire des chofes vaines, plaifantes,
& de raillerie.* Et fi vous defirez vne explication
plus expreffe de ces termes du Concile, vous
la pourrez voir dans celuy de Milan.

La temerité de ceux là, dit-il, *eft méchante &
criminelle, qui abufent des mots ou des penfées de l'E-
criture, foit par diuertiffement, ou par jeu, pour flater
ou pour fe moquer, par fuperftition & impieté, ou pour
les appliquer à quelque autre fens que ce puiffe eftre.* C'eft
pourquoy les Euefques puniront feuerement ceux qui fe
trouueront coupables de ces fautes, fuiuant les decrets

*Poft hæc teme-
ritatem illam
reprimere vo-
lens, qua ad
prophana qua-
que conuer-
tuntur & tor-
quentur ver-
ba, & fenten-
tia facra fcri-
ptura, ad fcur-
ritia fcilicet,
fabulofa, va-
na, adulatio-
nes, &c.
Nefaria eft eo-
rum temeritas
qui facra fcri-
ptura verbis,
vel fententiis
ad iocum, af-
fentationem,
contumeliam,
fuperftitionem,
impietatem,
aut ad quofuis
prophanos fen-
fus abutuntur.*

des *sacrez Canons & du Concile de Trente. Et afin
qu'vne licence si detestable soit entierement abolie*, ils
prendront le soin que les fideles soient souuent auertis par
les Predicateurs, Curez & Confesseurs de la grandeur
de ce crime. Si bien, Monsieur, que si vous estiez
du Diocese de Milan, vous seriez contraint d'an-
noncer au peuple vne doctrine bien contraire
à vos sentimens.

La discipline des premiers Chrestiens estoit
encore plus exacte, il estoit mesme deffendu à
ceux qui faisoient vne profession plus particuliere de vertu, de se seruir iamais de mots pour
rire. Outre les homelies que les Peres ont faites
sur ce sujet, nous auons le Canon d'vn ancien
Concile d'Affrique qui parle en ces termes.
*Si quelqu'vn du Clergé, ou si vn Religieux dit des pa-
roles de raillerie, des choses plaisantes & enjoüées, qu'il
soit chastié tres-seuerement.* Qu'eussent dit, à vostre
auis, ces bons Peres, si ces railleries eussent esté
tirées de l'Ecriture? Qu'eussent-ils pensé de vous
qui estes homme de sotane, Archidiacre &
Curé, qui recherchez neantmoins ces bons mots
aueque tant d'affectation, & qui n'abandonnez
iamais vostre chere ironie?

Vous auoüez pourtant, *qu'il faudroit viure
aueque plus de retenüe, & que les Chrestiens seroient
obligez d'auoir vne veneration plus particuliere pour
la parole de Dieu écrite; Que S. Charles Borromée ne*

la lifoit iamais qu'à genoux, & que dans les Conciles d'Ephefe & de Florence, les Peres rendoient au Liure des Euangiles à peu prés, les mefmes refpects que fi c'euft efté la propre perfonne du Fils de Dieu.

Voila qui eft bien. Mais vous-vous trompez quand vous dites, *Que l'Eglife ne nous a point pref-crit cette forte de culte, qu'elle fe contente de nous def-fendre la prophanation des faintes lettres.* Et expliquant plus au long les efpeces de cette prophanation, vous obmettez, qu'elle nous deffent de l'employer en raillerie.

Vous ne vous fouueniez pas, Monfieur, du Canon qui a dit ces grandes paroles. *Nous ordonnons par authorité Apoftolique, que lors qu'on fait en l'Eglife la lecture des Saints Euangiles, les Preftres & les affiftans ne foient point affis, mais qu'eftant inclinez auec veneration en prefence de l'Euangile, ils l'entendent debout attentiuement, & adorent auec foy la parole du Seigneur.*

*Apoftolica au-
ctoritate man-
damus dum
fancta Euan-
gelia in Eccle-
fia recitantur,
vt Sacerdotes,
& cæteri om-
nes præfentes,
non fedentes,
fed venerabili-
ter curui in
cônfpectu Euã-
gelij ftantes do-
minica verba
intentè au-
diant, & fide-
liter adorent,*
De Confecr.
dift.1.c.68.

Si nous voulons remonter plus haut, & paffer iufqu'à l'Antiquité Payenne, les Infideles mefmes nous enfeigneront auec quelles foumiffions, & quels refpects il faut honorer les Liures Saints. Ptolémée Philadelphe adora la Bible lors qu'elle luy fût prefentée par Demetrius Phale-réus, de la part des foixante dix Interpretes. Iofephe rapporte au long les magnificences de ce Prince, & les threfors dont il enrichit les Preftres des Iuifs qui luy auoient fait vn tel present. Et bien que l'ancienne Loy ne fût que l'ombre & l'Image de l'Euangile, Dieu vouloit neantmoins que l'on rendit vn tel honneur aux mysteres qui y sont contenus, que Theopompus ayant eu dessein de mettre dans son histoire quelque chose des loix de Moïse, perdit à l'instant l'vsage de la raison, qui ne luy fût rendu, qu'aprés auoir aueque larmes demandé pardon de sa temerité, dans les bons interualles que la folie luy laissoit quelquefois. Nous aprenons encore de Iosephe & d'Eusebe, que le Poëte Theodectés deuint aueugle, pour auoir voulu inserer quelque passage de l'Ecriture dans l'vne de ses tragedies.

M. de Voiture n'est point touché de ces exemples, il vse indifferemment de ces mots consacrez, comme lors qu'aprés auoir cité des vers de Martial & de Catulle, il ajouste, *Ne sçauez vous pas, dedit niuem sicut lanam*, ce qui est à peu prés faire la mesme chose, que faisoit Alexandre Seuere qui auoit placé dans son Oratoire l'Image de Iesus-Christ, entre celles d'Apollonius & d'Orphée : Mais vostre amy pense auoir droit de railler-là plus ouuertement, parce que cette maniere de parler n'est pas dans le commun vsage.

Ie ne repeteray point les endroits que vous auez citez, & que vous pretendez excuser, par-

ce que les termes ont esté proferez par les Iuifs
ou par les Demons ; En quoy il me semble que
vous n'auez pas raison, puis qu'ils font allusion
à des mysteres tres-saints, & à d'autres passages
de l'Ecriture. Que s'il est vray ce que disent quelques-vns, que tout ce que ces irreconciliables
ennemis du genre humain ont proferé, est impur, meschant, & impie, c'est mal fait de les
suiure dans leurs impiétez ; Il ne faut pas employer des armes dont ils ont combatu nostre
Maistre, elles sont toutes empoisonnées, elles
n'ont esté faites que pour nostre ruine. Et il me
souuient à ce propos d'vn bon mot que dit le Si-
re de Ioinuile du plus saint de nos Roys. *Iamais ie
ne luy ouïs nommer ny appeller le Diable, si ce n'e-
stoit quand il lisoit quelque liure, qu'il le luy falloit
nommer par exemple, qui estoit vne chose grandement
vertüeuse à vn Roy.*

SECTION XVII.

CONTINVATION DV MESME
discours.

QVoy que M. de Voiture n'eût autre dessein que de chercher par tout quelque
raillerie ingenieuse, celle qu'il prent du 5.ch. de
S. Matthieu n'est pas de ce nombre, ou ie suis

bien trompé. *Le vent*, dit-il, *qui me semble le plus insupportable en vous, est le vent Grec, & la suffisance que vous prenez pour sçauoir mieux que moy où il faut mettre vn graue ou vn circonflexe. Il a bien esté dit, tu n'ajousteras ny osteras vn jota, mais il n'est pas là parlé des accents.*

Il ne s'estoit pas apperceu qu'il est parlé là des accents, & ce n'est, comme vous disiez, ny le Demon ny les Iuifs qui parlent, c'est le Fils de Dieu luy-mesme. Ie ne dis rien de la lettre 121. ny de l'application de ces termes à Monsieur le Prince, *Souffrez que l'on rende à Cesar ce qui appartient à Cesar*, puisque cette lettre est, comme vous l'asseurez, vn vray orginal du genre demonstratif, & que vous auez choisi cét endroit comme le plus serieux & le plus excellent.

Pour ce qui est de la comparaison du grillon aueque les trois enfans de la fournaise, Ce n'est point chiquaner que de la blâmer, voftre amy merite la mesme reprimande dans ce lieu que dans les autres. Ne traitte-t-il pas l'Ecriture auec beaucoup de deuotion & de respect, lors qu'il fait discourir cét insecte de la sorte.

Moy qui comme Midrac, Sidrac, Abdenago
(La rime en sera difficile)
Chantois dans la fournaise, & viuois à gogo
Dans les lieux les plus chauds dont i'ay fait mon azyle?
Que vous auez bonne grace de deffendre ce
liber-

libertinage par *la saillie du Castillan*, qui preschant *vnefois a Pampelune de ces trois enfans*, fit cette exclamation qui fût suiuie, dites-vous, de l'applaudissement de tous ceux qui l'écoutoient. *O bien-heureux grillons! O grillons intelligens & raisonnables, au milieu des flammes vous ne faites resonner que des chants de ioye, au lieu des cris de douleur que les bourreaux en attendoient, vous estes dans le feu comme dans voftre element, & ce qui deuroit estre l'instrument de voftre supplice est deuenu celuy de voftre plaisir & de voftre felicité.*

Ie ne doute point, pour l'amour de vous, que l'histoire n'en soit veritable, & que l'intention du Predicateur Castillan ne fût bonne. Mais voudriez-vous prescher ainfi dans l'Eglise de Paris, ou dans celle du Mans ? Que ie prendrois de plaifir à voir les applaudissemens que vous en receuriez. Que ie batterois des mains de bon cœur auec les autres!

Le Dieu Mars qui iure par Saint Firmin dans l'vne des balades de voftre amy, de la forte que vous l'expliqués, n'eft pas fi fort à reprendre. Neantmoins, l'equiuoque eft toûjours blâmable, puifque Saint Firmin eft vn de nos Saints. D'ailleurs, ie ne fçaurois approuuer les lieux qui ont befoin de commentaires & d'apologies, non plus que ce que vous dites; *Qu'il y a parmy nous des Saints prophanes, comme les Saints Pauins, les Saints Thibalds, les Saints Gelais, & les Saints Cybar-*

P

deaux. Car quoy que ceux qui portent à cette heu
re ces noms là, puiſſent eſtre prophanes; Les Cy-
bards & les Gelais, les Firmins & les Thibauds,
ſont des Saints que l'Egliſe a reconnus pour tels,
& dont la memoire eſt offencée par le mépris
que vous en faites. Et s'il vous eſt permis de les
appeller des Saints prophanes, vous pourrez traiter de la meſme façon tous les Apoſtres, & tous
les Diſciples, ſans épargner les Anges, ni ce qui
eſt au deſſus des Anges, parce qu'il ſe voit des gens
prophanes qui s'appellent de leurs noms. Que s'il
eſtoit défendu par les loix de Moïſe, de parler
mal des Dieux des Gentils ; bien qu'ils ne fuſſent
que des Idoles, deuons-nous pas nous abſtenir
de tout ce qui peut bleſſer l'honneur & la gloire
de nos Saints ?

Il ſe trouue encore dans M. de Voiture, quelques endroits que l'inquiſition ne ſouffriroit pas
volontiers, comme celuy-cy ;

> *Alors Iupiter ſe rida*
> *Comme vn vieux Moine de Cleruaux. &c.*
> *Le Pape alors ſe panada*
> *Le colloquant inter Diuos.*

La parole de Dieu ne demande pas ſeulement
de nous, de la veneration & du culte ; ſa ſainteté
eſt ſi grande, qu'elle rejaillit ſur ceux qui l'admi-
niſtrent. Il les faut honorer puiſqu'ils ſont les
oints du Seigneur, ſes chers amis, & les diſpen-

fateurs de fes graces. Ce font eux qui facrifient
pour nos pechez, & qui font les mediateurs entre Iesvs-Christ & les hommes.

Mais ie ne prens pas garde que i'entreprens
fur voftre meftier, & qu'au lieu d'vne fimple dé-
fence, ie me mefle de vous faire vne predication.
Pour conclure, Monfieur reconnoiffez que fi
l'vn de nous eft coupable, & s'il merite les cen-
fures de l'Eglife, ce ne peut eftre que vous. Ie
n'ay dit qu'en paffant vn petit mot, qui ne fera
iamais defauoüé par nos Prelats. I'ay crû qu'ils
ne riroient pas de toutes les railleries de voftre
amy, & que les plus feueres les traiteroient plutoft de prophanes & de libertines. Mais ie n'ay
pretendu dire aucune chofe contre fa reputation, ie l'eftime encore plus faint, & plus religieux que vous ne faites. S'il a manqué ce n'a
pas efté par vne malice concertée. Il luy eft
efchappé quelques mots qu'il auroit luy mefme
retractez, & dont il auroit fait penitence. Ie ne
luy fais pas fon procés aprés fa mort, ie ne le re-
tranche pas de la Communion des fideles. A la
verité vous le défendez par des raifons bien foibles, & par des maximes bien eftranges ; & les
exemples que vous alleguez, n'ont aucun rapport à la faute que i'ay reprife ; où s'ils en ont,
qu'y a-t il à faire, que de les condamner également, fans toucher toutesfois à la dignité de
P ij

quelques-vns de leurs Autheurs, ni blâmer la
fimplicité des autres.

SECTION XVIII.

QVE M. DE VOITVRE ESTOIT *fort poli, & auoit beaucoup d'efprit, mais qu'il eftoit peu fçauant.*

PArmy les diuerfes remarques que ie fis dans
ma differtation Latine, ie reconnus, entr'-
autres, que M. de Voiture n'eftoit fçauant que
mediocrement ; Qu'il n'auoit que la premiere
teinture des bonnes Lettres. Mais ce n'eft pas
vne injure que i'ay pretendu luy faire. Ie fçay
qu'il auoit beaucoup de belles qualitez, qui ren-
dront fa memoire recommandable à la pofterité. I'ay loüé la netteté de fon ftile, & la beauté
de fon expreffion. I'ay dit que l'élegance & la
politeffe de fes efcrits, auoit vn gouft merueilleux du fel d'Athenes, & de l'Vrbanité de Rome.
I'ay dit que fes Lettres de galanterie eftoient
prefque inimitables. Que cet air enjoüé eftoit
celuy des Graces & de Venus. I'ay ajoufté encore
quelque chofe de plus, iufqu'à fouftenir qu'en
matiere de Lettres, il auoit exprimé & découuert
le caractere parfait de bien efcrire ; puif-qu'il

auoit fceu mefler fort adroitement le genre fleu-
ry, & le genre delicat.

I'auoüe, Monfieur, que vous auez dit de plus
belles paroles, lors que vous auez loüé voftre
amy : Que vous auez parlé auec plus de chaleur
& plus d'éclat; mais ie doute fi vous auez efcrit
rien de plus auantageux, & de plus effenciel. Ie
n'ay pas fait le braue, ie ne me fuis pas vanté,
*Que i'eſtois preſt de fouſtenir la plume à la main, iuſ-
qu'à la derniere goutte de mon ancre, que ni les Orateurs, ni les Sophiſtes, ni les Poëtes meſmes, ſoit Grecs,
ſoit Romains, ſoit Italiens, ſoit Eſpagnols, ne ſçau-
roient luy diſputer le prix de la gloire de cette ſorte d'e-
loquence.*

I'ay eu plus de retenuë, ou plus de timidité.
Ie n'ay ofé défier toute la terre; & comme ie
penfe que nous l'emportons fur l'Efpagne & fur
l'Italie d'aujourd'huy, ie crains que nous paffe-
rions pour temeraires de prouoquer l'Antiquité. Au moins, deuons nous plus de déference à
ceux qui nous ont appris ce que nous fçauons.
I'auois efté iufqu'icy bien perfuadé, que *la Deeffe Galanterie* (il ne tiendra pas à moy que vous
n'en faffiez vne diuinité) n'eftoit pas ennemie
des Plautes, ni des Terences, ni des Catulles, &
qu'Horace, Ouide & Ciceron, auoient efté de
fes plus chers fauoris. Quand M. de Voiture
quitteroit la place au bon Socrate à caufe de fon

âge, ou à Sappho, en faueur du sexe, il ne se feroit pas tout le tort que vous pourriez croire.

Qui a-t-il de plus poli & de plus galant que
les dialogues de Platon, i'entends de ceux où il
ne parle pas de ses nombres & de ses Idées ? Que
dirons-nous d'Anacreon, d'Aristophane & de
Menandre? Si nous auions le Margités qu'Aristote attribuë à Homere; ou mesme si les lettres
de ce grand Philosophe estoient paruenuës iusqu'à nous : Si nous auions les Escrits de Theophraste,& de mille autres, que l'heureux climat
de la Grece à produits : Si tant de belles fleurs
eussent esté plus durables : Est-il possible que ces
bagatelles que conte M. de Voiture eussent parû plus iolies & plus brillantes ? l'ay bien de la
peine à me l'imaginer, & ie ne croy estre ni enuieux, ni ennemy des belles choses, si ie ne parle pas toûjours de luy auec admiration, & si ie
ne suis pas toûjours le vol de vos hyperboles.

Voltre amy auoit infiniment de l'esprit, ie
ne querelle personne là-dessus, & mesme il auoit
de cét esprit doux, de cét esprit aymable qui ne
tenoit pas trop de la seuerité des sciences, ny de
la dureté de l'Escole. Mais il n'estoit pas extremement sçauant. Il auoit de grandes lumieres
naturelles, si vous voulez, mais il en auoit peu
d'aquises, mais il ne voyoit pas bien clair dans
les tenebres de l'antiquité. Il ne se piquoit pas

de ces faſcheuſes ſciences qui donnent tant de
peine aux ames les mieux nées & les plus labo-
rieuſes. S'il poſſedoit des richeſſes, elles ne luy
auoient pas couſté beaucoup de trauail. Peut-
eſtre eſtoit-il de l'opinion de ceux qui ont blâmé les lettres, & qui ont crû qu'elles corrom-
poient la nature, au lieu de la cultiuer. Epicure
& ſes Sectateurs les condannoient abſolument.
Et le peuple eſt encore dans les meſmes ſentimens où il eſtoit du temps de Quintilien, il croit
que les ſçauants ont moins d'eſprit que les autres.

Quoy qu'il en ſoit, vous ne prouuez pas que
M. de Voiture fût bien ſçauant pour auoir fait
deux Sonnets, l'vn en Italien, & l'autre en Eſpag-
nol; quand meſme il auroit fait, *ſuiuant le rapport de
cét Autheur qui ne vouloit pas le flatter, quelques Epi-
tres & quelques vers en Latin.* On peut, Monſieur, ſçauoir plus de langues que n'en ſçauoient
Cleopatre ny Mithridate, ſans eſtre fort habile
homme; Et pour auoir, comme vous dites; *de
l'auerſion pour les Symmaques, les Caſſiodores, & les
Apulées,* ce n'eſt pas auoir atteint la parfaite
connoiſſance de la Langue de Ciceron & de Saluſte.

Si elle eût eſté ſi familiere à voſtre amy, il ne
ſe fuſt pas mis ſi fort en peine pour faire vn compliment en Latin aux Humoniſtes, luy qui eſti-

me si peu l'eloquence de ce païs-là, qu'il ne croit
pas, qu'il y ait auiourd'huy vn Romain qui parle auſſi bien Latin que le Chancelier Bacon. Ie
ne puis comprendre qu'vn homme qui diſtin-
guoit ſi *iudicieuſement les caracteres & les ſtiles*,
n'ait pas fait plus d'eſtat de celuy du Pere Strada
que de cét Anglois, qui affecte d'eſtre barbare
en pluſieurs endroits, & qui faiſoit traduire en
Latin la pluſpart de ſes Ouurages.

Mais peut-eſtre que M. de Voiture n'eſcriuit
pas en Latin à Meſſieurs de l'Academie de Rome, de peur de corrompre la pureté de ſon François par le commerce d'vne Langue Eſtrangere.
Le Ieſuite Maffée en vſoit ainſi, il diſoit le Bre-
uiaire en Grec, de crainte que les ſoleciſmes, &
la façon de parler, baſſe & ſimple, dans laquelle
l'Ecriture Sainte s'eſt exprimée, comme dit Origene, n'alteraſſent l'elegance & la beauté du ſtile
que nous admirons dans ſes eſcrits. Par la meſme raiſon, M. de Thou, qui a parlé Latin aueque l'abondance & la Majeſté de Tite Liue, ne
reſpondoit iamais aux harangues & aux compli-
ments qu'on luy faiſoit en cette langue, que par
truchement. Mais Neron paſſa vn iour pour ridicule, lors qu'il prononça vne harangue que
Seneque auoit faite, & on reprocha à ce Prince
qu'il eſtoit le premier des Empereurs qui euſt eu
beſoin d'vne Eloquence empruntée. Pluſieurs
ont

ont depuis imité vn exemple ſi honteux. On a
veu des Chefs de Iuſtice viure à la mode des
Roys de Perſe qui auoient des Officiers qui leur
ſeruoient d'yeux & d'oreilles: Ceux-là ont eu
des gens à leurs gages pour leur ſeruir de langue
& eſtudier pour eux.

Ce que vous dites eſt vray, *que ces Meſſieurs
meritent quelque blaſme, & qu'ils deuroient ſe tenir
toûjours en haleine, & s'aquerir l'habitude d'vne langue qui leur eſt ſi neceſſaire: Mais qu'on doit bien pardonner à M. de Voiture puis qu'il pouuoit eſtre vn
bon Maiſtre d'Hoſtel du Roy, & vn excellent commis des Finances, & n'auoir pas cette facilité de faire des actions de graces en la langue de Ciceron & du
ieune Pline.* Ce n'eſt pas auſſi pour l'offencer que
i'en ay parlé. Que ce ſoit vn grand auantage ou
non d'entendre le Latin ie m'en rapporte à vous.
Il me ſuffit que ie ne me ſuis pas trompé en diſant que voſtre amy ne l'entendoit pas dans la
derniere perfection.

Vous me permettrez, s'il vous plaiſt, de demeurer dans mes premiers ſentiments, iuſqu'à
ce que i'aye veu *l'explication qu'il a donnée à ces paſſages les plus difficiles & les plus deſeſperez par les
Interpretes.* Vous aſſeurez, *que ce qui auoit eſté
iuſqu'icy les croix & les gibets des Grammairiens,
deuenoit pour luy des jeux & des paſſetemps.* Pourquoy donc a-t-il priué la poſterité de ces belles

connoiſſances? Ie croy, Monſieur, que vous qui
en eſtes le depoſitaire, *n'aurez pas la cruauté de
nous en refuſer la veuë, & pour vous obliger de nous
les montrer*, ie vous en coniure de la part de tout
le Parnaſſe. Ne fruſtrez pas les vœux du peü-
ple Latin qui les attent auec vne impatience ex-
tréme. Vous ne deuez pas faire vne telle injure
à la memoire d'vne perſonne qui vous a eſté
ſi chere, ny luy rauir la gloire qui luy en doit
reuenir. Toutesfois, que veut dire cette grande déférence qu'il à pour vous? Il vous ren-
uoye toûjours ces endroits difficiles, ou s'il y
touche, il le fait auec vn ſuccez extrémement
malheureux. Vous eſtes ſon Oedipe & ſon Oracle, & c'eſt de vous que i'eſpere que nous verrons bien-toſt des volumes de tant de belles
decisions.

SECTION XIX.

BEVEVES DE M. DE VOITVRE dans les passages de Q. Curce, de Virgile & de Catulle. Qu'il estoit peu versé dans la Poësie Latine, puisque mesme citant les Autheurs, il fait des fautes contre la quantité.

I'Eusse bien souhaitté de n'estre pas obligé dans ce discours, de recourir à aucune langue estrangere, & que sans mesler les subtilitez de l'Escole, ni les espines de la Critique, i'eusse pû satisfaire aux Dames, & à ceux qui ne sont pas versez dans ces connoissances, & qui estant assez riches de leur propre fonds, & des biens qui se recüeillent dans leur païs, se passent facilement des marchandises de dehors, & des curiositez qu'on apporte des Nations les plus éloignées. Mais puisque vous m'y contraignez, & que mon sujet m'y porte, ie trahirois ma propre cause, si ie ne me seruois de mes auantages, & si ie ne faisois voir qu'il y a bien plus de politesse dans vos écrits, qu'il n'y a de cette doctrine qu'il semble que vous méprisiez, & que vous m'objectez comme vne injure.

Pour commencer par Quinte-Curce, puisque vous auoüez que voftre amy s'eft équiuo-
qué dans l'vn de fes paffages, ie ne me mets point
en peine pour fçauoir fi c'eft manque d'intelligence ou d'application. On pourroit croire,
neantmoins, (cet endroit eftant fi fort contefté
entre deux perfonnes fçauantes) que M. de Voiture qui rapporte fi exactement leurs opinions,
auoit eu le loifir & la curiofité de confulter l'o-
riginal, & le lieu qui fourniffoit de matiere a leur
querelle.

Ce que vous ajouftez me furprent merueil-
leufement. *Si nous n'auions plus d'équité pour M. de
Girac qu'il n'en a pour nous ; ne dirions-nous pas que
la langue de fa nourrice luy eft vne langue barbare, &*
qu'il n'entend pas le François, quand il dit que noftre
Autheur a crû que Quinte-Curce s'eftoit ferui du mot,
armis, pour fignifier les épaules ? Car il ne faut que
lire ce lieu-là de fa lettre, pour voir qu'il fe contente de
rapporter les differentes explications des deux partis, fans
rien auancer du fien.

Ie vous fupplie, Monfieur, de confiderer
comme chacun fe flatte dans fes penfées, comme quelquesfois nous ne voyons pas ce qui eft
deuant nos yeux, & que bien fouuent le grand
iour nous éblouit. Pourrois-je pas vous faire
les mefmes reproches, & vous dire, que vous
n'entendez pas le Latin, fi vous expliquez le

mien de la maniere que vous faites? Et ce que
ie trouue eſtrange, c'eſt que vous l'auez mis à la
marge de voſtre Liure. Il faut que vous-vous
ſoyez perſuadé, qu'il ne tomberoit iamais entre les mains d'vn Lecteur attentif, ou qui en-
tendît la Langue Latine. Prenez garde, s'il vous
plaiſt, que ie n'ay pas dit que voſtre Autheur a
penſé que Quinte-Curce s'eſtoit ſerui du mot,
armis, pour ſignifier les épaules. Ie l'ay repris
d'auoir crû qu'il pouuoit ſe prendre en ce lieu-
là pour les épaules. Ie l'ay blâmé d'auoir heſité
ſur vne choſe qui n'a aucune difficulté, & dont
celuy qui aura la moindre teinture des belles
Lettres ne ſçauroit douter. Ie me ſuis moqué
pareillement de l'interpretation de ce vers de
Virgile,

Quem ſeſe ore ferens, quàm forti pectore & armis!
Enée eſtoit remarquable par la force de ſa poitrine &
de ſes épaules, qui eſt l'Eloge d'vn Crocheteur.

Vous ne ſçauriez nier que dans le vers de Virgile, & dans le paſſage de Quinte-Curce, que
i'ay mis au long dans ma Diſſertation Latine,
M. de Voiture ne ſe ſoit extremement mis en
peine pour prendre parti, & pour ſçauoir ſi le
mot, *armis*, dans ces lieux-là, ſignifie les armes
ou les épaules. *Songez-y, s'il vous plaiſt, dit-il, &*
en dites voſtre opinion, car cela eſt fort conteſté icy, &
on attent voſtre auis.

Q iij

Grauiter etiã
peccauit. Vin-
cens cum ver-
bum iſtud, ar-
mis, hoc in loco
vſurpari po-
tuiſſe pro, hu-
meris, exiſti-
mauit.

Il a esté aussi mal-heureux dans la citation de ces vers de Catulle,

Non est sana puella, nec rogare
Qualis sit, solet hæc imago nasum.

Car au lieu de lire auec Scaliger, & tous les Sçauans,

Non est sana puella, nec rogate
Qualis sit, solet hæc imaginosum.

C'est à dire, *cette fille est folle, elle a perdu le sens.* Il a suiui des Exemplaires extrememẽt corrompus, car ie ne pense pas qu'il ait iamais leû Turnebe, qui s'est trompé le premier. Le conte mesme que vous faites ne l'excuse point. *Il parloit, dites vous, d'vne certaine Dame qui n'auoit pas le nez bien fait, quoy que le reste de son visage fût fort beau. Vne de ses voisines disoit ordinairement d'elle, qu'elle estoit belle comme vne image (qui est vn mot de Paris) elle auoit donc tort de faire tant la glorieuse, & de ne consulter pas son nez pour iuger comme elle estoit faite.*

Vous auez raison, Monsieur, de trouuer cette façon de parler extrauagante, ie m'estonne de ce que vous l'auez alleguée. Ces grands nez dont parle Martial, s'en fussent bien moquez. Neantmoins, c'est le secret que vous auez voulu de vostre grace me reueler; Et par vn surcroist de faueur, vous me faites iuge, afin que ie prononce si cette application n'est pas tres-inge-

nieuse, & tres - jolie ? Ie vous diray donc (car
voſtre procedé eſt trop obligeant pour vous
rien diſſimuler) que ie la trouue froide, & mal-
plaiſante, ou, comme vous venez de dire, fort
extrauagante. Elle eſt auſſi ridicule que la cor-
rection de Muret,

 ---- *nec rogare*
 Qualis fit ſolet hæc imaginoſum.
*Cette Dame, dit-il, n'a pas accouſtumé de conſulter
ſon miroir.* C'eſt dommage que M. de Voiture
n'ait veû cette interpretation, elle ſe fût bien
mieux ajuſtée à la perſonne qui eſtoit belle comme vne image. Il n'eût pas fait de difficulté de
croire aprés vn ſi galant homme que Muret, qu'*i-
maginoſum* ſignifie vn miroir, à cauſe des images
qu'il reçoit & qu'il repreſente.

 Si i'ay repris M. de Voiture de n'auoir pas
bien eſtudié la quantité, & d'auoir fait clocher
d'vn pied Horace en le citant, & d'auoir donné
à Virgile vn *Cretique* pour vn *Dactyle*, ce n'eſt
que pour me confirmer dans l'opinion que i'a-
uois conceuë de la mediocrité de ſa doctrine. Il
m'a fait reſſouuenir de ce que ce grand Poëte a
dit autresfois, *Qu'il eſtoit plus facile de dérober à
Hercule ſa maſſuë, qu'à Homere vn de ſes vers.* Voſtre
amy a corrompu ceux d'Horace & de Virgile en
les maniant, ils ſont reconnoiſſables par l'injure
qu'on leur a faite. Ce ſont des ſtatuës de Phidias

qui ont esté mutilées. Vous reclamez en vain la loy des parodies, qui permet d'alterer les termes qu'on emprunte des Autheurs. Il est vray que celuy qui a dessein de changer la structure & la forme de quelques vers, ne peut estre blâmé d'ignorer la Grammaire. Mais s'il vouloit faire passer ces vers tronquez & conuertis en prose, pour des vers veritables & entiers, comme fait M. de Voiture qui les entrelasse auec ceux à qui il n'a pas touché, & les produit de la mesme maniere, ce seroit offencer Priscien, Donat, & Diomede. On connoissoit autresfois les Oracles supposez, particulierement s'il y auoit dans les vers des fautes contre la quantité, quoy que la fureur du Prophete ne luy permît pas toûjours d'y regarder de si prés. Et encore aujourd'huy ce seroit vne marque de faux, si dans les expeditions de la Cour de Rome, la Grammaire n'estoit pas obseruée exactement.

SECTION

SECTION XX.

EXPLICATON D'VNE ODE

d'Horace, que M. de Voiture ny Monsieur
Costar n'ont pas entendüe.

L'VN des plus difficiles passages que nous
ayons à traitter, c'est, sans doute, celuy
d'Horace. M. de Voiture n'estant pas satisfait *Od. 4. l. 3.*
de l'éclaircissement que vous luy en auiez don-
né, vous écriuit en ces termes. *Ie ne suis pas de* L. 211
vostre auis sur l'explication que vous donneZ à ludo
fatigatumque somno, en expliquant fatigatus, lassatus
pour ludo, & oppressus pour somno, car ie croy qu'vn
mot qui se rapporte à deux autres doit auoir vne mes-
me signification pour tous les deux, & pour moy ie
prendrois là, fatigatus somni inopia, comme, som-
meil, se prend en François pour le somme en effet, &
pour l'enuie de dormir; Ie n'en puis plus de lassitude &
de sommeil.

Ie trouuay cette explication fort estrange, & ie
ne crus pas, à parler correctement, que lon pût
dire que quelqu'vn est fatigué du sommeil pour
n'auoir pas dormy, ou parce qu'il a eu enuie de
dormir : car vous pourriez asseurer par la mesme raison, qu'Horace estoit fatigué du jeu, par
ce qu'il n'auoit pas joüé : Et celuy qui auroit de-

R

meuré tout le iour les bras croisez pourroit se plaindre qu'il est accablé de trauail.

Pour corriger la pensée de M. de Voiture, i'expliquay ce passage en deux manieres. La premiere, qu'Horace estoit fatigué du jeu, & pressé du sommeil. Qu'il s'estoit endormy aprés s'estre lassé, & que pendant son sommeil, des pigeons l'auoient couuert de feüilles de laurier & de myrte. C'est l'interpretation que vous faites tant valoir, & qui fournit de matiere à vos triomphes. Vous-vous l'attribuez comme vn secret qui vous est particulier. Neantmoins, il est commun à tous les Interpretes, & ie le sçauois, comme vous voyez, aussi bien que vous.

Ie donnay encore vn autre sens aux paroles d'Horace. Ie dis qu'il estoit fatigué du sommeil aussi bien que du jeu (le mot *fatigatus*, se pouuant également rapporter à l'vn & à l'autre) qu'il estoit ennuyé d'auoir trop dormy, tout las & tout malade si vous voulez. Ce qui s'ajuste merueilleusement à l'intention du Poëte. Voicy le passage.

Me fabulosæ Vulture in Appulo
Altricis extra limen Apuliæ
Ludo, fatigatumque somno
Fronde noua puerum palumbes
Texere: mirum quod foret omnibus
Quicunque celsæ nidum Acherontiæ

Saltúſque Batinos, & aruum
Pingue tenent humilis Ferenti.
Vt tuto ab atris corpore viperis
Dormirem & vrſis : vt premerer ſacra
Lauróque collatáque myrto
Non ſine Dijs animoſus infans.

C'eſt à dire. Vn iour pendant mon enfance,
m'eſtant trouué tout las & ennuyé du jeu & du
ſommeil, comme i'eſtois couché ſur le bord de
la riuiere de Vulturne, hors des confins de la
Poüille ma patrie, i'apperçeus vne trouppe de
ramiers qui ietterent ſur moy des feüilles vertes & nouuelles. De ſorte, que les habitans
des lieux circonuoiſins prirent cela pour vne
grande merueille. Ils s'eſtonnerent comme en
vn âge ſi tendre, i'auois tant de courage, & que
les Dieux me protegeoient ſi viſiblement, que
i'euſſe dormi ſans crainte d'eſtre offencé des
ours & des viperes, & que ie fuſſe tout couuert
de myrtes & de lauriers.

Si ces mots, dites-vous, *ludo fatigatumque ſom-*
no, ſignifioient, comme veut noſtre *Aduerſaire*, tout
malade, tout indiſpoſé, tout malfait d'auoir trop dormi, le petit *Horace* auoit donc les yeux ouuerts; &
comment cela s'accorderoit-il auec ce qui ſuit, *vt tu-*
to ab atris corpore viperis dormirem & vrſis?

Cette objection ſe refute aſſez par la ſimple
expoſition du texte. Les gens d'alentour s'é-

tonnoient, de ce qu'vn enfant auoit osé dormir dans vn lieu rempli d'ours & de serpens, sans en auoir esté mal traitté. Et il faut bien qu'Horace eût les yeux ouuers pour voir ces pigeons. Si vous dites, qu'il ne les auoit pas veûs, & qu'il auoit appris cette histoire par ces bonnes gens qui le virent en cét estat ; La raison que vous alleguez en suitte n'est donc pas bonne. *S'il eust esté éueil-* *lé, les pigeons, qui ne sont pas trop hardis de leur na-* *turel, eussent-ils eu l'asseurance de l'approcher ?* Il est à croire que ces timides oyseaux eussent eu bien plus de peur des habitans de deux ou trois Pro- uinces qui les voyoient, que d'vn enfant. Ce qui me fait entrer dans cette pensée, que le mot *dor-* *mirem*, se doit entendre de la coustume qu'auoit prise le petit Horace, de se promener dans les lieux les plus escartez, & d'y dormir lors que le sommeil le prenoit ; & que tous ces peuples, dont il est fait mention dans nostre passage l'y auoient souuent rencontré.

Ils s'estonnoient donc, & de son courage, & de la protection des Dieux, qui le garentissoient des bestes farouches, & luy enuoyoient des oy- seaux pour le diuertir. Son courage n'eût pas esté fort grand, si vne telle auenture ne luy fût arriuée qu'vne fois, lors qu'estant accablé de las- situde & de sommeil, il n'estoit pas en estat de faire reflexion sur le danger où il se trouuoit. Les

pigeons qu'il s'eſtoit rendus familiers, le ſui-
uoient auec plaiſir, parce que les vns & les autres eſtoient en la protection de Venus, Horace
comme ſon Poëte, les pigeons comme ſes domeſtiques, & comme des oyſeaux qui luy ſont
conſacrez. C'eſt pourquoy il ne faut pas trouuer
eſtrange, s'ils rendoient ſouuent de bons offices
au fauori de leur maiſtreſſe.

*Mais cet enfant, dites-vous, qui ne ſçauoit de
quelle part ils venoient, n'eût-il pas fait ſes efforts pour
les chaſſer?* Non, Monſieur, ſoyez en repos de
ce coſte-là, ils ſe connoiſſoient trop bien, ils
eſtoient trop bons amis. Ces pigeons meſmes
n'auoient pas peur des Apuliens, ni des Ours.
Ils ſçauoient que le petit Horace eſtoit d'vn naturel doux, qu'il ne courroit point aprés eux:
qu'en tout cas, ils ne s'approcheroient pas trop
de luy, & qu'ils ſe contenteroient de laiſſer tomber ſur luy leurs lauriers & leurs myrtes.

Vous ajouſtez. *C'eſt pour cette raiſon (c'eſt à
dire à cauſe de leur timidité) que de ſemblables preſages arriuent toûjours aux perſonnes illuſtres pendant
leur ſommeil. Midas eſtoit bien aſſoupi, lors que les fourmis luy vinrent mettre des grains de bled dans la bouche, pour marque des grandes richeſſes qu'il deuoit poſſeder vn iour. Platon & ſaint Ambroiſe eſtoient en ce
meſme eſtat, lors que des abeilles ſe poſerent ſur leurs leures, & les remplirent de miel, d'où l'on tira vn infail-*

lible augure de la douceur de leur eloquence. Pourquoy donc Horace n'auroit-il pas esté endormi?

Quand il seroit vray ce que vous supposez comme indubitable, que les presages n'arriuent que pendant le sommeil, l'exemple des fourmis & des abeilles, ne seroit pas suffisant à nous le persuader. On pourroit dire, que ce sont des insectes farouches qui ne deuiennent iamais priuez ni domestiques, & qui ont toûjours peur de ceux qui ne dorment pas. Il n'en est pas de mesme des pigeons, qui aiment si fort les hommes, qu'ils recherchent naturellement leur amitié & leur compagnie. Ils se mettent presque sous nos pieds, bien-loin de fuir, quand ils nous voyent. Dans les Isles du nouueau Monde, ils volent sur tous ceux qui se presentent; on les prent facilement auec les mains.

Alexand. Paphien dans Eustath. sur l'Odyss. μ.

Homere n'estant encore qu'vn enfant, on vid neuf pigeons à l'entour de son berceau qui se jouoient auec luy, & le diuertissoient: qui est la cause que ce grand Poëte dit quelque part, que les pigeons portent l'Ambrosie à Iupiter, voulant reconnoistre par l'honneur qu'il leur rend, les seruices qu'il en auoit receus.

Anacreon semble encore auoir esté traitté plus fauorablement qu'Homere. Venus elle-mesme luy fit present d'vn pigeon pour recompence de certains vers qu'il auoit faits à sa louan-

ge. Ce pigeon luy donnoit mille diuertiſſemens,
iuſqu'à ſe rendre l'entremetteur de ſes amours
pour le beau Bathyllus. Cette galanterie à bien
du rapport à celle d'vn Roy de Cypre dont parle
Athenée. Ce Prince delicat, pour ſe rafraiſchir,
ſe ſeruoit du battement des aiſles d'vne quantité de pigeons qui voloient inceſſamment ſur
ſa teſte.

Et afin que ie vous rende l'hiſtoire d'vn Saint
pour celle d'vn autre Saint. On dit qu'vn pigeon ſe poſa ſur la teſte de ſaint Chryſoſtome,
pendant les ceremonies de ſon ſacre, lors qu'il
fût fait Archeueſque de Conſtantinople : Ce
que les aſſiſtans prirent pour vn témoignage certain de l'innocence de ſes mœurs, & de la ſainteté de ſa vie.

Vous voyez, Monſieur, que les pigeons n'at-
tendent pas que l'on dorme pour faire des augures, & meſme, ſi nous croyons Herodote &
Denys d'Halicarnaſſe, ces oyſeaux parloient à
Dodone comme des hommes, & rendoient les
Oracles à tous ceux qui les conſultoient. Ie ne
ſçay pas où vous auez trouué que les abeilles, &
les autres animaux farouches, prennent toûjours
les gens quand ils ſont endormis. Il me ſeroit
facile d'alleguer mille exemples contraires à vô-
tre obſeruation. Qui a-t-il de plus commun
dans les Autheurs, que les augures de toutes

fortes d'animaux, ie dis des plus craintifs, qui alloient au deuant de ceux à qui ils predisoient
quelque chose, sans qu'on se mît en peine de les
chasser? Quels sont les Poëtes & les Historiens
qui n'ont point parlé des abeilles qui se trouuoient par essains & à grosses trouppes, tantost
sur les Autels & dans les Temples, tantost dans
les Nauires, tantost dans les Tentes & sur les En-
seignes: elles n'ont point eu de peur des armées
en bataille, tant elles auoient de courage.

Ce furent-elles qui predirent au premier Denys, qu'il seroit Prince de Syracuse, lors qu'ayant
pris son cheual au crin pour sauter dessus (car en
ce temps-là les selles n'auoient pas de pommeau,
& on ne se seruoit point d'estriers) vne quantité d'abeilles se mirent au tour de sa main gau-
che.

Bien que les poissons soient fort timides, &
qu'ils ne s'appriuoisent iamais (quelque chose
que l'on die des Dauphins, ou des Murenes de
Lucius Crassus, & d'Antonia femme de Drusus)
Pline raconte vn presage assez particulier qui at-
riua à Auguste. Comme il se promenoit sur le
bord de la mer, en vn temps que Sextus Pom-
peius se disoit le fils de Neptune, & le Prince de
l'Océan, vn poisson se lança hors de l'eau, & se
jetta aux pieds d'Auguste, ce que les Augures
ayant appris, ils l'asseurerent qu'il verroit bien-

toſt à ſes pieds ceux qui eſtoient alors maiſtres
de la mer.

Mais ſans me donner la peine de vous faire
tous ces contes, qui pourroient vous endormir.
Ie n'auois qu'à vous reſpondre, que les objections que vous me faites retombent ſur voſtre
amy. Comment ce *dormirem*, de noſtre paſſage
s'acorde t-il au ſens de M. de Voiture, qui explique *fatigatus ſomno*, par *fatigatus ſomni inopia*? Si
Horace n'auoit pas encore dormi, il auoit donc
les yeux ouuers? Comment ces timides oyſeaux
n'eurent-ils point de peur d'vne perſonne qui
veilloit? Que deuient voſtre ſubtile remarque,
que de ſemblables preſages arriuent toûjours
aux perſonnes illuſtres pendant leur ſommeil?

Cette Ode, Monſieur, eſt plus difficile que
vous ne vous eſtes imaginé, & ſans parler des autres difficultez qui feroient vne digreſſion trop
ennuyeuſe. Il faut que ie vous rende raiſon,
pourquoy i'ay fait vne riuiere de voſtre montagne de Vulturne; car il eſt bien iuſte que ie vous
explique cette obſeruation, puiſ-qu'elle m'eſt
particuliere.

Il eſt certain, Monſieur, que la montagne
dont vous parlez eſt inconnuë à tous les anciens
Autheurs: Sans doute, vous ne les auez pas iugez
dignes de voſtre curioſité, vous n'auez garde de
feüilleter ces gros liures qui vous font tant de

peur. Pour moy, qui les ay leus quelquesfois, ie trouue que les Hiſtoriens & les Poëtes ne nous parlent d'autre choſe que de la riuiere de Vulturne, ou du Vautour, & encore d'vne ville qui porte ce meſme nom. Par conſequent, ſi lon peut interpreter le paſſage d'Horace en ſuiuant ces Autheurs, il n'eſt rien qui nous oblige de faire venir à force de machines quelque Geant pour nous apporter vne montagne où il n'y en auoit pas.

Vous me direz, peut-eſtre, qu'Horace appelle le Vulturne Apulien, & que, cependant, cette riuiere eſt dans la Prouince de Campagne, appellée vulgairement *Terra di lauoro*. Ie reſponds, que les confins de la Poüille ont toûjours eſté fort incertains: Ils s'eſtendoient autrefois bien plus loin qu'ils ne faiſoient au temps d'Horace. Ainſi ce n'eſt pas trop hazarder que de croire qu'ils alloient iuſqu'au Vulturne, qui par ce moyen appartenoit à deux Prouinces. C'eſt par cette raiſon que Varron remarque que les peuples de l'Etrurie & du Latium eſtoient en differ-rent de la poſſeſſion du Tybre, chacune de ces Prouinces ſe l'attribuant; Et il eſt conſtant que cette riuiere a ſerui de limites à la Toſcane. Horace donc appelle le Vulturne Apulien, parce qu'il eſtoit autrefois dans les confins de la Poüille; Et lors qu'il a dit, qu'eſtant endormi ſur ſes

bords, il eſtoit hors des limites de la Poüille ſa patrie, il a eu égard à ſon temps, lors que l'eſtenduë
de cette Prouince eſtoit beaucoup diminuée.

I'oublióis de preuenir vne objection que vous
me pourriez faire. Horace ne dit pas qu'il ait
dormi ſur les bords du Vulturne, il dit qu'il
eſtoit dans le Vulturne, ce qui ne ſe peut enten- *Vulture in*
dre d'vne riuiere. Mais c'eſt vne façon de par- *Appulo.*
ler qui eſt aſſez familiere aux Poëtes. Et c'eſt ainſi
que Properce s'exprime dans l'vne de ſes Elegies. Eleg. 3. l. 1.

> *Nec minus aſſiduis Edonis feſſa choreis*
> *Qualis in herboſo concidit Apidano.*

Et ailleurs. Eleg. 14.

> *Tu licet obiectus Tiberina molliter vnda.*

Lucain s'eſt auſſi ſerui de cette locution à peu L. 2.
prés dans le meſme ſens.

> *Stabit iam flumine Cæſar in vllo*
> *Poſt Rubiconis aquas.*

On ne ſçauroit donc pas bien traduire cét en- Hom. Ili. ϛ.
droit ſi on prend le Vulturne pour vne monta- Οἱ δ' ὅτι δὴ
gne, *Me texere palumbes, Vulture in Appulo extra* ϛ᾿ ἱκανον ἐθ
limen Apuliæ altricis meæ. Des pigeons me cou- σφίσιν εἶκε λο-
urirent de feüilles, lors que i'eſtois ſur vne mon- χῆσαι
tagne de la Poüille, hors des confins de la Εν ποταμῷ.
Poüille ma patrie. Car comment vne choſe
peut-elle eſtre arriuée dans vne Prouince, hor
de cette Prouince?

Cette difficulté eſt ſi grande, que pour l'éui-

ter, les anciens Commentateurs Acron & Por-
phyrion, & la pluſpart des modernes, ont crû
qu'Horace parloit du logis de ſa nourrice qui
s'appelloit Apulie, & qu'il faiſoit alluſion à
Caïete la nourrice d'Enée dont vne ville de la
Prouince de la Campagne prend ſon origine. Et
comme s'il y auoit de la fatalité aux villes de ces
quartiers-là, d'eſtre fondées par des Nourrices,
le Scholiaſte de Lycophron (afin que ce ne ſoit
pas en vain que vous m'objectiez la lecture de
cét Autheur) remarque que la nourrice de Pen-
theſilée Reyne des Amazones, baſtit vne ville
qu'elle appella Cleté, qui eſtoit ſon nom.

Ces Meſſieurs les Commentateurs nous en
veulent faire accroire, & vous auez bien iugé
qu'vne telle opinion n'eſtoit pas ſouſtenable.
Mais vous-vous eſtes tiré de ce mauuais pas en
ſautant par deſſus, vous-vous ſauuez dans les
deſtours de cette montagne, & vous dites,
*Qu'Horace eſtoit en vn certain endroit d'vne mon-
tagne, ſituée hors des limites de l'Apulie qui eſtoit ſon
pais.* Vous ne prenez pas garde que la meſme
difficulté demeure toûjours. Il faut que ie vous
ayde à vous démeſler de ce labyrinthe, vous
n'en ſortiriez iamais ſans ſecours.

Ie ſuppoſe donc, pour l'amour de vous, ce
que pourtant ie ne croy pas veritable, que le
lieu où dormoit Horace eſtoit vne montagne;

& vous sçaurez, s’il vous plaist, que la Poüille a
esté habitée par diuers peuples, dont les plus
coñnus ont esté les Dauniens, & les Peucetiens,
ou Pedicules. De sorte qu’on a toûjours diuisé
cette Prouince en la Poüille Daunie, & en la
Poüille Peucetie ; d’autres ajoustent l’Iapygiene,
ou Messapiene. Or tout le monde sçait qu’Horace estoit natif de la ville de Venouse, dans la
Poüille Peucetie. D’où il s’ensuit par necessité,
que la montagne de Vulturne, si iamais il y en
eust, estoit située dans la Poüille Daunie, dont
l’Iapygiene fait partie, puis· qu’Horace dit que
cette montagne estoit au delà des limites de la
Poüille qui estoit son païs. Cela estant, le sens
de ce passage est bien clair. *Les pigeons me couuri-*
rent de feüilles, lors que i’estois couché sur vne monta-
gne de la Poüille Daunie, hors des limites de la Poüille
Peucetie ma patrie.

   Il me semble que i’ay fait voir assez nettement par ce discours, que i’ay esté obligé d’esten-
dre vn peu au long, que ie ne me suis pas trompé
si grossierement que vous auez crû. Vos victoires & vos triomphes sont fort imaginaires. Cer-
tainement, vous dormiez aussi bien que le petit
Horace, lors que vous pensiez estre dans ce char
de triomphe, qui estoit tiré, sans doute, par les
pigeons de Venus. Permettez-moy de vous dire
en amy, que vous deuiez attendre qu’on vous

Strabon.
Pline.
Ptolémée.

S iij

euſt décerné cét honneur. Il eſt vray que ie n'aurois pas eſté d'auis qu'on vous euſt accordé la
plus petite ouation du monde, non pas meſme
le moindre applaudiſſement, ni le moindre battement de mains. Et ie ne doute point, que ſi de
pareilles choſes eſtoient eſchappées à quelque
autre, l'Autheur de voſtre Preface, pour peu qu'il
euſt leu ſon Virgile, ne ſe fûſt incontinent eſcrié,

Vane Ligur fruſtráque animis elate ſuperbis!

SECTION XXI.

*SI SALVSTE FAIT INIVRE A SYLLA,
de dire qu'il eſtoit ſçauant dans les ſciences qui eſtoient
en eſtime parmy les Grecs & les Romains. Que le mot,
Litteræ, s'eſtend plus loin que la connoiſſance qu'on
doit auoir de ſa langue maternelle. Qu'Eloge en Latin, ſe prend en bonne & en mauuaiſe part. Que les
exemples que Monſieur Coſtar apporte de Charlemagne & de Chilperic, ſont hors de propos.*

SI vous n'auez pas merité dans ce paſſage toutes les loüanges, que la complaiſance que
vous auez pour vous-meſmes vous ſuggeroit, au
moins auiez vous ſuiui le chemin battu, vous
auiez parlé auec tous les Interpretes. Mais au regard de Saluſte, ie m'eſtonne bien de voſtre ſur-
priſe. Il vous paroiſt eſtrange, que cét Hiſtorien fai-

fant l'Eloge d'vn tres - grand & tres-heureux Capi-
taine, qui auoit executé tant de glorieuses entreprises,
contast pour quelque chose la connoissance qu'il auoit
de sa langue naturelle, qui n'estoit qu'vne qualité com-
mune.

Il me seroit bien difficile de rechercher par
le menu toutes les fautes, dont les moindres de
vos passages sont remplis. Mais c'est, Monsieur,
que vostre reputation est si bien establie dans
l'empire des belles Lettres (pour me seruir des
termes de vostre Paranymphe) que vous ne dai-
gnez pas vous exprimer aueque tant de soin.
Vous faites comme le bon-homme Socrate,
dont l'Ironie vous plaist si fort. Il feignoit souuent d'ignorer les plus petites choses, soit que
par là, il crût railler de meilleure grace, ou qu'il
voulût, comme disent ses ennemis, couurir fine-
ment le peu de connoissance qu'il auoit des sciences les plus éleuées.

Ie ne sçaurois me persuader que vous ayez
crû tout de bon que les sciences fussent indignes d'vn grand Capitaine, & qu'à l'exemple de
Platon, qui bannit autrefois Homere de sa Republique, vous bannissiez aussi les Muses de la
vostre, en leur ostant l'honneur qui leur est deû,
& voulant faire passer leurs occupations pour
des arts mechaniques. Voudriez-vous rappeller
à Rome la barbarie d'Afrique, pour vous défen-

dre d'vne petite raillerie ? Voudriez-vous imiter les Goths, qui s'estoient declarez les ennemis
iurez de toutes les disciplines, comme si elles ra-
lentissoient le courage des soldats, & les rendoient plus moderez & moins farouches ? Vous
estes trop raisonnable pour traiter des innocentes si cruellement, ce n'est que par passe-temps
ce que vous en dites.

Litteris Græcis ac Latinis iux-tà, atq; doctis-sumè eruditus.

Sans doute, vous-vous ioüez encore sur le
mot *litteris*, que Saluste employe pour dire que
Sylla estoit tres-sçauant dans toutes les sciences
qui estoient en estime parmy les Grecs & les Romains. Seroit-il possible qu'vn habile homme
comme vous, eût ignoré que ce terme *litteris*,
s'estend plus loin que la connoissance qu'on doit
auoir de sa langue maternelle ? Se peut il faire
que vous l'ayez pris en cét endroit pour les lettres de l'Alphabet ? Faut-il auoir recours à la
Grammaire, pour vous apprendre de si petites
obseruations ? Ferons-nous comme cette vieille
d'Athenes, qui ayant oüy vn mauuais mot qui
estoit eschappé au diuin Theophraste, le prit
pour vn Estranger ?

Vous tombez dans vne seconde faute, lors
que vous croyez que faire l'eloge de quelqu'vn,
c'est par necessité faire son Panegyrique. Eloge
en Latin, (car nous parlons d'vn Autheur Latin)
se prend en bonne & en mauuaise part, suiuant

les

les sujets dont on parle. Et Saluste faisant celuy
de Sylla n'auoit pas dessein de ne dire que des
choses extraordinaires, de ne remarquer que les
vertus les plus éclatantes de cét illustre Citoyen,
& d'espuiser les lieux communs du genre demonstratif pour les releuer dauantage. Il décrit ses mœurs, son education, ses bonnes qualitez & ses défauts. De sorte, que quand il seroit
vray que les belles Lettres fussent indignes d'vn
si grand homme, quand mesme ce seroit vne
pareille injure d'estre appellé sçauant que d'estre
estimé cruel, voluptüeux, ou tyran, cette qualité d'estre sçauant pourroit entrer dans l'eloge
de Sylla aussi bien que les autres que son Historien luy donne.

Mais que veulent dire ces mots. *Il estoit tres-*
sçauant dans les Lettres Romaines? Bien que ie l'aye
expliqué assez au long dans ma Dissertation, ie
le repeteray pour l'amour de vous. C'est, Monsieur, posseder tous les secrets & toutes les beautez de la langue Latine, parler en termes choisis,
écrire auec elegance & pureté, estre paruenu à
cette forte & genereuse eloquence qui a porté
la gloire de Rome aussi loin que ses conquestes.
Ne vous imaginez pas que ce soient-là des qualitez vulgaires, non plus que de sçauoir l'origine
& l'histoire de ce fameux peuple, les ceremonies de sa religion, l'interpretation de ses loix &

T

de ſes couſtumes. Penſez-vous que Sylla, pour auoir tous ces rares auantages en valût moins? Et que Ciceron qui s'entendoit, à mon auis, vn peu mieux que voſtre amy à faire des eloges, doiue paſſer pour ignorant en ſon meſtier, lorſque loüant Lucullus, il s'arreſte principalement ſur ſa doctrine & ſur l'amour qu'il portoit aux Lettres? Neantmoins, ce Lucullus, au iugement de Mithridate ſon ennemy, eſtoit le plus grand Capitaine de tous ceux dont les hiſtoires euſſent fait mention iuſqu'à ſon temps. La ſcience de Scipion l'Afriquain à encore merité les loüanges de Ciceron, & toute la Grece a parlé du ſçauoir de ce Thebain, que Montagne appelle le premier homme du monde.

Ne croyez donc pas que noſtre Dictateur euſt eſté vn meilleur General d'Armée, s'il eût eſté plus ignorant. Ce furent les Muſes qui en fort peu de temps luy apprirent l'art de vaincre auſſi-bien qu'à Lucullus, & qui le rendirent ſi ſçauant dans la ſcience de commander aux hommes. Ce furent elles qui firent d'vn Ecolier de Socrate le plus grand Capitaine de ſon ſiecle. Les Romains, de meſme que les Grecs, n'ont iamais eſté plus braues, ils n'ont iamais remporté de plus grandes victoires que lors qu'ils ont eſté ſçauans; Et Sylla feroit bien delicat de s'offencer d'vne loüange que tous les hommes ont donnée aux Ceſars & aux Alexandres.

Iamais exemples n'ont esté alléguez moins à
propos que ceux que vous apportez de nos
Roys. Vous dites. *Quoy qu'Eginard nous aprene
que Charlemagne auoit commencé vne Grammaire de
la langue vulgaire qui est quelque chose de plus que
de la sçauoir fort bien; Neantmoins, on ne voit point
qu'il en ait esté loüé par ceux de son siecle, ny par leur
posterité. Chilperic second ajousta trois lettres à nostre Alphabet; & encore que Palamede Roy de Ne-
grepont pour auoir rendu aux Grecs vn pareil seruice,
eust esté mis aux rang des Demy-dieux, celuy-là pourtant n'en eut pas vn plus bel Epitaphe, ny vne plus
belle oraison funebre.*

Pour ce qui est de Charlemagne, il est vray
qu'il auoit commencé vne Grammaire en sa langue à l'imitation de Iules Cesar qui composa des
liures de l'Analogie. Et si l'vn & l'autre de ces
grands Princes n'auoit rien sceu que la Grammaire, tant d'illustres actions qui leur aquirent
l'Empire de Rome, n'auroient pas esté l'admiration de toutes les nations & de tous les siecles.
On pourroit faire d'eux vn paralelle fort iuste, si
la pieté & la religion de Charles ne surpassoit infiniment toutes les vertus de Iules. Mais pour ne
parler que de leurs belles connoissances. Celuy-
là n'en auoit pas moins, soit d'aquises, soit de naturelles, que celuy-cy. Outre l'intelligence qu'il
auoit des Langues barbares, il entendoit le Grec,

& s'exprimoit en Latin auec quelque elegance. Il eſtoit Poëte, Orateur, Philoſophe, & Theologien. Les plus grands ſecrets des Mathematiques ne luy eſtoient pas inconnûs. Il corrigea les loix, il en eſtablit de nouuelles, il reforma les abus des Eccleſiaſtiques, & prit le ſoin d'aſſembler pluſieurs Conciles, qui le chargerent à l'enui de loüanges & de benedictions. Il honora & enrichit toûjours les perſonnes doctes, & iamais les lettres ne fleurirent en France aueque plus d'éclat que ſous ce bien-heureux regne. Tous les Autheurs de ſon temps & toute leur poſterité, ne parlent que de la doctrine de ce Roy, & de la paſſion extraordinaire qu'il auoit pour les ſciences : il a eſté en toute maniere la gloire & les delices de ſa patrie. Ie ne ſçay quelle mauuaiſe humeur vous oblige de paroiſtre mauuais François, de dementir l'antiquité, & de vous oppoſer ſeul à l'authorité publique.

Quant à Chilperic ſecond (vous vouliez dire Chilperic premier) il y a dequoy s'eſtonner de ce que vous comparez à Sylla & à Charlemagne vn Prince de nulle valeur, qui eſtoit perfide, cruel, & impie. Son auarice eſtoit extreme, & il s'abandonna à toutes ſortes de voluptez. Il eût meſme eſtabli l'hereſie de Sabellius, ſi Gregoire Eueſque de Tours, & Saluius Eueſque d'Albi, ne s'y fuſſent oppoſez. Enfin, il a eſté

si meschant, qu'il fut nommé le Neron de la
France.

Tout ce qu'on a pû trouuer de bon dans vn
sujet si corrompu, c'est qu'il a aimé les Lettres.
L'Epitaphe qu'il fit de Germain Euesque de Paris, fait voir qu'il auoit du genie pour les vers;
& il luy faut laisser cét honneur d'auoir esté le
premier de nos Rois qui ait esté Poëte. En cette
qualité, il meritoit bien vn plus bel Epitaphe
que celuy qu'on lit à saint Germain des Prez.
Chilperic gist sous cette pierre. Mais il ne meritoit
aucunement d'estre mis au rang des Demy-dieux
pour auoir ajousté trois lettres à l'Alphabet. Et
il me semble, puisque vous auez témoigné prendre part dans les interests de ce Prince, que vous
ne deuiez pas luy rauir vne partie de sa gloire,
en ne luy donnant l'auantage que d'auoir ajousté
trois lettres à nostre Alphabet, puisqu'il en auoit
ajousté quatre. Si le seruice que Palamede rendit aux Grecs fut mieux reconnu, il y auoit quelque iustice, veû qu'il estoit l'Autheur de ces lettres, & Chilperic n'en estoit que le Copiste. D'ailleurs, comme elles sont fort vtiles à la Langue
Grecque, elles furent iugées entierement inutiles à la nostre.

Chilpericus
hoc tegitur
lapide.

T iij

SECTION XXII.

SI HERODOTE PEVT ESTRE REPRIS
pour auoir dit, qu'il se trouue aux Indes des Fourmis moindres que Chiens, mais plus grandes que Renards. Raisons captieuses de Monsieur Costar.

I'Ay desia dit quelque part, que plusieurs railleries de vostre amy estoient bien froides ; Au moins, elles font assez paroistre qu'il n'estoit pas fort sçauant. Ce qui se peut remarquer dans la Lettre 179. où il se moque d'Herodote, qui escrit, *Qu'aux Indes il y a des Fourmis moindres certes que Chiens, mais plus grandes que Renards.*

A la verité, cela est bien estrange pour le croire si facilement. Mais puisque cette opinion a esté receuë de toute l'Antiquité, que les Histoires du nouueau monde le confirment, & qu'elles nous racontent des choses beaucoup plus merueilleuses, & qui ne laissent pas d'estre vrayes; pourquoy nous en moquerons nous? pourquoy rejetterons-nous le témoignage de tant d'Historiens celebres? Quoy qu'il en puisse estre, M. de Voiture fait voir qu'il ne les auoit pas leus, puisqu'vne chose si commune dans les Autheurs, luy paroist si surprenante & si nouuelle.

La raillerie que vous voulez faire tomber sur
moy, tient vn peu du Sophiste, vous reprenez
ces paroles que i'ay dites de M. de Voiture. *Il se
moque d'Herodote vn Autheur si poli, parce qu'il a
escrit qu'il y auoit aux Indes des Fourmis. &c.* Vous
remarquez que la politesse n'y fait rien. Que depuis
qu'on fait des Liures, il s'est conté bien des fables fort
poliment, & que les Autheurs qui s'expliquent auec
plus de grace, ne sont pas ceux qui parlent toûjours aueque plus de verité.

Ie n'ay pas dit, Monsieur, qu'Herodote fût
veritable, parce qu'il a escrit aueque beaucoup
de grace, & qu'il est fort poli. C'est vne epithete
que ie luy donne, & qu'il merite bien, à mon
auis. Ce n'est pas vne raison que i'allégue pour
preuue de la fidelité de son Histoire. Homere a
dit mille fois, qu'Achille estoit extrememement
viste; Qu'aucun des Grecs ne couroit mieux que
luy. Mais lors qu'il raconte que ce Heros, leger
à la course, pleura, ou qu'il se mit en colere, il
ne dit pas qu'il pleura, ou qu'il se mit en colere,
parce qu'il couroit bien. Enée, lors qu'il estoit
meslé auec les Ennemis, qu'il blessoit l'vn &
tuoit l'autre, les tuoit-il parce qu'il estoit pieux?
Et cependant, Virgile ne parle que du pieux
Enée. Et vous, Monsieur, quand vous dites *que* Pag.22.
*M. de Voiture auoit receu de si grandes loüanges, que
le Magnanime d'Aristote (vous l'allez chercher vn*

peu bien-loin)*n'en demanderoit pas d'auantage.* Auez
vous crû que les loüanges des belles personnes,
fussent plus veritables que celles des autres? Pensez vous que toutes les Belles soient sçauantes, &
qu'elles iugent toutes equitablement? Pour moy,
i'estime que la beauté n'y fait rien. Mais quand
vous le prendriez au pis, ie soustiens que vostre
amy à tort de se moquer d'vn Autheur qui est
rempli de tant de charmes, qui parle si bien, &
qui n'ennuye iamais; Il a toûjours esté les delices des Sçauants, & ie croy que les Muses qui ont
donné le nom à ses liures, les ont composez
elles-mesmes.

SECTION XXIII.

EXPLICATION D'VN PASSAGE
d'Herodote, touchant la maladie des femmes.
Plusieurs erreurs de Monsieur Costar.

SI vous-vous estes mépris en plusieurs endroits de vostre discours, vous ne l'auez
point fait si visiblement que sur vn passage du
mesme Herodote. Vos raisons, par tout ailleurs,
ne sont point si foibles, vous ne citez point les
Autheurs si fort à contre-sens. Et mesme vous
qui vous piquez de plaire aux Dames, ce n'est
pas estre galant que de les entretenir de leurs défauts,

fauts, & de defcouurir leurs maladies. Au moins,
ne pouuez vous rejetter cette faute fur moy,
puis que ie n'en ay dit qu'vn mot en paffant dans
vne langue qui leur eft inconnuë, & que ie me
fuis ferui de termes Grecs comme de voiles qui
en défendoient la veuë aux curieux, pouuant dire ce qu'Ariftote écriuit vne-fois à Alexandre,
que l'auois écrit de ces chofes fans les auoir rendu publiques.

Herodote, dans fa Clio, rapporte que Venus la
Celefte, pour fe vanger des Schytes qui auoient
pillé fon temple d'Afcalon, leur enuoya la maladie des femmes. On demande ce que c'eftoit
que cette maladie? M. de Voiture ne le fçait pas.
Vous dites, *que c'eft la volupté & la moleffe, vice plus ordinaire au fexe qui à la foibleffe pour fon
partage, auffi-bien que la beauté.* Et moy, i'ay crû
que l'opinion la plus probable eftoit, qu'Herodote a entendu parler des hemoroïdes qui ont
du rapport à ce mal qui eft naturel aux femmes,
& qui leur arriue tous les mois.

l'eftabliray mon opinion, aprés que i'auray
refuté vos objections & vos remarques. Vous
dites, en premier lieu, *que Venus, quoy qu'elle
foit vne des meilleures & des plus douces Deeffes de
tout l'Olympe, quand elle fe vange, c'eft toûjours
cruellement. Que le mal dont ie parle eft pluftoft vn
remede qu'vne maladie.*

V

Certes, vous auez raison. Ce fût vne punition bien cruelle que cette Deeſſe irritée fit ſoû-
frir aux Sacrileges qui auoient pillé ſon temple;
elle les rendit voluptueux & delicats, elle les
obligea de faire bonne chere, de ſe donner du
bon-temps, & de ſe plonger dans les delices. Ie
croy, aprés cela, qu'il ne s'eſt point trouué de
Grec ny de Barbare qui ait oſé déplaire à vne Diuinité ſi colere & ſi vindicatiue. Tout de bon,
i'ay pitié de ces pauures Scythes, il me ſemble
que c'eſt vn de ces criminels que M. de Voiture
fait parler en ce vieux langage (auſſi eſt-ce vne
nation bien ancienne que celle des Scythes, &
qui ne parloit pas trop bien François.)

Là où ie, las & chetif, en cette Cité par enchan-
temens mauuaiſement detenu, paſſe les iours entiers
à moy ſollacier & deduire aueque gentes pucelles plus
blanches que fin albaſtre mis à point de fin vermeil,
ores nous ombroyant ſous vertes feüillées, ores en
plaiſans vergers nous esbatant, & tantoſt nous esba-
noyant en riches feſtins où toutes guiſes de mets
nous ſont ſeruis, & toutes ſortes d'eſpiceries. Or, Sei-
gneurs Cheualiers, combien cét eſtat de vie eſt angoiſ-
ſeux, ie ne doute mie que bien ne le iugiez.

Il n'y a qu'vne choſe qui me donne du ſcrupule. C'eſt que Venus traitoit de la meſme façon ſes plus chers amis. Les punitions des Scy-
tes eſtoient les recompences de Pâris, d'Ado-

nis, d'Alcinoüs, & de tous les fauoris de cette
Deeſſe. Les habitans de l'Iſle de Cypre, les Aſſy-
riens, & les autres peuples qui ont eu le plus de
veneration pour elle, qui l'ont adorée auec de
plus belles ceremonies, & de plus ſomptueux
ſacrifices, & qui luy ont baſti de plus magnifiques temples. Ces peuples, dis-je, ont eſté pareillement plus mols, plus fayneans & plus
effeminez que tous les autres peuples. D'où
eſt donc venu vn changement ſi eſtrange?
Pourquoy les recompences ſont elles chan-
gées en ſupplices? Pourquoy cette diuinité
traite-t'elle également ſes adorateurs & ſes ennemis?

Mais vous dites, *que le mal dont ie parle, eſt
plutoſt vn remede naturel que ce n'eſt vne maladie. Il
deſcharge les vaiſſeaux de tout le ſang impur, terre-
ſtre, groſſier & melancholique qui ſeroit la matiere de
la goutte, de la grauelle, & de beaucoup d'autres miſeres.*

Par cette raiſon, Monſieur, toutes les maladies ne ſeront plus que des remedes naturels, car
il n'y en a point qui ne ſoulage la nature de quelqu'vne de ſes infirmitez. La goutte nettoye &
purge extrémement le cerueau. La dyſenterie
eſt vn remede ſouuerain pour la goutte, ſi nous
en croyons Hippocrate. La fievre conſume les
humeurs ſuperfluës: Les varices & les vlceres re-

Prædict.l.e
Sec.2.

V ij

çoiuent le fang impur, groffier & melancholique, & en defchargent les parties nobles. Or le
mal dont ie parle, bien qu'il puiffe eftre la caufe de quelques bons effets, ne laiffe pas d'eftre
bien dangereux, & fort importun. Ie vous ren-
uoye à ceux qui en font atteints ; & vous pourrez confulter là-deffus les Medecins qui demeurent tous d'accord, que c'eft vne tres-fâcheufe
maladie.

Vous me faites, en fuite, vne puiffante objection. *Ce mal eftoit connu dans le monde bien long-
temps deuant la colere de Venus. &c.*

On vous mettroit bien en peine qui vous
obligeroit de prouuer ce que vous dites. Ie ne
croy pas que beaucoup d'Autheurs ayent parlé
des hemorroïdes auant Hippocrate, & il eft conftant qu'il viuoit plus de deux cens ans aprés l'ir-
ruption des Scythes en Afie, lors qu'ils pillerent
le Temple d'Afcalon. Comment donc pouuez-
vous fçauoir fi vn tel mal eftoit connu deuant la
colere de Venus ? Il n'eft pas mefme neceffaire
qu'il fût inconnu pour feruir de punition à ces
Sacrileges. La pefte eftoit bien connuë dans le
monde long-temps deuant la colere d'Apollon ;
Il ne laiffa pas pourtant d'en affliger les Grecs au
fiege de Troye. Et qui nous a dit, *que les femmes
de Lemnos furent les premieres attaquées de cette puan-
teur d'aiffelles dont Venus les chaftia ?* Penfez-vous

Hippo. de
Hæmor.
Galen. Com.
ad Aphor 25.
l.4. & lib.3 de
natur. facult.
c.8.
Aëtius Te-
trab 4. Ser. 2.
c. 3.
Paul. Ægin.
l.3. c.59.
Senner. de
Hæmorr.
pract. med.
l.3. &c.

Νοῦσον ἀνὰ
στρατὸν ὦρσε
κακήν.
Hom. Il. a.

qu'on ait iamais veu de femmes auec cette grof-
feur prodigieufe de mammelles, qui eft ordinaire aux femmes d'Afrique, & dont la mefme
Venus les punît, fi nous en voulons croire Sy-
nefius? A voftre auis, Efculape, Phaëton, ou
Capanée, ont-ils efté les premiers frappez de la
foudre? Iupiter ne s'en eftoit-il point ferui
contre les Geans? Et ne dites-vous pas quelque
part, *que c'eft l'inftrument ordinaire de la colere des
Dieux?*

Vous ajouftez, *que dans Clement Alexandrin,
Anacharfis tuë vn Scythe, qui au retour de la Grece où
il auoit enfeigné la maladie des femmes, vouloit débau-
cher & corrompre ceux de fon païs.* La maladie des
femmes n'eftoit donc pas cette perte de fang que s'eft imaginé M. de Girac, car ie n'ay point crû qu'on l'ait encore mife au rang des chofes qui s'enfeignent. Outre que
les parcles de l'Autheur témoignent affiz, qu'il n'entendoit parler que de la volupté & de la moleffe, vice
plus ordinaire au fexe qui a la foibleffe pour fon partage, auffi bien que la beauté.

Pour vn homme qui tient fi fort le parti des
Dames, vous ne parlez pas extremement à leur
auantage. Vous les accufez de moleffe, vous les
traitez de voluptüeufes. Vous voulez que ces vices leur foient fi familiers, qu'on les appelle par
excellence la maladie des femmes. Il faut eftre
plus equitable pour ce fexe qui a la beauté pour

V iij

fon partage , mais qui nous contefte toutes les
autres bonnes qualitez. Il eft né pour la vertu
auſſi bien que celuy des hommes ; il a ſes inclinations auſſi fortes pour le bien, & ſes paſſions
ſont beaucoup plus reglées. Il ſe porte auecque
moins de violence dans le mal. La pieté & la pudeur , qui luy ſont comme naturelles, luy fer-
uent de barriere contre la volupté. Et il faut
demeurer d'accord auec Platon , que les femmes ſont capables des meſmes perfections que
nous.

Le témoin que vous produiſez contre elles,
ne dit rien de ce que vous pretendez. Vous n'a-
uez pas pris la peine de l'interroger, ou vous l'a-
uez oüy par la bouche de quelque mauuais Interprete. Clement Alexandrin , par la maladie
des femmes que ce Scythe vouloit enſeigner à
ceux de ſon païs, entend parler de la ſuperſti-
tion Il dit en termes tres exprés, *qu'Anacharſis*
le tua , parce qu'il celebroit les myſteres de Cybele à la
mode des Grecs, qu'il battoit du tambour, & qu'il auoit
pendu à ſon col des cymbales, auec le bruit deſquelles il
honoroit cette Deeſſe. Les Preſtres de cette mere
des Dieux, eſtoient bien mols, lâches, & adon-
nez aux voluptez les plus infames ; Mais Clement, en ce lieu là, ne parle que de l'impieté des
religions Payennes.

En effet, comment la volupté & la moleſſe

In protrept.
ad Græc.

euſſent-elles eſté vn crime digne de mort parmy les Scythes, ſi ce que vous rapportez d'Hippocrate eſt vray ? Il dit (i'entens ſuiuant voſtre
allégation) *que de ſon temps les enfans des Scythes
naiſſoient tous effeminez, que ces peuples ne s'occupoient qu'à manger & à boire, & qu'ils ne faiſoient
point d'exercice.* Ce pauure Scythe qu'Anacharſis tua à coups de fléches, ne fût donc pas puni
pour auoir voulu enſeigner à ſes Compatrio-
tes des voluptez eſtrangeres. Ils naiſſoient tous
dans la moleſſe, & parmi les delices. Or la Chro-
nologie nous apprend, qu'Anacharſis & Hippocrate eſtoient Contemporains. I'adjouſte, que
ſi ceux qui pillerent le Temple de Venus deuinrent mols & voluptüeux, la volupté & la moleſſe n'eſtoient donc pas des choſes nouuelles au
temps d'Anacharſis. Les Scythes deuoient plutoſt enſeigner ces vices aux autres peuples, que
de les apprendre d'eux, veu qu'Herodote aſſeure
que la colere de Venus s'eſtendit ſur la poſterité
des ſacrileges.

Mais accuſer les Scythes de moleſſe, c'eſt quelque choſe de plus que d'en accuſer les Suiſſes &
les Eſcoſſois. C'eſt dire que les Hurons & les Iro-
quois ſe traitent delicatement, lors qu'ils vont
tout-nuds parmy les neges, qu'ils paſſent à la
nege les riuieres à demy glacées, & que la faim
les oblige tous les iours de ſe perdre dans ces af-

freufes & vaftes forefts, pour chaffer aux Ellans & aux Orignacs.

Pædag.l.3. c.3.

Et afin de vous expliquer Clement Alexandrin par fes propres paroles. Il dit, que parmy les barbares, les Gaulois & les Scythes font également ennemis des delices. Que toutes les richeffes de ceux-cy confiftent en vn chariot, qu'ils abandonnent fouuent pour eftre moins embaraffez, & qu'ils n'ont point de remede plus ordinaire contre la faim & la foif, que le fang de leurs cheuaux. Iuftin admire la temperance de ces peuples, il louë la patience qu'ils ont à fouffrir les rigueurs de l'Hyuer, bien qu'ils foient à demy-nuds, & que les glaces ne les abandonnent iamais. Tous les Autheurs ne parlent que de leur endurciffement au trauail, que de leur force, & de leur valeur; iufques-là mefme que les femmes parmy eux vont à la guerre, & fouffrent auec vne pareille conftance que les hommes, le froid & la faim, & tous les maux qu'vne profeffion fi rude traifne auec foy. Ce furent-elles qui fonderent l'Empire des Amazones. Ce fût vne femme Scythe qui gagna cette grande bataille contre Cyrus, en laquelle ce vainqueur de l'Afie fût tué auec deux cens mille Perfes. Hippocrate, que vous alleguez pour la moleffe des Scythes, dit neantmoins, qu'ils font fort belliqueux, & que leurs loix ne permettent pas à

Au liu.de l'air du lieu, & des eaux.

vne

vne fille de fe marier, fi elle n'a porté les armes, & qu'elle n'ait tué pour le moins trois ennemis.

Ce n'eft donc pas la volupté ni la delicateffe
dont Clement a entendu parler, lors qu'il dit
qu'vn Scythe vouloit enfeigner la maladie des
femmes. Cette maladie, dans cét Autheur, n'eft
autre que la fuperftition. Ce n'eft pas d'aujour-
d'huy que ce fexe eft religieux & deuot ; mais
comme il eft bien difficile de fe maintenir dans
le milieu, qui eft le fiege de la vertu, fans s'approcher des extremitez vicieufes ; les femmes
tombent facilement dans la fuperftition, comme les hommes dans le vice qui luy eft oppofé.
De là vient que Strabon remarque, que ceux qui
viuent dans le celibat, ne font pas ordinairement fuperftitieux ; qu'ils ne s'amufent gueres
aux feftes & aux ceremonies que les femmes ont
accouftumé d'obferuer exactement. Tout le
monde, dit-il, eft dans cette opinion, que les
femmes ont introduit cette crainte que nous
auons des Dieux. C'eft pourquoy Menandre dit,
que les Dieux trauaillent particulierement les
gens mariez, qui fe trouuent toûjours obligez
à chomer quelque fefte par l'importunité de
leurs femmes. Plutarque obferue, que le iour
des Ides de Mars, Cefar fût touché des mauuais
fonges de Calpurnia, & des prieres qu'elle luy

X

fit de ne fortir point ce iour-là, car il ne l'auoit iamais trouuée fujete à la maladie des femmes. C'est à dire, elle n'estoit pas superstitieuse.

Si vous vouliez donc vous seruir de l'authorité de Clement Alexandrin, il falloit dire, que les Scythes, dans Herodote, furent touchez d'vn tel remords, & d'vn tel repentir de leur crime, qu'ils en deuinrent estrangement superstitieux; Que leur imagination fût blessée par l'apprehension du chastiment, puis-que c'est proprement la peine que les Dieux faifoient souffrir aux coupables, & dont les Poëtes ont tant parlé. Herodote mesme semble fauorifer cette opinion, lors qu'il dit, que ces gens-là aussi bien que les Androgynes, auoient le don de deuiner. Car les anciens se perfuadoient, que la prophetie n'estoit autre chose qu'vne alteration de iugement, ou que du moins elle n'arriuoit iamais fans cela ; Que cette fureur, & ce trouble, auoit roûjours quelque chose de diuin. Et Hippocrate, dans le lieu que nous examinerons cy-apres, escrit que les Scythes qu'on appelloit effeminez, estoient adorez du peuple qui attribuoit la caufe de leur mal à la colere des Dieux.

Aprés tout, il me semble que pour expliquer les penfées d'Herodote, vous ne pouuiez choisir de plus mauuais Interprete que Clement

Alexandrin. Il s'est trompé luy-mesme, quoy
qu'il fût tres-sçauant, lors qu'il dit, qu'Anacharsis tua le Scythe qui vouloit apprendre la maladie des femmes, & introduire les ceremonies de
Cybele. Car Herodote asseure, que Saulius Roy *Li. 4.*
des Scythes tua Anacharsis d'vn coup de fléche,
l'ayant surpris en celebrant les mysteres de la
mere des Dieux, à la mode de ceux de Cyzique.
Diogene Laërce rapporte pareillement, qu'A-
nacharsis fût tué par son propre frere, parce qu'il
sacrifioit à la Greque, & qu'il se seruoit de ceremonies estrangeres.

SECTION XXIV.

SVITE DE LA MESME MATIERE.
Que Monsieur Costar dans les citations d'Hippocrate,
prend le oüy pour le non, & fait vn raisonnement
absolument contraire à celuy d'Hippocrate.
Diuerses opinions touchant la maladie
des femmes, dont parle
Herodote.

POVR confirmer l'opinion que vous-vous
estes persuadée touchant la molesse des
Scythes, vous alleguez Hippocrate au liure de
l'air, des lieux & des eaux, où il nous apprend
(suiuant vostre version) *que de son temps les enfans*

des Scythes naissoient tous effeminez, & se moque des grandes dépences qu'ils faisoient en sacrifices pour appaiser les Dieux qu'ils pensoient auoir irritez. Il les auertit que c'est leur intemperance, & non pas leur impieté qui est la cause de leur malheur. Il leur conseille de manger & de boire moins, & de faire plus d'exercice, & les y conuie par l'exemple de leurs esclaues qui faisoient des enfans forts & vigoureux comme auparauant.

Ie vous supplie, Monsieur, faites-moy la grace de m'apprendre où vous auez pris tout cela? Quel Traducteur vous a imposé de la sorte? Auriez-vous découuert quelque vieux manuscrit qui n'ait iamais esté veu de personne? N'est-ce point que vous-vous fiez sur le rapport d'autruy, & que vous méprisez dans vos estudes ces gros liures Grecs & Latins, pour donner la fleur de vos matinées aux Autheurs qui sont plus à l'vsage des Dames, aux Romans & aux Comedies? Si vous auiez pris la peine de consulter l'original, vous auriez veu qu'Hippocrate dit tout le contraire de ce que vous luy faites dire. Certes, vous confondez estrangement son sens & ses paroles.

Premierement, il ne dit point que l'intemperance des Scythes soit la cause que leurs enfans naissent effeminez. Il ne remarque point qu'ils ayent esté autresfois vigoureux, & que de

ſon temps ils ſoient deuenus ainſi foibles. Ce
Prince des Medecins auoit eſcrit vn peu deuant, que l'air groſſier que reſpiroient ces barbares, la froideur du climat, les neges qu'ils beu-
uoient, & le temperament des ſaiſons toûjours
égal, eſtoient la cauſe de ce qu'ils deuenoient
grands & charnus; qu'ils auoient les nerfs humides & moins forts, mais qu'ils ſe bruſloient preſque tout le corps, afin de conſumer cette humidité ſuperfluë. Il ajouſte vne autre raiſon qui eſt
priſe de leur education. *Ils n'ont point accouſtumé,
dit-il, de tenir leurs enfans liez & renfermez dans des
langes, ce qui donne à la nature la liberté de croiſtre &
de s'eſtendre d'auantage, & de deuenir plus foible comme eſtant moins vnie. D'ailleurs, la vie de ces enfans eſt
extrememement ſedentaire, car ils les renferment toûjours
dans leurs chariots iuſqu'à ce qu'ils puiſſent monter à
cheual, les loix & les anciennes couſtumes l'ordonnant
ainſi, afin qu'eſtant peſans & plus charnus, ils puiſſent
mieux embraſſer les cheuaux, & eſtre plus fermes.*

Pour ce qui eſt de l'intemperance que vous
vous eſtes imaginé qu'Hippocrate reprochoit à
ces peuples, ie vous aſſeure qu'il n'en parle point.
Quant à leurs ſacrifices, ſi vous n'en auez compris la raiſon, il vous la faudra expliquer. Mais
tant s'en faut qu'Hippocrate conſeille à ces barbares de faire plus d'exercice, qu'au contraire,
il les auertit d'en faire moins, il enſeigne que

X iij

non seulement les Scythes, mais tous ceux qui font trop souuent à cheual font sujets aux maux dont il traitte en ce lieu-là. Il ne les inuite pas non plus à faire exercice par l'exemple de leurs esclaues qui faisoient des enfans forts & vigoureux.

Voicy le sens de ce grand Autheur. Il recherchoit les causes pourquoy la nation des Scythes estoit moins nombreuse que les autres nations. Il auoit remarqué que les hommes de ce climat auoient peu d'inclination pour les femmes, à cause de l'humidité & de la froideur de leur temperament, & qu'estant continuëllement à cheual, ce trauail les fatiguoit & les rendoit impuissants. Il ajouste, en suitte, que leurs femmes estant fort grasses & fort humides, estoient par consequent moins fecondes, & que pour ne faire pas assez d'exercice leur temperament deuenoit encore plus vicieux. Leurs seruantes, au contraire, dont la condition les obligeoit au trauail, & qui d'ailleurs estoient plus maigres pour n'estre pas si bien traitées conceuoient facilement.

La maladie des Scythes dans Hippocrate est donc toute autre chose que ce que vous auez pensé. Et si par la description qu'il en fait, on peut expliquer Herodote ; il est à considerer que ce premier dit, que parmy ces barbares plusieurs deuenoient Eunuques en cette maniere. Parce

que, dit-il, ils eſtoient continuëllement à cheual, il leur tomboit des fluxions ſur les hanches
& ſur les jambes, qui eſtant toûjours ſuſpen-
duës, attiroient les humeurs en bas ; ce qui les
rendoit boiteux : Que pour ſe guérir de ce mal,
ils ſe couppoient les vénes derriere les oreilles,
& que le ſang qui en ſortoit auec abondance leur
cauſoit vne grande foibleſſe qui eſtoit toûjours
ſuiuie du ſommeil, & qui ſe trouuoit fauorable
à quelques-vns, & preiudiciable aux autres. Mais
il croyoit qu'ils ſe perdoient abſolument, d'autant qu'il y a des venes proche des oreilles qui
eſtant couppées cauſent la ſterilité, à raiſon de
la communication du cerueau aueque les autres
parties, qui en eſt interrompuë, ce qui eſt extremement preiudiciable à la generation.

Ces pauures gens s'en voyant donc incapables par ce moyen, en attribuënt la cauſe à la
colere des Dieux, on les appelle les Effeminez,
ils ſont haïs & meſpriſez, ils quittent les emplois des hommes, & comme s'ils eſtoient deuenus femmes, ils s'abillent à leur mode, ſe ran-
gent auec elles, & ne s'occupent plus qu'aux
exercices ordinaires de ce ſexe.

Les grands & les riches ſont trauaillez de ces
maux, les pauures en ſont exempts pour la pluſpart, parce qu'ils ne vont pas inceſſamment à
cheual comme ceux-là. Or Hippocrate ne ſe

moque point, comme vous auez crû, des grandes defpenfes qu'ils faifoient pour appaifer les
Dieux, qu'ils penfoient auoir irritez. Car aprés
auoir trouué la vraye fource de leur malheur, il
enfeigne qu'il ne la faut point rejetter fur les
Dieux; parce que fi c'eftoit vn effet de leur colere, cette maladie attaqueroit indifferemment
ceux qui viuent dans l'abondance, & dans la
pauureté. Et mefme fi les Dieux prennent plaifir d'eftre honorez par les hommes, & qu'ils
donnent des biens à ceux qui leur rendent de
plus grands refpects, il eft à croire qu'ils trait-
teroient plus fauorablement les riches qui leur
font fouuent des facrifices, qui leur offrent des
prefents, & qui les adorent auec plus de religion
& de zele. Les pauures, au contraire, qui ne
peuuent faire ces dépences, les honorent moins,
& mefme ils accufent les Dieux de ce qu'ils en
font abandonnez, & qu'ils ne reçoiuent d'eux
aucunes graces. Par confequent, les pauures feroient bien plutoft malades de ce mal, s'il prenoit
fon origine plus haut que dans la nature. D'où
Hippocrate conclud, que toutes ces chofes arriuent dans le cours ordinaire, que toutes les
maladies, autant les vnes que les autres, vien-
rent également de Dieu, mais qu'elles arriuent
fuiuant les principes de la Nature. Que tous les
peuples qui font affidûment à cheual font fujets

jets aux fluxions & aux gouttes, & qu'ils ne valent rien pour les femmes.

Vous voyez, Monſieur, que vos deciſions ne
ſont pas meilleures que les miennes, & que s'il
eſtoit neceſſaire d'interpreter, comme i'ay dit,
le paſſage d'Herodote par le diſcours d'Hippocrate, vous deuiez dire que la punition dont
furent chaſtiez les Scythes qui auoient pillé le
Temple de Venus, c'eſt qu'ils deuinrent impuiſ-
ſants & Eunuques. Car les Autheurs appellent
d'ordinaire ces gens-là des effeminez. Quelquesfois meſme ils les nomment ſimplement femmes, comme eſtant incapables des actions qui
font l'homme; Qu'ils ſont lâches & foibles; Que
leur parole, leur viſage, & leur temperament
approche plus de celuy des femmes; Qu'enfin,
ils ſemblent auoir changé de ſexe, & qu'on peut
dire qu'ils ont la maladie des femmes.

Cette façon de parler ne laiſſe pas de me paroiſtre impropre. C'eſt pourquoy ie me ſuis
arreſté à l'opinion que vous auez veuë, conſide-
rant que tout le monde, & entr'autres les Medecins, quand ils nomment ſimplement la maladie des femmes, entendent communément
celle qui leur arriue tous les mois. En effet, elle
eſt ſi particuliere aux femmes, que meſme les
animaux de leur ſexe en ſont exempts.

D'autre-part, ces Autheurs m'ayant appris

Y

que les hemorroïdes ont vn mouuement reglé
& periodique, qu'elles viennent fouuent tous
les mois, & qu'il y a de certains peuples qui en
font particulierement atteints, comme le font
ceux du Midy, pourquoy ne pourra-t-on pas
appeller ce mal la maladie des femmes, puif-
qu'il luy reffemble fi fort ?

On peut appuyer cette opinion par l'authorité d'Herodote qui dit, que les defcendans de
ceux qui volerent le Temple d'Afcalon fouffri-
rent la mefme peine que leurs Peres, & les Scythes au rapport d'Hippocrate leur rendoient
beaucoup d'honneur, comme à des gens qui
portoient les marques des Dieux. Il faut donc
qu'ils euffent quelque marque exterieure qui les
diftinguaft des autres ; Que cette maladie atta-
quaft le temperament, & qu'elle fuft vifible. Or
il eft certain que ceux qui ont les hemorroïdes
deuiennent difformes, & qu'ils ont mauuaife
couleur. Les impuiffants font bien de la forte
pour la pluf-part, mais s'ils font incapables de
generation, comment feroient-ils paffer cette
maladie à leur pofterité comme firent nos Sacrileges ?

Ce qui me confirme le plus dans mon explication, c'eft qu'on void dans les anciens Autheurs plufieurs chofes qui font prifes de la fain-
te Efcriture, bien qu'ils en alterent toûjours le

fens. Et nous aprenons dans le liure des Roys, que Dieu enuoya aux Philiftins qui auoient pris l'Arche, & qui la traittoient indignement, vne maladie qui a beaucoup de rapport à celle dont nous parlons, fur tout, fi nous fuiuons l'interpretation de Iofephe, qui dit, que c'eftoit la dyfenterie qui eft vne perte de fang (afin de me feruir de voftre belle circonlocution) *qui prend en cét endroit que Brunel montroit à Marphife.*

Il eft vray qu'vne infinité d'Autheurs appellent les lâches & les poltrons des effeminez ; & ie fçay que quelques-vns expliquent la maladie des femmes, de celle qui eft appellée par les Medecins *fluor muliebris*, & qui fe peut entendre aux hommes de la *gonorrhée*.

Ie n'ignore pas que d'autres l'interpretent de ces infames, qui ayant honte de leur fexe, violent les loix que la Nature a prefcrites ; & comme s'ils l'accufoient de les auoir fait hommes, deuiennent plus effeminez que les femmes les plus abandonnées. Martial n'eft pas efloigné de cette penfée, lors qu'il accufe Philoctete de ce crime.

Mollis erat facilifque viris Pæantius heros,
    Vulnera fic Paridis dicitur vlta Venus.

Il y en a qui croyent que la maladie des femmes eft le trop grand amour que l'on a pour elles, dont Hector fait reproche à fon frere Pâris

Y ij

dans le 3. de l'Iliade, & que Ciceron appelle *mulierositas*.

D'autres, au contraire, veulent que ce foit de la haine des femmes que parle Herodote, & que Venus en chaftia fes ennemis. Des railleurs diroient, qu'elle leur donna de mauuaifes femmes, ou qu'elle les punit de la maniere qu'elle fit Diomede qui la bleffa au fiege de Troye : Car cette Deeffe pour fe vanger de luy, rendit fa femme Egialie fi amoureufe, qu'elle fe proftitua à toute la ieuneffe de fon païs. Mais pour conclure, aucune de ces interpretations ne s'ajufte fi bien que la mienne au paffage d'Herodote.

I'ay traitté, Monfieur, cette matiere plus au long que ie ne penfois, pour vous faire voir qu'il n'y a rien de plus facile que de reprendre les autres & de railler, & qu'il eft bien malaifé de le faire toûjours auec raifon. Ie n'auois point trouué mauuais, que Monfieur de Voiture vous demandaft l'explication d'vn paffage fi difficile; mais il ma parû bien eftrange qu'vn fi habile homme que vous y ait fi mal reüffy.

SECTION XXV.

DE LA MEMOIRE, S'IL EST VRAY
qu'elle est contraire au Iugement. Erreurs de Monsieur Costar dans la citation des Autheurs, & dans le raisonnement.

PEut-estre, Monsieur, que vous aurez mieux rencontré dans la question de Philosophie, qu'a fait naistre la lettre 14. que M. de Voiture escrit à vne Dame.

*I'ay oublié tout ce que ie deuois dire à la * * * auec qui vous me vouliez accorder, & si ie vous asseure que ce n'est pas pour auoir dormi depuis. Ie suis fâché de n'auoir pas eu plus de soin d'vne personne qui m'auoit esté recommandée de si bonne part, & que ne luy pouuant donner aucune place en ma volonté, elle n'en ait pas eu dauantage en ma memoire. &c.*

Cette lettre est vne des plus mauuaises qu'ait faites M. de Voiture, & pour en remarquer toutes les fautes, il estoit necessaire de faire vn discours bien estendu. Ie me contentay de blâmer en ma Dissertation cét endroit où l'Autheur dit, *Que la memoire est la partie de l'ame qui est la plus contraire au iugement.* Là-dessus vous donnez le change, à vostre ordinaire, & vous prouuez par beaucoup de raisons, & par beau-

coup d'exemples, qu'on n'est pas toûjours obligé de parler dans la derniere exactitude : *Que
les puissances de nostre ame estant distinctes formellement, ou par vne distinction de raison, comme on parle
dans l'escole, peuuent estre appellées les parties de l'ame,
quoy que de sa nature elle soit indiuisible & tres-sim-
ple.* Vous dites, *qu'on s'explique de la sorte dans la
conuersation, & dans les entretiens communs.* I'a-
jouste, que Platon, Aristote, & tous les Philosophes en ont ainsi vsé. Il ne faut pas estre
toûjours si abstrait ; il est besoin de se faire entendre, & de parler comme les autres. Ce seroit
vne chose bien plaisante, si pour estre trop raisonnables, il falloit ne se pas seruir du langage
des hommes.

Mais vous auez pris vne peine bien-inutile.
Ie n'ay pas repris vostre amy pour auoir parlé
des parties de son ame ; Ie l'ay blâmé pour auoir
crû que cette ame raisonnable & indiuisible,
estoit composée de parties contraires. Ie ne l'ay
point pris à la rigueur, ie n'ay point poursuiui
cette proposition dans toutes ses consequences.
Vn Critique plus seuere vous auroit objecté.
Si ce qui est composé de parties contraires, est
sujet à la dissolution & à la corruption de ses
parties, nostre ame donc, selon vous, ne sera
pas immortelle, elle ne sera qu'vn accord & vne
harmonie des premieres qualitez, comme dit

Galien, elle ne fera point differente de celle des beftes.

I'agis, Monfieur, aueque plus de douceur & de ciuilité. Ie vous demande feulement, Puifque M. de Voiture diuife l'ame en trois, à fçauoir, la volonté, la memoire & le iugement, Par quelle authorité veut-il que les deux premieres foient les ennemies de ce dernier; Pourquoy met-il du trouble & de la diuifion entre des facultez, qui ont entr'elles vne vnion fi parfaite, qu'elles ne fônt qu'vne mefme chofe? C'eft la mefme ame qui veut, qui fe reffouuient, & qui raifonne: Si elle fait fes operations par des puiffances qui foient diftinctes formellement, ce font des amies qui fe communiquent l'vne à l'autre tous leurs biens. Leurs actions font fi infeparables, qu'elles ne fçauroient agir que de concert. La volonté ne fe porte point à la pourfuite du beau & du bon, que l'intellect ne l'ait premierement iugé tel, & cét entendement ne raifonnera iamais, fi la memoire ne luy prefente les images des chofes, afin qu'il les ioigne, qu'il les diuife, ou qu'il les compare enfemble, & qu'il en tire des confequences.

Vous fçauez Monfieur, & c'eft vn mot de ce grand Interprete de la Nature. *Qu'il n'y a rien dans l'intellect qui n'ait auparauant paffé par le fens.* Vous n'ignorez pas, que les fens reçoiuent les eſpeces des objets ; Que la faculté imaginatiue en forme des repreſentations & des images, & que la memoire graue en elle-meſme ces images & ces repreſentations. C'eſt cette excellente œconome qui les met dans ſes admirables reſeruoirs ; & l'intellect, comme vn ſage Pere de famille, s'en ſert dans les occaſions, & les met en œuure. De ſorte, que ce diuin artiſan ſeroit entierement ſans employ, ſi la memoire qui eſt ſa fidele compagne, ne luy fourniſſoit les matieres. En effet, il y a vne telle amitié entre ces deux facultez, leur vnion eſt ſi eſtroite, & tellement inſeparable, que bien ſouuent on ne les diſtingue point. On dit communément, qu'il y a vne memoire iudicieuſe, que pluſieurs prenent pour celle que l'eſcole appelle reminiſcence, dont les animaux ſont incapables, parce qu'ils ne raiſonnent pas. Ariſtote enſeigne que cette memoire met les images dans leur ordre, ſi elles ont pris place en confuſion ; elle les produit, & les met au iour, pour ainſi dire, ſi elles ſont cachées & engagées bien auant dans ſes magaſins ; elle les rappelle lors qu'elles ſont effacées & perduës. Or tout cela ſe fait par raiſonnement & par ſyllogiſme, comme pareillement l'entendement raiſonne, ſe reſſouuenant & diſcourant des choſes particulieres ou vniuerſelles, dont il aura pris connoiſſance par

l'en-

l'entremife de la memoire : Car, enfin, comme dit Hippocrate, le raifonnement n'eft rien
qu'vne certaine memoire qui ioint les chofes
qui ont efté comprifes par les fens, & qui en
difpofe.

Pour ce qui eft de la volonté, que M. de Voiture a crû qui n'eftoit pas en bonne intelligence auec le iugement (car ayant dit, *que la memoire eft la partie de l'ame la plus contraire au iugement*, il s'enfuit que l'autre partie, qui eft la volonté, luy eft pareillement contraire.) Si M. de
Voiture, dif-je, auoit ouuert le moindre liure
d'Ariftote, s'il auoit mis vne feule fois le pied
dans l'école, on luy auroit appris, que la volonté eft vne action & vn mouuement de l'ame,
par lequel elle fe porte à ce qui eft bon. C'eft
vn appetit & vn defir du bien. Or comment
l'ame fçaura-t-elle qu'vne chofe eft bonne, que
par le moyen de l'entendement ?

Vous répondez, *que ces deux facultez, à fçauoir le iugement & la memoire (car vous laiffez
la volonté à part) demandent des difpofitions fi contraires dans leurs organes, qu'il eft prefque impoffi-
ble qu'elles puiffent bien s'accorder enfemble*. Vous
ajouftez, *Que le premier eftant vne qualité actiue,
veut neceffairement de la fecherffe, & la memoire
en eftant vne paffiue, veut neceffairement de l'humidité*.

Z

Vovs ne sçauriez croire combien vous embarassez de choses dans ce peu de lignes, combien il y a d'erreurs & de contradictions. Ces
puissances, Monsieur, ne sont pas si absolument
dans la passion, ou dans l'action, qu'elles ne par-
ticipent bien-souuent de l'vne & de l'autre. Ne
sçauez-vous pas qu'il y a vn intellect qui agit,
& vn intellect qui reçoit l'action ; comme, au
contraire, il y a vne memoire qui ne fait que receuoir l'impression des especes, & vne autre qui
agit & qui raisonne? Comment donc les organes demandent-ils des dispositions contraires,
puis-que châcun d'eux suffit à des operations si
differentes?

Vovs dites, *que les qualitez actiues veulent necef-*
fairement de la sechereffe, & que les paffiues veulent
necessairement de l'humidité. Mais Aristote & toute
la Philosophie disent, au contraire, que la secheresse est vne qualité passiue ; & si c'est elle qui
cause l'action, la terre qui est seche au souuerain
degré, sera aussi la plus agissante de tous les ele-
mens, & la moins passiue, puis-qu'elle n'a aucune humidité ; & les choses les plus materiel-
les, les plus lourdes, & les plus grossieres seront
les plus agiles, & les plus capables d'action & de
mouuement.

Au reste, quand ie vous accorderois ce que
vous voulez, que le iugement demande vn tem-

perament fec , & la memoire vn temperament
humide ; il ne s'enfuiuroit pas que ces qualitez
eſtant moderées, ne fe puſſent ſouffrir dans vn
meſme ſujet. Il n'y a que les principes qui ſoient
entierement ſimples, tous les corps ſont meſlez
des qualitez premieres ; elles emouſſent les vnes
& les autres la pointe de leur action ; elles s'em-
peſchent mutuellement de ſe rendre trop puiſ-
ſantes, & d'exercer la tyrannie ſur leurs compa-
gnes : Il y en a de metoyennes , qui ayant commerce auec celles qui ſont les plus incompatibles, ſeruent de lien pour les ioindre : Les com-
bats & les diuiſions de ces ennemis domeſtiques,
compoſent cette harmonie merueilleuſe qui at-
tire noſtre admiration, & qui fait ſubſiſter cette
grande republique des creatures.

Il eſt de la memoire comme de toute autre
choſe, elle demande vn temperament bien meſlé:
Il faut que ſes organes ſoient iuſtes & propor-
tionnez à leurs fonctions. Mais ie ſouſtiens que
ce temperament ne doit pas trop exceder en humidité. Platon, que vous alleguez, mais que vous
n'auez pas bien compris, eſtime qu'il n'y a rien
de plus contraire à la memoire, que l'excés de
l'humide. Ceux en qui cette qualité abonde, apprennent, dit-il, aſſez facilement , mais ils oublient auec la meſme facilité ce qu'ils ont appris:
Ils ont l'imagination fort bonne, mais ils n'ont

point de memoire. Pour ceux qui ont vn temperament contraire, comme ce qu'ils apprennent leur couſte beaucoup plus de trauail, auſſi conſeruent-ils bien mieux ce qu'ils ſçauent vne fois, ce qui eſt l'effet d'vne memoire excellente. Il ajouſte, que dans les cerueaux humides, les eſpeces s'effacent & ſe confondent, à cauſe de l'agitation de cette humeur. Et Scaliger veut que cela arriue à cauſe des eſprits qu'elle produit, leſquels en ſe mouuant, ſe pouſſent & ſe couppent les vns les autres, comme les cercles qui ſe font dans l'eau lors qu'on y jette quelque choſe.

Exerc. 107.

C'eſt pourquoy la memoire demande vn temperament vn peu ſec, auſſi bien que le iugement, d'où vient que les remedes ſecs la fortifient & la ſoulagent. Parmy les animaux, ceux qui ont le cerueau fort ſec, ont la memoire fort excellente; teſmoin le lion, qui ſe reſſouuint d'vn bienfait aprés pluſieurs années. Teſmoin le chien d'Vlyſſe, qui reconnût ſon maiſtre aprés vne abſence de vint ans. Ceux, au contraire, qui ont le cerueau fort humide, comme les chats, ont la memoire extremement courte.

Pour reuenir à Platon, il compare la memoire à la cire qui eſt aſſez molle pour receuoir le cachet & l'impreſſion des eſpeces ; mais elle a auſſi aſſez de conſiſtance & de fermeté pour les conſeruer. Quant à ce que vous dites, *que plus on exerce la memoire, & plus on la rend accomplie, parce que le cerueau est comme la cire qui s'amollit en la ma-niant.* Cela est bien esloigné de la pensée de ce diuin Philosophe. Il est vray que cette faculté se perfectionne si on l'exerce, mais ce n'est pas parce que le cerueau est comme la cire qui se ra-mollit en la maniant, ce seroit le moyen d'en ef-facer les traits qui y auroient esté grauez. Il est bien plustost necessaire de l'endurcir, afin qu'ils soient durables. La memoire, Monsieur, suiuant la doctrine de Platon, se confirme, parce qu'en repassant sur ces objets qu'elle a grauez, elle les enfonce dauantage dans la profondeur de la ci-re ; elle retouche les mesmes traits de cette viuan-te & admirable peinture ; elle a soin qu'ils ne se perdent pas par la longueur du temps, ou par la rencontre des especes.

Vous poursuiuez & dites, *Que les enfans re-tiennent mieux, & plus aisément ce qu'ils veulent, par-ce qu'ils abondent en humidité.* Cette proposition, Monsieur, est absolument contraire à Aristote, à l'experience & à la raison. Ie veux bien que les enfans ayent beaucoup de facilité à apprendre, à cause de leur humidité ; comme il est bien aysé d'écrire dans l'eau qui reçoit facilement les ca-racteres, & qui les pert tout aussi-tost. Mais ce n'est pas le principal employ de la memoire, que d'apprendre, ou pour mieux dire, de receuoir les efpeces : c'eft l'office des fens & de l'imagination. Il appartient à la memoire de les conferuer, & de les mettre dans fes threfors. Car comme dit Ariftote, elle ne fe mefle point des chofes prefentes, non plus que de celles de l'auenir, elle n'a foin que de celles qui font paffées.

Les enfans, & les vieillards ont la memoire plus foible, parce que ceux-là abondent en humidité naturelle, & ceux-cy en humidité eftrangere. Ariftote en donne vne feconde raifon, c'eft, dit-il, qu'ils font dans vn continuël mouuement ; Dans les premiers, la Nature pouffe en auant, & marche à grands pas à la perfection ; elle déchoit dans les derniers, elle court à fa fin & à fa ruine.

Si nous-nous reffouuenons mieux de ce que nous auons appris eftant ieunes, c'eft que la memoire en repaffant plufieurs fois fur les chofes en a rafraifchi les Idées, elles les a imprimées plus profondement. D'ailleurs, nous apprenons & nous-nous reffouuenons mieux des premiers objets qui fe font prefentez à noftre efprit. Celuy des enfans eftant vuide fe remplit de tout ce qu'il rencontre ; ainfi les vieillards, fuiuant les remarques du mefme Philofophe, aprennent moins, parce qu'ils fçauent beaucoup : leur memoire & leur imagination font chargées d'vne infinité d'efpeces ; ils ont de la peine à receuoir

celles qui furuiennent. Il rend vne pareille raifon à ceux qui demandent, pourquoy le matin
eft plus propre à apprendre par cœur ? On fe
reffouuient mieux, dit-il, d'autant que la memoire eft plus libre : lors que le iòur eft bien
auancé, d'autres efpeces ont defia pris la place,
on à plus de peine à loger celles qui fe prefen-
tent les dernieres.

On peut dire encore, que l'imagination & la
memoire s'eftant laffées le iour à former les images, & a les féeler, pour ainfi dire, elles fe repo-
fent & fe refont toutes par le fommeil, elles fe
trouuent en fuitte le matin plus vigoureufes, &
plus habiles à reprendre leur trauail ordinaire.

Ce n'eft donc pas que l'Aurore foit l'amie des
Mufes, à caufe que la nuit a humecté la fub-
ftance du cerueau ; Car s'il eftoit vray, vn temps
pluuieux feroit le mefme effet, il n'y auroit
point de mauuaife memoire en Hollande où il
pleut prefque toûjours, il n'y en auroit point de
bonne en Egypte où il ne pleut iamais. D'autre
cofté, l'experience renuerfe toutes vos remarques, puif-que ceux qui habitent les païs chauds
& fecs ont l'efprit plus beau, l'imagination plus
vifue, le iugement plus fain & plus folide, & la
memoire plus heureufe que ceux qui refpirent
vn air efpais, groffier & humide; & qui naiffent,
comme difoit vn ancien, dans le païs des mou-

tons & des vaches. Ainſi on a remarqué que les habitans de l a Thrace qui eſt vn païs Septentrional, n'ont preſque point de memoire. C'eſt ce qui à obligé les Poëtes de loger les Muſes ſur des montagnes qui ſont des lieux ſecs & eſleuez au deſſus des exhalaiſons & des vapeurs; & de ne leur laiſſer qu'vne fontaine pour les rafraiſchir, & pour temperer la chaleur de leur enthouſiaſme.

Vous pouuez voir, Monſieur, que la memoire demande vn temperament vn peu ſec auſſi-bien que le iugement que vous appellez *vne qualité a ctiue & qui veut par neceſſité*, ditesvous, *vn cerueau froid & ſec*. Mais pourquoy vne qualité actiue demande - t-elle neceſſairement pour agir le froid & le ſec plutoſt que le chaud & l'humide, puiſque le chaud eſt vne qualité plus actiue que n'eſt le froid, & que le ſec eſt vne qualité paſſiue auſſi-bien que l'humidité? Il s'enſuit encore de vos maximes qu'il n'y a point de bons iugements que dans la melancholie, ny de bonnes memoires que dans le phlegme. Si on vous croit, le meſlange de ces humeurs eſtant preſque impoſſible, ceux à qui la Nature a fait preſent d'vne memoire fort exquiſe ne doiuent pas ptetendre au iugement, & les iudicieux eſtant deſtituez de memoire n'auront qu'vn peu de ſens commun pour diſcerner les choſes preſentes.

Mais

Mais il n'en va pas ainſi. Quoy que le cerueau ſoit froid & ſec, & que ces qualitez ſoient
la marque d'vn bon iugement, elles ne ſont
point ennemies de la memoire. Il ſe rencontre
auſſi de grands iugements dans les temperamens
qui abondent en ſang, & en bile. La pituite
qui ſemble n'eſtre pas ſi propre pour le raiſonnement, ne luy eſt pas ſi contraire, qu'il ne ſe
voye des iugements tres-ſolides qui ont cette
complexion. Il y a vne infinité de melancholiques qui ſont foux, & il le ſont plus ordinairement que les autres. La Nature meſle auec vn
artifice admirable toutes ces qualitez, & c'eſt
vne erreur populaire, de croire que le iugement
& la memoire en demandent de contraires. Ils
vont ſouuent de compagnie, & il eſt aiſé de rapporter vne infinité d'exemples de ceux qui ont
eſté fort iudicieux, ſans manquer d'eſprit ny de
memoire.

Il ne faut donc pas conclure, que ces facultez
qui n'ont qu'vn meſme organe, ſuiuant l'opinion des plus ſçauants, ne ſe puiſſent ſouffrir
dans vn meſme ſujet. Ce qui arriue ſouuent, peut
arriuer, quoy qu'il n'y ait pas de regle certaine.
La ſanté ne ſe rencontre pas à toute heure auec
le bon eſprit. Les belles perſonnes ne ſont pas
neceſſairement fortes, les richeſſes & le courage ne ſe rencontrent pas toûjours enſemble,

A a

neantmoins, ces biens-là ne sont point incompatibles. Ceux de qui le Ciel a regardé la naissance d'vn aspect fauorable, peuuent auoir plusieurs de ces qualitez, sans que la Nature soit obligée à faire des miracles ny des efforts extraordinaires.

Aristote dit bien, que ceux qui ont l'esprit vn peu pesant, ont la memoire plus heureuse que ceux qui l'ont vif & subtil ; mais aucun des Anciens n'a iamais dit, que la memoire fût l'ennemie du iugement. Au contraire, Platon a écrit diuinement à son ordinaire, que la sagesse estoit fille de la memoire & de l'experience ; & Ciceron a dit, aprés Aristote, que la memoire estoit vne des principales parties de la prudence. Enfin, la memoire est la mere des Muses & des sciences ; c'est la conseruatrice des sens & de l'intelligence, pour parler aux termes de ces grands Philosophes.

C'est vous parler bien long temps d'vn mesme sujet. Il faut pourtant que ie vous die encore, que M. de Voiture, ne paroist pas grand Philosophe, & qu'il se sert d'vn raisonnement bien faux lors qu'il écrit dans cette mesme Lettre. *Ie suis fasché de n'auoir pas eu plus de soin d'vne personne qui m'auoit esté recommandée de si bonne part, & que ne luy pouuant donner aucune place en ma volonté, elle n'en ait pas eu dauantage en ma memoire.*

De inuent. l. 2. *Prudentia est rerum bonarum & malarum, & vtrarumque scientia. Partes eius memoria, intelligentia, prouidentia.* Afran. apud. Gell. l. 13. c 8. *Vsus me genuit, mater, peperit memoria.* Σοφίαν vocant me Graij, vos *sapientiam.*

On dit auoir quelqu'vn dans fa memoire, eftre bien ou mal dans l'efprit de quelqu'vn. On ne dit point auoir quelqu'vn dans fa volonté, pour dire qu'on l'ayme. Les affections & les paffions excitent bien cette faculté à la recherche de ce qui luy eft propre, & de ce qui luy paroift bon, mais elles ne font pas la volonté. Si vous voulez abfolument que cette façon de s'exprimer fe puiffe fouffrir, M. de Voiture tombera dans vne contradiction manifefte. Car il dit, *qu'il a de l'auerfion pour cette perfonne qui n'a pû obtenir aucune place dans fa volonté.* Si l'amour eft dans cette puiffance de noftre ame, la hayne & l'auerfion y peuuent eftre auffi, car on peut eftre mal ou bien dans l'efprit de quelqu'vn par la loy des contraires : de forte qu'ayant de l'auerfion pour cette perfonne, elle eftoit, & n'eftoit pas, en mefme temps dans fa volonté. Le refte de la mefme Lettre n'eft pas meilleur. Mais il eft temps de paffer à vne autre matiere.

A a ij

SECTION XXVI.

QVESTION DE PHYSIONOMIE,
Sçauoir si les sourcis ioints sont la marque d'vn mé-
chant homme. Responce aux railleries de Monsieur
Costar, sur la mauuaise memoire de Iupiter. Que
M. de Voiture croit que le Q, soit vne lettre
Grecque, & que toutes les voyelles se
rencontrent dans le nom de
Neuf-germain.

Lettre 46.

MOnsieur de Voiture faisant la description
du changement qui luy estoit arriué, dit,
parmy plusieurs choses assez plaisantes. *Cette*
mine entre douce & niaise, est passee en vne autre toute
contraire, & il ne m'est plus rien resté qui ne soit changé,
sinon, que i'ay encore les sourcis ioints, qui est la marque
d'vn fort méchant homme.

Ie vous ay dit, Monsieur, que les railleries
estoient mauuaises, quand elles sont fondées sur
l'ignorance d'vne chose que lon doit sçauoir. Il
est si constant que les sourcis ioints sont la marque d'vn homme triste & chagrin, que ie m'é-
tonne qu'on en puisse douter. Et M. de Voiture,
qui en cét endroit fait le plaisant, & paroist tout
enjoüé, ne fait pas bien de prendre le signe d'vn
homme melancholique.

Dans tous les Autheurs Grecs & Latins, ioindre les fourcis se prend pour estre triste & fâché, de mesme que les auoir esleuez est la marque d'vn arrogant. Cette façon de parler ne doit point sembler estrange, puisque naturellement quand quelque chose nous déplaist, nous auons de coûtume de ioindre les fourcis. C'est le propre de la ioye de dilater le cœur : La nature, lors que nous sommes possedez de cette aymable passion, tâche d'en faire de mesme sur le visage, qui est le miroir de nostre cœur & de nostre ame. La tristesse, qui est le contraire de la ioye, a aussi vn effet tout different. Elle reserre le cœur, & ioint les fourcis, dont il semble qu'elle veüille couurir le visage comme d'vn voile ou d'vn nuage. Or ceux qui ont naturellement & toûjours, les fourcis de la forte, font voir par là que leur ame est dans vne perpetuëlle tristesse. Aristote a esté de cét auis, & Baptiste à Porta cite Ephesius, Polemon, & Adamantius pour la mesme opinion.

Or comme ceux qui sont tristes & melancholiques, sont pour l'ordinaire ingénieux. Auoir les fourcis ioints, est vne marque d'esprit. C'est pourquoy Theocrite dans l'Idylle 8. dit, qu'vne fille aux fourcis ioints, ayant apperceu de l'antre où elle estoit cachée le berger Daphnis, s'escria, *Voila qui est beau Daphnis* Le Scholiaste enseigne, que cette epithete signifie, que cette bergere estoit iudicieuse & spirituelle, ou qu'elle auoit de beaux yeux. Aprés quoy, il ne faut pas s'estonner si Suétone remarque, que l'Empereur Auguste auoit les sourcis ioints, luy qui estoit vn si sage & vn si bon Prince, qui de plus auoit les yeux fort beaux. Les grands sourcis n'estoient pas estimez si vilains que vous pensez Au moins Anacreon ne les trouuoit pas fort laids, lors qu'il dit, que ceux de son amy Bathyllus estoient autour de son front comme vne couronne. Darés le Phrygien, si les liures que nous en auons ne sont pas supposez, dit, que Briseïs auoit les sourcis ainsi faits, & qu'elle estoit simple, & d'vn naturel doux & charitable: Et Albert le Grand asseure, que c'est la marque des gens qui ont de la bonté, qui sont subtils, & qui ayment les Lettres.

Opposerez-vous à ces belles authoritez, ie ne sçay quels diseurs de bonne fortune, *qui ont obserué que ceux que la Iustice fait brûler pour crime de Magie, ont les sourcis espais & meslez* (il n'estoit pas question des sourcis espais, qui est vn assez mauuais signe dans la physionomie) *& qu'ordinairement les voleurs, les impies, les plagiaires & les homicides, sont marquez de la sorte.*

Croyez-vous que la bergere de Theocrite, sorte de son antre pour coupper la bource au pauure Daphnis? Pour moy, ie ne iuge pas qu'el-

le fuſt plus meſchante que la Galatée de Virgile,
qui iettoit des pommes à ſon Amant, & fuyoit
auſſi toſt, & ſe cachoit dans les ſaules qui eſtoient
là-auprés, de maniere, toutesfois, qu'elle vouloit bien eſtre apperceuë. Ie ſerois fâché que l'on
condannaſt à la mort vn aſſaſſin de ſi belle humeur. Il y a meſme de l'apparence, que ſi le berger de Theocrite, quoy qu'il fît le cruel, ſe fuſt
rencontré dans cette cauerne auec cette belle
aux ſourcis ioints, comme autresfois Enée &
Didon, ils ne ſe fuſſent pas amuſez, non plus
que ceux-cy, à conſpirer contre l'Eſtat, ni à traiter de la Magie.

M. de Voiture n'auoit pas fait reflexion là-
deſſus. Sa negligence paroiſt encore bien clairement dans la harangue qu'il fait faire à Iupiter, pour appaiſer les conſonnes qui ſe vouloient reuolter, à cauſe qu'on ne leur donnoit
pas place dans le nom de *Neufgermain*.

Dans cette harangue Iupiter remontre, Qu'à
la verité il a obmis pluſieurs conſonnes, mais
qu'il y a mis toutes les voyelles. On a donc demandé à M. de Voiture, qu'eſtoit deuenuë la lettre O, qui eſt vne voyelle?

Vous auriez pluſtoſt fait de reconnoiſtre que
voſtre amy ne s'en eſtoit pas ſouuenu, que d'en
rejetter la faute ſur le pauure Iupiter. Il eſt à
croire que la Deeſſe Memoire ne l'auoit pas ſi

fort oublié, que de le laiffer ainfi tomber en confufion par fa faute. Euft-elle perdu le fouuenir
de leurs amours d'autresfois, qui furent fi ef-
chauffées qu'elle eut de ce Pere des Dieux neuf
belles filles? Il n'eft gueres fait mention qu'aucune de fes maiftreffes luy ayent fait vn plus
grand nombre d'enfans. Hefiode mefme a dit,
qu'elle eftoit fille de Iupiter, & on pouuoit feindre aueque raifon, qu'elle eftoit fortie de fa tefte
auffi-bien que Minerue.

Quoy qu'il en foit, celle-cy ne fe plaint point
dans Homere, comme vous dites, que Iupiter a
perdu la memoire du fage Vlyffe, elle fe plaint
de ce qu'il abandonne ce Heros infortuné, & Iupiter fe met en colere du difcours que Pallas luy
auoit fait, & pour préuenir le foupçon qu'on
pouuoit prendre de luy. Comment, dit-il, pourrois-je mettre en oubly le diuin Vlyffe? Mais
*celuy qui luy reproche, que dans l'eftat de fa maifon,
il n'a pas pensé au Cocuage dont il auoit receu tant de
fignalez feruices; a eu tort* de luy faire cette iniure.
Car le bon Iupiter, pour tefmoigner l'eftime
qu'il faifoit du Cocuage, & le defir qu'il auoit
d'eftre cocu, fe transforma en l'oyfeau qui porte
ce nom, lors qu'il rechercha en mariage fa femme Iunon. Et depuis, pour montrer fa gratitude,
il ordonna à ceux d'Argos, de faire vn beau Cocu
d'or, & de le pofer fur le fceptre de la ftatuë de
Iunon,

Iunon, dont cette grande Deeſſe ne fût point offencée, ayant tiré pour le moins autant de bons
ſeruices du Cocuage, que pouuoit auoir fait ſon
mary. Et meſme proche la ville d’Hermione, il
y a deux petites montagnes, dont l’vne s’appelle
la montagne du Cocu, ſur laquelle on voyoit au   *In Corinth.*
temps de Pauſanias le Temple de Iupiter, & vis à
vis ſur l’autre montagne, celuy de Iunon. Dans
la Lybie, la ſtatuë de Iupiter Hammon auoit de
grandes cornes ſur la teſte. Ce qui fût ſi agreable
à ce Dieu, que bien que par tout le monde on luy
euſt erigé des ſtatuës, il ne rendoit, neantmoins,
des Oracles que par celle-là. Il ſe trouua ſi bien
auec ces cornes, qu’il obligea ſes plus chers amis
d’en prendre à ſon exemple. Bacchus & Pan, les   *Cic. de nat.*
Satyres, les Dieux des riuieres, & pluſieurs autres,   *Deor.*
ne manquerent pas de l’imiter. Iunon meſme fut
de la partie, pour teſmoigner qu’elle auoit quelquesfois de la complaiſance pour ſon mary, &
on voit encore aujourd’huy pluſieurs medailles
de cette Deeſſe aueque des cornes. Diane & Venus en prirent auſſi, comme vn ornement qui ac-
compagnoit merueilleuſement vn beau viſage.
Pour Mercure, de qui Iupiter receuoit à toute
heure dans ſes amours des ſeruices ſignalez, il
eſtoit auſſi vn de ſes plus chers Fauoris.

   Ce Prince des Dieux n’auoit donc garde de
mettre en oubli le Cocuage, mais ce qui m’étonne

le plus, c'eſt que vous luy faites oublier iuſques à
l'Alphabet. Il croit, dans voſtre harangue, que
le Q, eſt vne lettre Greque, & l'vne de celles que
Palamede inuenta au ſiege de Troye.

Pourtant, pour le mieux, il me ſemble
Qu'ainſi nous les mettions enſemble
Iointes d'vn eternel amour ;
Et renuoyons à Palamede,
Qui le premier les mit au iour ,
Le Q. auec X. Y. Z.

Vous dites, *que nous ne ſçauons pas ſi dans le*
nom de Neufgermain, Iupiter n'a point ſuiui l'ancienne
orthographe, qui eſcriuoit neuf, comme s'il y euſt eu nœuf
par vn œ, (dites-vous ſans caution, & vous ſçauez
que voſtre parole y eſt ſujete) & qu'ainſi toutes
les voyelles s'y rencontrent. Mais il eſt à croire
que celuy qui a fait imprimer les Oeuures de M.
de Voiture, & qui eſt ſon parent, a gardé l'orthographe de ſon manuſcrit ; Ie ne ſuis pas toutefois obligé, de deuiner lequel des deux s'eſt mépris ; & de quelque façon que vous le preniez,
M. de Voiture eſt toûjours blâmable. Car s'il n'a
pas mis vn O, dans ce mot de *Neufgermain,* il s'eſt
trompé au conte, puiſqu'il y manque vne voyelle ;
s'il l'a mis, il a mal fait de le mettre n'y deuant pas
eſtre , comme luy reproche Neufgermain luy-
meſme.

Il bâtit en l'air des chasteaux,
Par diphtongue il fait mots nouueaux,
Par oe de Nœufgermanise,
Et broüillant vn nom glorieux
Bedelneufgermicopsantise
Au mépris des hommes & Dieux.
Qui deut monstrer qu'en ce beau nom
Toutes voyelles sont si non
O, qui par sa forme Spherique
Enuironnant cet Vniuers
Rend le caractere d'Afrique
Confrere de celuy d'Anuers.

Et quoy que vous fassiez l'anguille à vostre ordinaire, vous n'échappez pas en disant que Iupiter
a suiui l'ancienne mode ; car à ce conte, il estoit
obligé de la suiure par tout, & vostre amy le deuoit faire haranguer en vieux langage, & luy
prester ce beau stile dont il écrit aux *inuictissimes*
& insuperables Cheualiers qui estoient detenus en hideu-
se chartre. Il deuoit luy faire dire, *ainçois, pieça,* &
moult, & le faire iurer par *son chief,* ou par *la foy de*
son corps. Sur tout, il falloit se seruir de la lettre K,
& n'obmettre pas, en vne rencontre si impor-
tante, les lettres que Chilperic ajousta à nostre
Alphabet.

Ie ne trouue pas, neantmoins, quoy que i'aye
recherché curieusement grand nombre de vieux
exemplaires, que iamais le mot de *neuf,* se soit

écrit auec vn œ. Et mefme Henry Eftienne, de
qui vous tenez voftre Epitaphe, a efcrit fimple-
ment dans tous les liures que i'en ay veus,

> *Il mourut quatre cens & neuf,*
> *Tout plein de vertus comme vn œuf.*

S'il faut auoir recours à l'Analogie, vous trouuerez que pour trois ou quatre mots qui ont vn O,
ioint à la diphtongue *eu*, il y en a mille qui ne
l'ont pas.

Au refte, ie ne pretends point rauir à voftre
amy, la gloire d'auoir inuenté ce que vous appellez vne ingénieufe boufonnerie. Ie luy laiffe
cét honneur tout entier, quoy que plufieurs
ayent dit, auant luy, de pareilles galanteries.
Lucien, comme vous l'auoüez, en a parlé il y a
plufieurs fiecles. Si M. de Voiture a encheri par-
deffus, s'il s'eft égayé, s'il s'eft voulu diuertir en
la production de nouuelles penfées, ie ne le def-
approuue pas. Vous fçauez qu'il eft facile d'a-
joûter aux inuentions d'autruy, & que toute la
gloire retombe fur le premier Autheur. Ariftote
a remarqué fort bien, que les anciens Peintres &
Statuaires, eftoient fi groffiers, qu'ils eftoient
contraints, pour faire reconnoiftre leurs ouurages, d'écrire au deffus, *Cecy eft vn homme; Cecy eft*
vn cheual; Et cependant on ne parle que des De-
dales, & des fameux Ouuriers que l'inuention des
Arts a rendus fi celebres.

Celle de faire parler des lettres n'eſt pas plus
ſubtile, que de donner la parole aux beſtes, aux
riuieres & aux arbres, comme font les Apolo-
gues. Et il n'eſt pas iuſqu'aux Rabins qui ne s'en
ſoient meſlez. Ils diſent, que lors que Moïſe voulut écrire la Geneſe, toutes les lettres ſe preſen-
terent pour auoir l'honneur d'en commencer le
premier mot. Ils les font plaider leur cauſe chacune à leur tour ; elles n'oublient aucune de
leurs qualitez ; & font valoir les termes qu'elles
commencent, ou qu'elles compoſent d'vne maniere bien plaiſante ; mais, enfin, la lettre *Beth*
l'emporte, iuſqu'à meriter deux fois cét auantage, car elle commence le premier & le ſecond
mot de cette diuine hiſtoire. La raiſon qui luy
fit obtenir vn arreſt ſi fauorable, c'eſt qu'elle eſt
la premiere lettre du terme de *benediction*. Ils vouloient dire par-là, que nous deuons toûjours be-
nir Dieu, & qu'il ne faut iamais dire mal de perſonne.

Si vous eſtiez vn plus exact obſeruateur de ce
precepte, vous auriez parlé en des termes moins
choquans, d'vn homme de qui vous n'auez iamais receu d'iniure. Le religieux que vous traitez ſi mal, eſtoit vn des chers amis de celuy à qui
vous dediez voſtre Ouurage, & à qui vous deuiez vn peu plus de complaiſance. Si autresfois
il y a eu quelque démeſlé entr'eux, leur reconci-

B b iij

liation a efté fi publique, & de fi bonne foy, que vous ne pouuiez l'ignorer. Vn Ecclefiafti-que comme vous ne deuoit pas rallumer des flâ-mes efteintes, & r'ouurir des playes que le temps auoit fermées. Ce bon Pere, d'ailleurs, eft vne homme d'vne pieté exemplaire & d'vne eminen-te erudition.

SECTION XXVII.

SI ON PEVT DONNER A HO-mere le nom d'aueugle Thebain, & fi eftant Egyptien il peut eftre appellé Grec.

I'Eftois en peine de ce que voftre amy appel-loit Homere l'aueugle Thebain, veû qu'au-cun Autheur ne luy donne cette epithete. Ie trouuois bien qu'Heliodore le faifoit naiftre à Thebes en Egypte, mais ie ne croyois pas que fon authorité fuffit pour luy donner le nom de Thebain, au prejudice des autres qu'on luy don-ne ordinairement, comme de Mæonien, ou de Poëte de Smyrne.

Vous m'auertiffez, qu'il y a dans Lucien, & dans Aulugelle plufieurs Autheurs qui font de mefme auis qu'Heliodore. Que ne me faifiez-vous la grace toute entiere? vous m'auriez extre-mément obligé de me les nommer. Aulugelle

dit bien, que quelques-vns ont crû qu'Homere
estoit Egyptien, mais il ne rapporte aucun Autheur, il ne parle point du tout de la ville de
Thebes. Lucien, dans le Panegyrique de Demosthene, aprés auoir nommé plusieurs villes,
dont chacune se vante d'auoir esté la patrie de ce
Prince des Poëtes, ajouste, qu'il y en a qui mettent Thebes en Egypte de ce nombre, aussi-bien
qu'vne infinité d'autres villes. Vous voyez bien
qu'il n'allegue point d'Autheur pour cette opinion, & qu'il ne faut pas donner vne infinité
d'epithetes à Homere qui pourroient estre pri-
ses d'vne infinité de lieux qui tirent vanité de sa
naissance. Voudriez vous l'appeller, par exemple, l'aueugle Babylonien ? cependant, luy-
mesme asseure, dans Lucien, que Babylone estoit
sa patrie, & que son vray nom estoit Tigra- *Li. 2. ver.*
nes. Il ne fut mesme iamais aueugle, si nous en *hist.*
croyons le mesme Lucien.

Que si on peut l'appeller de tous les noms
qu'on trouue dans les liures, pourquoy ne luy
donner pas celuy de Romain, puisque Suidas
nous apprent qu'il estoit natif de Rome, suiuant
l'opinion de quelques-vns ? Et lors que vostre
amy a dit.

> *Mais ie n'accorde la Couronne*
> *Pour le Grec ny pour le Romain,*

On pourra prendre Homere pour le Ro-

main auffi-toft que Virgile, qui eftoit de Man-
touë.

Enfin, quand vous auriez trouué vn Autheur
qui auroit fait naiftre Homere à Thebes, ce qui
ie m'affeure vous fera bien difficile, vous n'a-
uez pas pour cela grand fujet de me railler. Ie
n'ay point dit, qu'il ny a qu'Heliodore qui le
faffe naiftre à Thebes en Egypte, i'ay cité Heliodore, mais ie n'ay pas fouftenu qu'il fût le
feul de fon auis. I'ay pretendu qu'il n'auoit
pas affez d'authorité pour vous perfuader vne
chofe qui eft contraire à l'opinion receuë. I'ay
ajoufté, que M. de Voiture ne deuoit pas appeller Homere l'aueugle Thebain, parce que
ce nom eft affecté à Tirefias. En effet, il y a
bien peu de perfonnes qui, à l'ouïr nommer, ne
prenne Tirefias pour l'aueugle de Thebes. Vous
me direz, peut-eftre, que l'on pourra appeller
Oedipe du mefme nom? Ie refponds, que ce
malheureux Prince n'eftoit pas Poëte, ny Prophete, & que M. de Voiture ayant écrit.

L'aueugle Thebain de fes vers
Encor toute la Terre eftonne,

On ne fongera pas au pauure Oedipe, qui ne
fit iamais de vers. Vous m'objecterez, fans doute, qu'il n'eft pas conftant que Tirefias en ait
fait; mais vous fçauez que d'eftre Poëte ou Prophete, chez les Anciens, eft à peu prés la mefme
chofe.

chose. Que le mot *vates* se prent indifferém-
ment pour l'vn & pour l'autre, & que les Oracles se rendoient ordinairement en vers.

Ie soustiens encore, que vostre amy peut
estre repris d'auoir appellé vn homme, Grec,
s'il est vray qu'il fut Egyptien, quoy qu'il ait
escrit en la Langue des Grecs, car on suit toûjours
la nation & la patrie, en matiere d'epithetes.
L'on ne dit point Elien le Grec, ou Philon le
Grec, ny Tertullien, Optat ou Hierosme les Romains. On peut bien les mettre au nombre des
Autheurs Grecs & Latins, mais il faut ajouster
ce mot d'Autheur.

Mais pourquoy (ce sont vos termes) *le dirons*
nous Grec s'il est veritablement Egyptien? Par la mes-
me raison, ajoustez-vous, que S. Cyrille, S. Atha-
nase, Origene & quantité d'autres, qui estoient d'A-
lexandrie, & par consequent Egyptiens, ne laissent
pas d'estre mis au nombre des Docteurs & des Peres
Grecs, parce qu'ils ont choisi cette langue pour se com-
muniquer aux hommes?

Vous ne vous estes pas apperceu, que la ville
d'Alexandrie estoit vne Colonie Greque, dont
Alexandre fut le Fondateur, & qu'outre la Langue du païs, on y parloit Grec, sur tout entre les
honnestes gens, aussi bien qu'à Athenes ou à
Lacedemone. Les Phocéens, qui bastirent Marseille, y conseruerent si bien leur langage, qu'ils

C c

l'aprirent mefme aux Gaulois. Ie puis dire le
femblable des Colonies que les Grecs eftablirent
en Italie, en Afie, & en Affrique. Il n'y auoit
point de nation qui ne fût peuplée de ces gens-
là, ils occupoient prefque tous les lieux mariti-
mes. Neantmoins, ils ne changeoient point
leurs loix, ny leur Langue, ny le nom de leur
origine. Vous pourrez donc mettre S. Cyrille,
S. Athanafe, & Origene au rang des Autheurs
Grecs, auec la mefme raifon qu'on y met Platon,
Herodote, & Demofthene; & par cette mefme authorité, on contera deformais Ciceron,
Virgile, & Tite-Liue parmy les Autheurs Romains.

SECTION XXVIII.

S'IL EST BIEN DE REPETER
fouuent les mefmes chofes.

BIen que les obferuations que nous venons
d'examiner tefmoignent affez le peu de
connoiffance que M. de Voiture auoit des bonnes Lettres: On le peut encore remarquer dans
fes repetitions trop frequentes, & dans la pauureté de fes lieux communs. A la verité, nous
pouuons parler à diuerfes fois d'vne penfée qui
eft noftre. Nous n'aimons pas moins les produ-

ctions de noftre efprit, que les Peres font leurs
Enfans: on doit pardonner à l'excés d'vne affection fi raifonnable. Mais d'alleguer à tout
propos la penfée d'autruy, & fe veftir tous les
iours d'habits empruntez, ce n'eft pas la marque
d'vn homme riche, ny d'vn efprit bien fecond.
Homere & Ouide ont repeté les mefmes chofes, mais ils eftoient les vrays Autheurs de ces
chofes-là. Nous parlons de citations. Si vous
voulez deffendre voftre amy par l'authorité de
ces grands Poëtes, faites voir qu'ils ayent cité
fort fouuent les autres Poëtes. Et mefme quelques grands hommes qu'ils ayent efté, on les a
repris de leurs redites trop ordinaires. Vous auez
bien dit, Monfieur, que ces allegations eftoient
des fleurs, mais elles ne font plus agreables, elles ne font plus des fleurs, lors qu'elles ne font
plus fraifches, & qu'elles ont perdu la grace de
la nouueauté. Seruir deux fois vne mefme vian-
de, c'eft marque de difette ou d'auarice, & fi
vous voulez prouerbe pour prouerbe, ie vous
donneray celuy des choux qui faifoient tant
d'horreur à ces Delicats aprés la premiere fois
qu'ils en auoient mangé

M. de Voiture ne fe contente pas de feruir deux fois les mefmes plats, il le fait iuf-
ques à la troifiefme, & à la quatriefme. Son
Nardi parthus onyx, eft dans la lettre 192. 196.

& 211. Les roses & les Graces naissent trop
communément sous les pas de ceux à qui il
écrit, elles les suiuent auec importunité, comme dans la lettre 114. & dans la 191. la 211. &
214. & vne infinité de fois dans ses Poësies.
Le commencement de la lettre 217 & de la 220.
est tout semblable, encore l'auoit-il emprunté
de vous, car vne des lettres que vous luy écriuez
commence par le mesme passage qui est pris de
Ciceron. Ne repete-t'il pas ce *Nunquid adoles-*
cens melius dicere vis quàm potes ? & le *Nosti An-*
tipho quàm elegans spectator formarum siem? & ainsi
des autres.

l'auois bien remarqué dans vn autre lieu,
auquel vous n'auez pas respondu, que plusieurs
de ses lettres estoient vuides de choses, que son
discours n'estoit pas moüelleux, ny succulent;
Qu'il rebattoit souuent la mesme matiere, qu'il
rejoüoit ses pieces iusqu'à l'ennuy. Il ne parle que de ses maux, il ne fait iamais, que se
plaindre, il meurt toûjours pour vne absen-
ce, il se loüe qu'il fait de bonnes lettres. On
ne voit par tout que la description de sa taille, de sa mine, ou de sa mauuaise humeur. Ie
ne veux pas nier qu'il n'y ait dans la pluspart
de ces endroits de fort iolies expressions, mais
elles perdent beaucoup de leur agrément dans
la seconde veuë. Il y a des beautez qui nous

surprennent d'abord, & que nous mesprisons,
apres les auoir mieux consererées. Il est ridicule, comme dit Platon, de produire, ce qui a
esté mis auparauant, & de parler deux fois des
mesmes choses. Mais toûjours il en faut reuenir là, que c'est dommage que vostre amy ait
laissé vn Ouurage imparfait & à demy acheué.
Ie ne fais point de doute, qu'il n'eût retranché
vne bonne partie de ses lettres, ou qu'il ne les
eut corrigées auec beaucoup plus d'exactitude.

In Euthyd.

SECTION XXIX.

*SI M. DE VOITVRE A EV RAISON
de douter, qu'vn homme qui parle tout seul ne puisse
vser d'interrogant. Qu'il ignore comment, l'acipenser, s'appelle en François. Que Monsieur Costar ne
s'est pas apperceu d'vn solecisme de M. de Voiture,
lequel en vn autre lieu prend le vent Iapyx pour vn
vent d'Orient. Que Monsieur Costar fait la mesme
faute, & ne se souuient pas que le Zephyre est vn
vent d'Occident.*

PArlons plus franchement, & auoüons ce
qui n'est pas en nostre pouuoir de dissimu-
ler, ces manquemens qui sont si ordinaires à
vostre amy, viennent de ce qu'il a esté satisfait
de la doctrine de son siecle, & qu'il a eu peu de

connoissance de ceux d'Auguste, & d'Alexandre. Il n'a pas fouillé dans ces vieux magasins, dont les estoffes ne se mettent pas en œuure par toute sorte d'Artisans.

Vous pouuiez dire en beaucoup d'endroits, ce que vous confessez ingenuëment de la sauce du Poulpe, *que M. de Voiture ne l'auoit iamay veuë.* Vous deuiez me respondre de la mesme maniere, lors que ie me suis estonné de la peine qu'il se donne sur vn passage de Terence. Il en *suoit d'a-han,* & i'ay eu pitié de le voir si estrangement embarassé. *Ie doute seulement, dit il, si vn homme qui parle tout-seul, peut vser d'interrogant, comme s'il parloit à vne troisiesme personne. Mandez-moy, s'il vous plaist, vostre auis là-dessus, car ie vous ay dit que ie vous escrirois le sien, & nous attendons vostre res-ponce. Consultez aussi M. de Balzac sur cela, ie mon-treray à M. de Chauigny vostre responce, & la sienne si vous me l'enuoyez.*

Si M. de Voiture eût pris la peine de lire le moindre Poëte, & le moindre Autheur du mon-de, il eût trouué, sans chercher bien loin, l'es-claircissement de ses doutes. Ie ne sçay pas si vous eustes assez de complaisance pour en es-crire à M. de Balzac. Au moins, ie suis tout per-suadé, que ni luy, ni M. de Chauigny, n'y ren-contrerent pas les difficultez qui embarassoient si fort vostre bon amy. Qu'ils luy alleguérent le

hæc secum de Virgile, & qu'ils luy apprirent ce
vers qu'Homere a redit plus souuent que celuy
dont la repetition a donné sujet à Martial de faire l'Epigramme dont vous auez parlé.

Certes, cette difficulté estoit pour le moins
aussi grande que celle qui obligea M. de Voiture
de vous consulter comme son Oracle (car c'est
auec raison que l'Autheur de vostre Preface vous
appelle vn Oracle d'eloquence & d'erudition)
pour sçauoir si dans les passages alléguez de
Quinte-Curce & de Virgile, le mot *armis*, signifie des armes ou des espaules ?

Aprés cela, il faut demeurer d'accord que les
doutes de vostre amy sont plus raisonnables que
ce que vous nommez mes Decisions, & il merite
bien mieux le glorieux titre de Cuisinier, dont il
vous a plû m'honorer, tesmoin les belles remarques qu'il a faites de *l'acipenser*, & les belles moralitez qu'il en tire.

*Dites-moy, ie vous supplie, dit-il, mangez-vous
force acipensers vous autres en Poitou? i'en ay enuoyé
demander icy, mais on ne les connoist point aux halles.
Il estoit pourtant autresfois fort estimé à Rome &c.
Ce n'est pas moy qui le voyois comme cela, c'est Caton le
Censeur, & Ciceron, qui nous fait ce conte-là, rendoit
aussi, comme ie crois, grand honneur à ce poisson, & en
mangeoit volontiers, car il se souuient de luy en ses Tus-
culanes, & le nomme sur tous les autres comme vn bon*

Ὀχθήσας δ'
ἄρα εἶπε πρὸς
ὃν μεγαλήτορα
θυμόν.
Ὤμοι ἐγὼ δει-
λός.
Odyss.

morceau. Cependant, on n'en dit plus pas vn mot. Iugez par là, que c'est que de la gloire des choses humaines, & quel cas on en doit faire après cela.

Le bon M. de Voiture auoit cherché dans le Calepin, comme *l'acipenser* s'appelloit en Fran-çois, & ne l'ayant pas trouué, il s'alla imaginer que l'espece de ce poisson estoit perduë. Mais il en eût rencontré, peut estre, s'il eût demandé vn Esturgeon. Les Bourdelois l'appellent *Creac*, & les Italiens *Porcelletto*, & *Sturione*. Vn homme qui parleroit Latin aux halles, & chez les Arti-sans auroit bien de la peine à se faire entendre. Vous auriez beau demander *des Mulles & des Rhombes*, on ne vous presenteroit iamais de Bar-barins ni de Turbots. Si vous demandiez vne *Ombre* pour de la Maigre, vous feriez rire les Ha-rangeres, & personne ne connoistroit de Car-pes ni de Brochets, sous le nom de *Lucies & de Cyprins.* Ie pense mesme que vous pourriez cour-re tout Paris sans trouuer de chapeau ni de sou-liers, si vous vous seruiez des mots de *Galeres*, & de *Calciamen.*

M. de Voiture n'entendoit pas la Langue Grecque, mais c'est vne chose bien plaisante, que vous qui le raillez assez souuent sur l'ignorance de cette Langue, n'ayez pas pris garde que dans la lettre qu'il vous écrit, il fait vn gros solecisme. *Il faut, dit-il, que ie parte presentement pour aller à*

saint

Rondel. l. 14.
de pisc. c. 9.

*ſaint Germain, & cela ſera cauſe que ie ne vous diray
qu'vn mot , ie ne ſeray pas pour cela* ἄφεϱνος, *ſelon
voſtre Theophraſte.* Vous voyez bien à cette heure
qu'il falloit dire ἄφρων, ou changer la phraſe,
pour employer l'aduerbe dont Theophraſte s'é-
toit ſerui.

Voſtre amy fait paroiſtre encore ſa grande
erudition dans la lettre 180. qu'il vous écrit. *I'e-
ſpere partir de Rome dans trois ſemaines, & ſi ie trouue
vn vaiſſeau, ie m'embarqueray pour Marſeille. Vous
qui connoiſſez ſi bien les vents, ſi vous auez quelque
authorité ſur eux, ie vous ſupplie de les enfermer tous
en ce temps-là, præter* Iapyga, *mais celuy-là, il
n'eſt pas de danger qu'il ſoit vn peu fort, i'ayme
mieux auoir la mer vn peu groſſe, & aller plus
viſte, car i'ay haſte de retourner à Paris, & de vous
y reuoir.*

C'eſt vne choſe bien eſtrange qu'il choiſiſſe,
pour aller plus viſte, le vent qui luy eſtoit le
plus contraire de tous. Iapyx eſt vn vent d'Occident, qui eſt particulier à la Pɾouince de Poüille,
& qui eſt bon pour ceux qui vont en Orient. Or
M. de Voiture, pour aller à Marſeille, qui eſt
à l'Occident de Rome, d'où il vouloit partir,
auoit beſoin d'vn vent d'Orient. Par conſé-
quent, il ſouhaitoit vn vent abſolument contraire à ſon voyage ; & le demandant vn peu
fort, il demandoit le moyen de n'arriuer iamais

D d

Εἰ μὲν ἀμα-
θῶς εἰ φ ερϒι-
μως ποιεῖς.
εἰ δ πε παι-
δευσαι, ἀφεϱ-
νως.
Theophr.
apud Diog.
Laër.

à Marseille. Ce qui l'a trompé, c'est qu'Horace, de qui il a pris cette penſée, prie Eole d'enuoyer le vent Iapyx à Virgile, & M. de Voiture n'auoit pas conſideré que Virgile s'eſtoit embarqué à Rome, ou pluſtoſt à Brunduſe, pour Athenes qui eſt vers le Leuant, ce qui n'eſt pas le chemin de France.

Mais que vous eſtes admirable, lors que vous eſtant apperceu que M. de Voiture s'eſtoit mépris, & qu'il auoit perdu la Tramontane, vous luy conſeillez *de ne pas enfermer le vent Iapyx qui n'eſtoit fauorable qu'à ceux qui vouloient nauiger en Grece.* Hé quoy! Monſieur, ne ſeroit-il pas bon à ceux qui voudroient, par exemple, aller en Hieruſalem viſiter les lieux Saints? Ne ſeroit-il pas bon à ceux qui voudroient nauiger des coſtes d'Epire en Alexandrie? Ne vous ſouuient-il plus que Cleopatre, apres cette bataille qui rendit Auguſte maiſtre du monde, prent bien cette route par ce meſme vent?

Illam inter cædes pallentem morte futura
Fecerat ignipotens ventis & Iapyge ferri.

Ce que vous ajouſtez, eſt tout à fait excellent. *Ie ne laiſſeray donc en liberté que quelques Zephyrs qui eſtant des eſprits doux, aymeront aſſeurément le voſtre, & ſeront peut-eſtre bien ayſes de prendre cette occaſion de ſe venir eſtablir ſur les bords de la Sene.* Auiez-vous oublié, Monſieur, que le Zephyre

eſt vn vent d'Occident, & que par la meſme
raiſon que l'Iapyx eſt contraire à ceux qui s'em-
barquent à Rome pour venir à Marſeille, le
Zephyre ne leur doit pas eſtre plus fauorable?

Horace a trompé voſtre amy, & vous n'auez
pas compris voſtre Homere. Il dit qu'Vlyſſe
auoit obtenu d'Eole vn doux Zephyre pour le
ramener à Itaque, c'eſt à dire, vn vent d'Occident qui le deuoit conduire de l'iſle Flotante en
ſa patrie qui eſtoit vers l'Orient. De ſorte que
par ce vent M. de Voiture fût allé tout droit
en Grece, & on luy pouuoit dire, *Hé! qu'allez-*
vous faire en ce païs-là, où Itaque & Athenes ſont à
cette heure plus barbares que Fez & Maroc, & tout
le reſte de la Barbarie?

    *   *Hanc littoris oram*

Effuge, cuncta malis habitantur mœnia Turcis.

Mais vous autres Meſſieurs, vous n'allez que
par des voyes extraordinaires, tous vents vous
ſont bons. C'eſt pourquoy M. de Voiture ſe ſert
ailleurs des meſmes Zephyrs pour aller du Midy
au Septentrion, c'eſt à dire de Portugal où il eſtoit
alors, en Angleterre. *I'eſpere , dit il, que les* L. 64.
Zephyrs qui ſont du nombre des eſprits doux , me ſeront
fauorables, & que deuant que cette lettre ſoit en France,
ie pourray eſtre en Angleterre.

Encore ſe meſprent il eſtrangement, de croire
que le Zephyre ſoit vn eſprit fort doux ſur les

D d ij

coftes d'Angleterre & d'Efpagne : Il n'en eft point de plus violent, &, pour parler ainfi, de plus tempeftatif. Il eft des plus agreables dans la Grece & dans les païs du Leuant, pource qu'il a perdu fes forces lors qu'il y eft arriué ; il n'en eft pas toûjours ainfi à l'efgard de nous, qui fommes plus proches de fon origine.

C'eft encore vne preuue de cét *admirable difcernement des chofes*, lors que voftre amy doute fi les quatre derniers liures de l'Eneïde font de Virgile, & fi le Phormion eft de Terence. Qu'il eût obligé la pofterité de dire les raifons qui luy ont fait iuger ces Ouurages indignes de ces deux Poëtes ! Quel feruice n'eût-il point rendu à toute la republique des Lettres, s'il eut pris le foin d'examiner les liures des Anciens, qu'il eut *expliqué ces lieux defefperez par les Interpretes*, & que par cettee parfaite connoiffance des ftiles, il eut marqué les efcrits qui leur font attribuez fauffement ! Quelles loüanges n'eut-il point receuës, s'il eût retranché dans les Saints Peres tant de traitez & de paffages, que l'ignorance des Libraires, & la malice des Heretiques, ont fait glifcer parmi leurs Oeuures ; S'il euft reftitué aux enfans legitimes, vne heredité que des eftrangers ont vfurpée auec tant d'iniuftice, ou qu'il eut ofté ces membres qui font des monftres de ces corps fi bien formez, & fi illuftres ! Il eût

bien fait voir, par vne Critique sage & iudicieuse, la temerité d'Erasme, & il eût surpassé de
bien-loin la gloire de Longin, & d'Aristarque.
Ie pense qu'il ne se fût pas arresté à resoudre les
questions que Tibere auoit accoustumé de faire
aux Grammairiens, & qu'aprés auoir rayé les vers
supposez de l'Odyssée & de l'Iliade, il eût remis
les lieux corrompus que Strabon remarque, qui
sont en si grand nombre dans les escrits d'Aristote : Il eût rendu vn pareil office au mesme Strabon, à Plutarque & à Pline, à Athenée & à tant
d'autres, qui en ont tant de besoin. Rien ne
pouuoit eschapper à vn esprit si esclairé que le
sien, & vous ayant pour second, il ne pouuoit
estre que fort heureux *à la chasse* de ces monstres
qui ont fait tant de rauages dans le pays des
Muses.

Dd iij

SECTION XXX.

CONCLVSION DE L'OVVRAGE.

RAILLERIE à part, il n'y en a là que trop pour faire voir bien clairement que M. de Voiture n'estoit pas extremement sçauant, & il me semble que i'ay soustenu, contre toutes vos attaques & vostre ironie, le iugement que i'auois fait de ses Oeuures. Ie maintiens, iusqu'à ce que vous m'ayez conuaincu par de meilleures raisons, que ses lettres d'amour & ses lettres serieuses, ne font que mediocrement bonnes. Ie ne croy pas qu'elles s'esleuent au dessus de la portée de nos Ecriuains ordinaires. Mais comme i'ay fait ces obseruations auec ingenuité & sans passion, i'auouë aussi, auec la mesme candeur, qu'il ne se peut rien voir de plus delicat, de plus ioly, ny de plus acheué que ses lettres de galantérie. Si nous y auons trouué quelques petits défauts, ils font effacez par l'esclat de tant de beautez qui brillent de toutes parts, & qui les cachent, pour ainsi dire, de leur lumiere. Ceux qui se font imaginez que i'ay eu de l'enuie contre vn Autheur si aymable, passeront toûjours pour des gens

bien malicieux,ou qui ne me connoiſſent pas. Ils
ſe ſont offencez ſans raiſon , pour auoir leû
vne lettre que ie n'auois pas écrite à deſſein de
la publier. Ils n'ont pas apperceu que i'ay donné des loüanges à M. de Voiture, dont ie m'aſſeure qu'il ſe fuſt contenté luy meſme. Ie n'a-
uois pas crû offencer ſa memoire , pour auoir
eſgalé ſes railleries au ſel d'Athenes, & à l'vrbanité de Rome. Ie m'eſtois perſuadé que ce
n'eſtoit pas le meſpriſer, que de iuger ſi fauorablement de ſon ſtile comme i'ay fait. (Et pour
le repeter encore aprés tant de fois) i'ay trouué qu'il eſtoit ſi net & ſi facile, qu'il eſtoit
rempli de tant de graces ; ſi peu contraint, &
tiſſu aueque tant d'artifice ; Enfin, qu'il eſtoit
meſlé ſi adroitement du genre fleuri, & du genre delicat , qu'on deuoit confeſſer que M. de
Voiture auoit découuert le parfait caractere de
faire de bonnes lettres.

Peut - eſtre que i'ay eſté bien hardy de
parler d'vn Autheur dont l'expreſſion eſt ſi
pure , & les penſées ſi ingenieuſes. Poſſible qu'il n'y a pas eu moins de temerité de
vous reſpondre , puiſque vous écriuez dans
vn ſtile auſſi galant que le ſien , & que vous
auez plus de connoiſſance des belles Lettres
que luy. Mais comme ie n'ay eu autre deſſein
dans tout mon diſcours que de me deffendre ,

& de me iustifier, ie dois attendre de voltre moderation que vous souffrirez la liberté d'vn homme qui a tâché de conseruer, dans la chaleur du combat, du respect pour vous, & de l'estime pour voltre amy.

F I N.

REMARQVES

SVR LES ENTRETIENS DE MONSIEVR COSTAR, ET DE MONSIEVR DE VOITVRE.

A MONSIEVR COSTAR.

SECTION PREMIERE.

QVE MONSIEVR COSTAR N'A fait que copier ſes Recueils. Qu'il applique tres-mal vn paſſage de Tacite.

ONSIEVR,

Il eſt bien raiſonnable qu'apres auoir exa-
miné ſi fort à la rigueur vne pauure Lettre que

E e

ie n'ay iamais eu la penfée de publier, vous fouf-
friez la peine du Talion, & que ie parle vn
peu à mon tour du liure de vos Entretiens.
Vous fçauez, Monfieur, qu'il en eft des Ouurages les plus excellens ce qu'Homere a dit de
l'Egypte, qu'on y trouue toufiours de bonnes
& de mauuaifes chofes, & qu'il eft prefque im-
poffible, felon la penfée de Martial, de faire des
liures fans ce meflange du bien & du mal.
Neantmoins de ce grand nombre d'endroits où
vous-vous eftes mefpris, ie prendray feulement
les premiers qui fe prefenteront à ma plume.
Peut-eftre que fi i'ay quelque iour plus de loifir ie les examineray auec plus de foin, & vous
feray reconnoiftre qu'vn homme qui fait le
Cenfeur des Ouurages d'autruy, ne deuroit pas
eftre fuiet à tant de reproches.

Dans ces beueuës qui vous font fi ordinaires, vous n'auez pas les mefmes excufes que M.
de Voiture qui n'ayant pas donné luy-mefme
fes Oeuures au public euft pû corriger fes fautes par vne meditation plus exacte, & vn trauail plus acheué. Auffi n'y auois-ie touché que
par vne rencontre inopinée, & fans deffein que
mes Obferuations fuffent veuës que de celuy
qui m'y auoit engagé. Pour vous, vous auez
publié les voftres, & auez paru fur les rangs
pour receuoir les couronnes que vous croyez

qui vous font deuës. Mais peut-eſtre que le
ſuccés n'en ſera pas tel que vous l'eſperez ; Car
que faites-vous voir de ſi excellent & de ſi particulier ? Vous ne dites rien de vous-meſmes,
vous ne vous ſouſtenez que ſur les bras d'autruy
comme les infirmes & les eſtropiez : Et il eſt
bien eſtrange que n'ayant iamais marché ſans
guide vous-vous égariez ſi ſouuent.

Vous dites dans voſtre Epiſtre liminaire,
Que c'eſt vne choſe extremement difficile & faſcheuſe,
de ſe produire en public, & d'expoſer au genie qui pré-
ſide à la renommée la reputation de nos eſprits ; Que
dans la plus grande ieuneſſe on peut alleguer ce qu'vn
Ancien diſoit du mariage, qu'il n'eſtoit pas encore temps,
& dans vn âge plus auancé, il faut reconnoiſtre qu'il
n'eſt plus temps. Que lors que l'imagination & la me-
moire ſont en leur force, le iugement n'eſt encore que
demy-formé, & il n'arriue gueres à ſa derniere perfe-
ction que ces autres puiſſances de l'ame ne ſoient ſur
leur déclin & ſur leur retour.

I'auouë qu'ayant leu ces belles paroles, ie me
ſuis figuré que vous nous deuiez faire voir vne
production qui ſeroit tout enſemble vn effort
d'vne imagination heureuſe & abondante, &
celuy d'vn iugement vif & ſolide ; Mais i'ay eſté
bien eſtonné de ne rencontrer qu'vn aſſembla-
ge & vn ramas de vos recueils & de vos lieux
communs, ainſi que vous-meſmes en demeu-

E e ij

rez d'accord. Il semble que vous auez voulu
imiter le Iupiter d'Homere, & que puisant dans
des tonneaux vous versez comme luy auec les
deux mains cette diuersité de matieres au hazard & sans aucun choix. Ou pour exprimer
ma pensée par vne image qui vous represente
mieux, ie vous ay consideré dans vne grande
prairie auec vne faux entre les mains, coupant
indifferemment toute sorte d'herbes & de fleurs.
Vous m'auez encore fait ressouuenir de cette
Statuë dont parle vn Poëte Grec; Elle repre-
sentoit vn Satyre fait de pieces rapportées; Il
estoit tout surpris, comme tant de parties si differentes, & tant d'especes si esloignées, & qui
sembloient ne souffrir entr'elles aucune liaison,
auoient neantmoins contribué à faire vn Dieu.

Παῖτες μὲν Σάτυρῃ, φιλοκέρτομοι Εἰπὲ ἢ κ̣ σὺ
Τί προς ἕκαστον ὁρῶν τόνδε γέλωτα χέεις;
Θάμβος ἔχων γελόω, πῶς ἐκ λίθου διχόθεν ἀλλης
Συμφερτὸς, γενόμην ἐξαπίνης Σάτυρος.

Il ne faut point obseruer ce iuste interualle
qui separe la ieunesse de la vieillesse pour com-
poser des Ouurages de cette sorte, & pour faire tous les iours de semblables liures, il n'est
besoin que d'vn Copiste, & d'vn peu de lecture. Sur tout, s'il est permis d'appliquer les passages des Autheurs comme vous faites, il est impossible que les paroles vous puissent manquer.

l'ay defia remarqué que vous auiez vne telle
habitude à reprendre les plus grands hommes;
Que vous vfiez d'vne adreffe fi fubtile & fi ar-
tificieufe à manier l'Ironie; Que vos loüanges
eftoient fi fufpectes & fi peu finceres, & que
voftre venin eftoit fi bien preparé, qu'il eftoit
également difficile de le reconnoiftre & de l'e-
uiter. Expliquez-vous donc, ie vous fupplie,
puis qu'il eft fi difficile de fçauoir quand vous
loüez tout de bon, & defcouurez vn peu dauantage vos fentimens lors que vous parlez de
Monfieur Conrar qui eft vn fi honnefte homme, & à qui vous auez tant d'obligation. A la
verité il n'y a nulle apparence que voftre deffein n'ait efté de le loüer, puis qu'il a merité
l'approbation & l'eftime de tout le monde, &
qu'il eft vn parfait modele de probité, de vertu & de politeffe. Mais voyons comme vous-
vous y prenez, & combien la comparaifon que
vous faites de luy & de Mella eft iniufte, combien elle eft efloignée, & quelles gefnes vous-
vous donnez pour l'aiufter. Voicy vos termes.
Durant la faueur de Seneque, vn de fes freres ne vou-
lut iamais briguer les dignitez & les charges de la Re-
publique, & s'auifa de cette nouuelle ambition de faire
paroiftre au monde qu'vn fimple Cheualier Romain
pouuoit égaler le credit, la puiffance & l'authorité des
perfonnes Confulaires. Ie puis dire en quelque façon,

E e iij

que vous auez imité ce braue homme, ayant dédaigné la Langue Latine, & la Greque, pour faire honneur à la noftre, & tefmoigner à toute la France que fans fe charger la memoire des connoiffances eftrangeres, on pouuoit difputer aux plus fçauans la gloire de bien efcrire.

Mella quibus Gallio & Seneca parentibus natus, petitione honorum abftinuerat per ambitionem præpofteram, vt Eques Romanus Confularibus potentia aquaretur. Simul acquirenda pecunia breuius iter credebat per procurationes adminiftrandis Principis negotiis.

Ce paralelle eft egalement forcé & defobligeant, & fans parler de la comparaifon des dignitez de Rome auec la Langue Greque & Latine, laquelle vous tirez fi fort par les cheueux; Tacite dans le lieu où il fait mention de ce frere de Seneque dit que ce fut par vne ambition impertinente & hors de faifon qu'il s'abftint des honneurs & des charges, & qu'il fut confirmé dans cette refolution par vn appetit du gain, afin que demeurant homme priué il fift les affaires du Prince en qualité d'Agent, ce qu'il n'euft pas pû faire s'il eut poffedé les charges les plus eminentes de la Republique.

Voftre comparaifon eft donc iniurieufe à celuy que vous louëz, & en traduifant le *per ambitionem præpofteram* de Tacite, par ces termes, *Il s'auifa de cette nouuelle ambition de faire paroiftre au monde qu'vn fimple Cheualier pouuoit égaler l'authorité des perfonnes Confulaires*, vous faites voir que vous n'auez pas compris le fens de l'Autheur, & que vous manquez eftrangement contre l'Hiftoire.

Il n'eſtoit pas nouueau que des Cheualiers
Romains ſe fuſſent trouuez dans vne pareille
puiſſance. L'exemple de Mecenas eſtoit trop re-
cent & trop illuſtre pour attribuer à Mella l'inuention d'vne ſi glorieuſe modeſtie. Ce ſage
fauori d'Auguſte eſtoit deſcendu des Rois d'E-
trurie. Sa naiſſance & ſes rares qualitez meritoient bien la reconnoiſſance du plus equitable
maiſtre qui fut iamais, & il poſſedoit entierement ſes bonnes graces : Il ſe contenta neantmoins d'eſtre ſimple Cheualier, & ſe refuſa à
ſoy-meſme les dignitez & les emplois dont il
recompenſoit à toute heure le merite de ſes
amis.

SECTION II.

QVE MONSIEVR COSTAR N'A
pas fort leu les anciens Poëtes. Qu'il se trompe en
disant que la Lune n'a point eu d'Amant. Qu'il
ignore que l'Estoile du matin est la mesme que
celle de Venus. Qu'Hercule chez Om-
*phale rompoit ses fuseaux & *
ses quenoüilles.

Page 385.

VOvs dites quelque part que vous ne faites
iamais de vers, Vous pouuiez ajouster que
vous ne lisez gueres les Poëtes, autrement vous
n'auriez pas dit parlant des Deesses pleureuses.
Ie demande la mesme chose de la Lune, qui a les yeux
humides comme les deux autres (Venus & l'Aurore)
Qu'a-t-elle à pleurer, ie vous prie, elle qui n'a point
d'enfant, point d'amant, & qui passe si bien son temps
à la chasse?

Hé quoy, Monsieur, n'auiez-vous point leu
ces vers de Virgile,

Munere sic niueo lanæ, si credere dignum est;

Pan Deus Arcadiæ captam te Luna fefellit

In nemora alta vocans; nec tu aspernata vocantem.

Elle ne se contenta pas du Dieu Pan, elle ayma
encore le Berger Endymion, tesmoin Catulle,

Vt

Vt Triuiam furtim sub Latmia saxa relegans
  Dulcis amor gyro deuocet aërio.

De Coma Beren.

Theocrite dit la mesme chose dans son Idylle 21.

Ἐνδυμίων δὲ τίς ἦν; ὐ βωκόλος; ὅν τε Σελάνα
Βωκολέοντα φίλασεν, ἀπ' ὐλύμπω ᾗ μολοῖσα
Λάτμιον ἀν νάπος ἦλθε, κ̀ εἰς ἕνα παιδὶ καθεῦδε.

Il n'est pas que vous n'ayez leu quelquefois dans Ouide, les soûpirs de l'infortuné Leandre, & les vœux qu'il faisoit à la Lune, afin qu'elle luy fut fauorable.

Luna mihi tremulum lumen præbebat eunti,
  Vt comes in nostras officiosa vias.
Hanc ego suspiciens, faueas, ô candida, dixi:
  Et subeant animo Latmia saxa tuo.
Non sinit Endymion te pectoris esse seueri:
  Flecte precor vultus ad mea furta tuos.
Tu Dea mortalem cœlo delapsa petebas:
  (Vera loqui liceat) quam sequor ipsa Dea est.

Ausone la met au nombre de ces pauures Aman- tes qui se pleignent de Cupidon dans les Enfers, & qui se vangent à leur tour de ce petit Dieu qui les auoit autrefois si mal traittées,

Eidy. 2.

Errat & ipsa, olim qualis per Latmia saxa
  Endymionéos solita affectare sopores
  Cum face, & astrigero diademate Luna bicornis.

Vide Plin. l. 2. c. 9. Fulg Myth. l. 2.

Elle ne fut pas mesme si cruelle enuers Orion, que vous pourriez vous l'imaginer; Et ie ne sçay pourquoy vous dites qu'elle n'a point d'enfans,

car vous auriez bien de la peine d'en trouuer
vne dans tout l'Olympe qui en ait eu vn plus
grand nombre, veu qu'elle eut du seul Endymion cinquante belles filles si nous en croyons
Pausanias. Il n'est pas possible qu'auec vne famille si nombreuse, elle n'ait eu quelque sujet
de déplaisir. Quand elles luy auroient esté toutes fort obeissantes, n'a-t-elle point eu de peine
à les bien marier? N'en a-t-elle point veu mourir quelques-vnes depuis vn si long-temps?

Vous ajoustez au mesme lieu. *L'Estoile du matin est aussi vn des arrosoirs de la Nature, & cependant
elle n'a point perdu de Memnon comme l'Aurore, & ie
ne sçache point qu'elle ait eu aucun déplaisir, si ce n'est
qu'à la verité, elle est vn peu touchée dans l'Adonis du
Marin, quand elle voit pleurer l'Amour que Venus
auoit fouetté.*

Si vous ignorez, Monsieur, que l'Estoile du
matin est la mesme que celle de Venus, qui est
vne de vos pleureuses, vous pouuez l'apprendre
dans Hyginus qui parle en cette sorte; *Quarta
stella est Veneris Lucifer nomine;* Ou dans Pline dont
les paroles sont tout à fait decisiues. *Infra Solem
ambit ingens sidus appellatum Veneris alterno meatu
vagum, ipsisque cognominibus æmulum Solis & Lunæ,
præueniens quippe & ante matutinum exoriens Luci-
feri nomen accipit, &c.* Il est vray que cét Astre est
attribué par quelques-vns à Iunon, à Isis, & à la

In Heli.l.1.

mere des Dieux, mais ces Deesses ont eu souuent sujet de répandre des larmes.

Vous faites vne pareille faute dans la page 57.

Pour reuenir à Hercule, ie pense que ce que disent vos Scholiastes est vne pure médisance. Qu'il rompoit toutes les rames quand il ramoit; Car vous sçauez, Monsieur, qu'il filoit fort adroitement chez Omphale, & mesme qu'il y filoit fort doux, & on ne lit point qu'il ait iamais rompu, ny de roüets, ny de fuseaux, ny de quenouilles.

Sans doute, vous n'auiez pas leu cét endroit des Heroïdes d'Ouide, qui est pourtant fort cõmun.

Non pudet Alcidæ victricem mille laborum Deian. Herc.
 Rasilibus calathis imposuisse manum?
Crassáque robusto deducis pollice fila
 Æquáque formosa pensa rependis heræ.
Ah quoties, digitis dum torques stamina duris
 Praualidæ fusos comminuere manus.

Cét Hercule estoit si mal-adroit, il auoit les mains si rudes & si grossieres, qu'il ne sçauoit manier que des massuës. Il luy prit bien vne fois enuie d'apprendre à ioüer du luth, mais il auoit l'esprit si pesant, & les doigts si roides & si durs, qu'il rompoit toutes les cordes, & ne pouuoit rien comprendre, si bien que son maistre Linus luy en ayant fait quelque reprimende, il prit le luth & luy en cassa la teste. Quel plaisir, ie vous prie, d'auoir de tels Escoliers?

Ff ij

SECTION III.

FAVTES DE MONSIEVR COSTAR
dans l'interpretation de quelques passages de So-
phocle, d'Euripide & a'Eschyle.

PEut-estre aurez-vous mieux rencontré dans
les allegations des Poëtes Grecs. Vous remarquez que *Sophocle appelle l'Aurore, la prunelle
du iour, comme si le Soleil en estoit la paupiere.*

ὦ χρυσέας

Ἀμέρας βλέφαρον.

ô aureæ Diei palpebra.

Ie vous deffie, adjoustez-vous, *de me dire vn Poëte
Espagnol, qui ait écrit là dessus quelque chose de plus
ioly.*

Détrompez-vous, Monsieur, Sophocle ne
parle du-tout point de l'Aurore; Au contraire,
dans ce mesme lieu que vous citez, le Chœur
des vieillards tesmoigne que le iour estoit sur
son declin lors qu'il dit, *Perdons la memoire de ces
guerres, & visitons toute la nuit les Temples de nos
Dieux.* Et celuy qui apporte la nouuelle qu'An-
tigone auoit mis en terre le corps de son frere
Polynice, dit qu'il sentoit deja mauuais; Ce qui
ne fut pas arriué si le Soleil n'eust esté bien haut;

parce que Polynice n'auoit esté tué que le iour de
deuant, & la fraischeur de la nuit l'auoit em-
pesché de se corrompre.

Pour mieux comprendre ce passage, il faut
supposer qu'Adraste qui auoit assiegé la ville de
Thebes auoit esté contraint de fuir, que les six
autres Capitaines venoient d'estre tuez, & que
leur armée auoit esté entierement deffaite : Par
consequent, la ioye des Thebains estoit extrême,
& pour mieux l'exprimer, le Poëte introduit vne
troupe de vieillards qui s'escrient parmy les al-
legresses & les réjouissances publiques.

Ἀκτὶς ἀελίȣ, &c.

O radius Solis,
Pulchrius, vrbi apparens
Thebæ, quàm antea lumen ;
Apparuisti tandem ô aureæ
Diei oculus.

Ce qui ne veut dire autre chose sinon, *O
iour bien-heureux que tu nous apportes de satisfaction
& de ioye, lors que tu nous fais voir l'armée de nos
ennemis en fuite.* Mais par vne elegance poëtique,
le Soleil est appelle *l'œil du iour.* Que si Sophocle s'est seruy du mot de *paupiere,* c'est vne figure fort vsitée par tous les Escriuains, qui ont
accoustumé de prendre vne partie pour signifier le tout.

La Version que vous auez faite d'vne maxi-

me fort tyrannique qu'Euripide fait dire à Eteo-
clés, & que Cesar allegnoit à tous propos, n'est
pas si absolument contre la Grammaire, que l'interpretation *des paupieres de l'Aurore*, mais elle est
bien plus dangereuse. Car ce que ces vsurpa-
teurs ne proferoient qu'en doutant, & auec
quelque sorte de crainte, vous le dites affirmati-
uement, & sans hesiter. *Il est permis de violer les*
loix pour regner. Au lieu qu'Euripide auoit dit,
S'il est permis de commettre vne iniustice, on ne le
sçauroit faire plus à propos que pour regner. Comme s'il auoüoit qu'il ne faut iamais violer les
loix; mais qu'il y a tant d'auantage d'estre Souuerain, qu'on est excusable de les violer pour
le deuenir.

Et afin que ie die vn mot de tous les Poëtes tragiques, vous citez vn vers d'Eschyle.

ἀλλ' οὖν θεοὺς

Τοὺς τῆς ἁλούσης πόλεος ἐκλείπειν λόγος.

On dit que les Dieux quittent & abandonnent vne
ville quand elle est prise. Remarquez, dites-vous, ces
mots qui montrent que c'estoit vn prouerbe de ce temps-
là. Certes, Monsieur, ces mots ne marquent aucun prouerbe, & bien que vous-vous mettiez
en peine de prouuer par beaucoup d'authoritez (ce qui n'estoit pas necessaire dans vne remarque qui est fort triuiale) que c'estoit vne
opinion receuë, que les Dieux sortoient des

Cic. de offic. 3.
Suet. in Iul.
Cæs.

Page 115.

Εἴπερ γὰρ ἀδι-
κεῖν χρή, τυ-
ραννίδος πέρι
Κάλλιστον ἀδι-
κεῖν, τ' ἄλλα
δ' εὐσεβεῖν
χρεών.

villes quand les ennemis y entroient, il ne s'ensuit pas que ce fust vn prouerbe.

Le don que fit Constantin de la ville de Rome à vn de nos Papes ; L'Histoire du Chanoine
qui fust retiré des Enfers pour dire qu'il estoit
danné, & qui seruit d'occasion à fonder l'Ordre des Chartreux ; La fable de la Papesse Iean-
ne ; L'aueuglement de Belisaire, & mille autres
contes de cette nature, ont esté crûs vniuersellement pendant plusieurs siecles ; mais ie n'ay
point appris que ce fussent des prouerbes dés
ce temps-là.

Ie n'ay point appris non plus que Medée eût   Deffense
introduit ce Prouerbe dont Plutarque, Callima-   page 127.
que, Epimenides & plusieurs autres font men-
tion. *Les Candiots sont toûjours menteurs.* Ie vous
rends graces de ce que vous auez bien voulu nous
enseigner cette belle antiquité. Mais ie souhaiterois que vous n'eussiez pas dit (lors que
vous parlez de ces Dieux transfuges, qui se rendoient aux Ennemis quand ceux de leur party
deuoient estre vaincus.

Vn mesme presage arriua aux Iuifs assiegez dans   Entr. p. 141.
Hierusalem sous les auspices de Vespasien, & sous la
conduite de Tite son fils aisné. Les portes du Temple,
dit Tacite, s'ouurirent soudainement, & il fut entendu
vne voix plus haute & plus éclatante qu'vne voix hu-
maine, criant que les Dieux s'en alloient.

Ff iij

Vous sçauez que cét Autheur lors qu'il parle des Iuifs, est vn tesmoin aussi décrie que l'ont iamais esté les Candiots. I'aurois mieux aimé que vous-vous fussiez seruy de la deposition de Iosephe, & que vous n'eussiez point fait sortir ces Dieux-là d'vn Temple où ils n'entrerent iamais.

SECTION IV.

QVE MONSIEVR COSTAR N'A pas entendu vn passage du Chancelier Bacon. Qu'il ne traduit pas fidellement vn autre passage de Pline.

PArmy tant de passages que vous allegüez du Chancelier Bacon, il me suffira d'en choisir vn, pour vous faire voir la peine qu'il y a de bien traduire, & que si vous manquez dans l'interpretation des Autheurs modernes, nous deuons excuser les fautes de ceux qui ne peuuent pas penetrer dans les obscuritez des Anciens, ny déuelopper des choses si confuses & si éloignées de nostre temps.

Ita sane, dit Bacon, *hic finis debet esse vtriasque Philosophiæ, vt reiectis vanis speculationibus, & quicquid inane ac sterile est, conseruetur quicquid solidum est ac fructuosum hoc pacto; Scientia non sit tanquam scortum ad voluptatem, aut tanquam ancilla ad quæstum, ſum, ſed tanquam ſponſa ad generationem, fructum atque ſolatium honeſtum.*

Vous traduiſez. *Il faut eſpouſer la ſcience, & non pas en vſer comme d'vne garce pour le ſeul plaiſir, ni comme d'vne ſeruante que nous gagerions pour noſtre ſeruice. Ce nous doit eſtre vne femme ; & en la prenant, il faut que nous nous propoſions la fin generale du mariage, la generation & la compagnie, c'eſt à dire, de nous entretenir l'eſprit & de produire de nouuelles connoiſſances.* Pag. 182.

Il dit qu'il ne faut pas aimer la ſcience, comme l'on a accouſtumé d'aimer les femmes débauchées pour le ſeul plaiſir, ni auſſi la rechercher comme on feroit vne eſclaue pour le ſimple deſir du gain & comme vn moyen de s'enrichir ; Qu'il s'en faut ſeruir comme d'vne femme legitime, pour la generation, pour en tirer de l'vtilité & pour en receuoir de la conſolation & d'honneſtes plaiſirs, ou comme vous dites fort bien, afin de produire en noſtre eſprit de nouuelles connoiſſances, comme autant de legitimes enfans.

Voſtre verſion, Monſieur, ne reſpond pas nettement à l'intention de l'Autheur ; & ce que ie blaſme le plus, eſt que vous n'auez pas pris le ſens de ces termes, *tanquam ancilla ad quæſtum,* que vous interpretez, comme d'vne ſeruante que nous gagerions pour noſtre ſeruice.

G g

Bacon veut dire, & on le connoist assez par la suite du discours, qu'il ne faut pas vendre les sciences, comme font les Pedans, & tous ceux dont la langue & la plume sont venales; Qu'il ne faut pas se seruir des Muses comme les Anciens faisoient de leurs seruiteurs, & comme font encore aujourd'huy ceux qui tiennent des Esclaues pour les vendre, & pour en tirer vn reuenu certain. Car si vous ignoriez que c'estoit autrefois le moyen le plus facile pour deuenir riche, que de nourrir beaucoup de seruiteurs, ie vous dirois que Plutarque rapporte que le premier Caton en vsoit comme de bestes, & qu'il ne les consideroit que pour le profit. En effet, ce gain estoit si asseuré, que bien que les richesses de Crassus egalassent celles de plusieurs Rois, neantmoins, le prix de ses esclaues surpassoit celuy de ses autres biens. Cecilius Isidorus en auoit moins que luy, cependant dans vne clause de son testament, il declara, *Qu'à la verité, il auoit fait des pertes considerables durant les guerres ciuiles, & que toutefois il luy restoit encore plus de quatre mille esclaues.*

C'est Pline qui nous raconte cette histoire, & qui me fait souuenir d'vne contradiction qui se trouue dans la version que vous faites de l'vn de ses passages. Il parle des Insectes, & ses pensées sont en cet endroit, comme dans tous les autres, tout à fait admirables. *In his tam paruis*, dit-il,

atque tam nullis, quæ ratio, quanta vis, quàm inex-
tricabilis perfectio ! vbi tot sensus (natura) collocauit
in culice ? & sunt alia dictu minora ; Sed vbi visum in
eo prætendit, vbi gustatum applicauit, vbi odoratum
inseruit ? &c.

Où est-ce que la Nature à trouué moyen de placer tant de sens, tant d'organes & tant de puissances dans vn moucheron ? Où a-t-elle pû mettre tous les nerfs, toutes les membranes & tous les esprits qui estoient absolument necessaires pour les fonctions de la veüe, du goust & de l'odorat ?

Vous auez voulu encherir par dessus Pline, & mesler vos belles pensées auec les siennes. Mais ie ne puis deuiner pourquoy vous luy faites dire que la Nature a donné des nerfs, des membranes & des esprits qui estoient absolument necessaires aux moucherons. Et cependant, il n'en parle point du tout ; Au contraire, il dit dans le mesme lieu, Que les Insectes n'ont point de nerfs ; & s'il est vray qu'ils n'ont point de sang, comme tous les Naturalistes en demeurent d'accord, ie ne voy aucune necessité de leur attribuër des esprits qui prennent leur nourriture du sang, s'ils n'en tirent leur production & leur origine.

La Nature, Monsieur, a pourueu à ces petits animaux par des moyens plus merueilleux, bien qu'ils nous soient inconnûs : Ils viuent, ils respi-

Insecta vt intelligi possit non videntur neruos habere, nec ossa, nec spinas, nec cartilaginem. l. 4. Sanguinem non esse his fateor. cap. 2.

rent, & ils fe meuuent quoy qu'ils n'ayent point
de cœur, point de foye, point de poumon. Ils
n'ont rien de femblable aux animaux parfaits,
& ils ne laiffent pas de faire les mefmes fonctions. Mais il falloit remarquer la difference
de leurs organes, comme fait Pline, & non pas
les confondre comme vous faites.

SECTION V.

*QVE MONSIEVR COSTAR EST
peu verſé dans le Droit, & qu'il n'a pas compris la difference qui eſtoit entre les enfans legitimes & les baſtards.*

Lib.35.cap.10.

LE mefme Pline raconte d'Alexandre (cette comparaifon, Monfieur, ne vous dé-
plaira pas) qu'eſtant vn iour dans la boutique
d'Apelle, comme il difcouroit d'vn art dont il
auoit peu de connoiffance, les Apprentifs qui
broyoient des couleurs ne peurent fe tenir de
rire, & de s'en moquer. Ie croy que les premiers
Difciples de la Iurifprudence qu'on appelloit autrefois *Dupondij,* pourroient faire la mefme chofe lors que vous parlez de leur profeffion. *Il y*

Pag.42.

In Tib.c.51.

*a deux choſes, dites-vous, dans ce Chapitre de Sue-
tone qui ſont aſſez remarquables, & par où nous pou-*

uons entrer en matiere. *La premiere, qu'il appelle Drusus, fils naturel de Tibere, pour le distinguer de Germa-
nicus qui estoit son fils adoptif.* Filiorum neque na-
turalem Drusum, neque adoptiuum Germani-
cum patria caritate dilexit. *Il se void par là que
les Iurisconsultes ne mettoient point encore de difference, entre fils naturel, & fils legitime, comme ils ont fait
depuis opposant la loy à la Nature, & appellans enfans
legitimes, ceux qui viennent d'vn mariage contracté
selon les loix & les ordonnances, & naturels, ceux qui
n'ont esté faits que pour satisfaire aux desirs de la Nature, & non pas aux deuoirs de l'honneste societé qui
lie le mary auec la femme,* quos sola natura genuit, ᴵˢⁱᵈᵒ
non honestas coniugij. *On les nomme Champis
en Poitou, comme qui diroit, faits dans les champs.*

Il est bon, Monsieur, que vous appreniez que
les Anciens sous le nom d'*Enfans naturels,* com-
prenoient, & les enfans qui estoient issus d'vn
iuste & legitime mariage, & ceux qui estoient
nez en seruitude, ou venus du concubinage.
Comme aussi le terme de *Legitimes,* estoit general, & s'estendoit aux adoptifs, & à ceux qui
sortoient d'vn mariage contracté selon les loix,
qu'ils appelloient Enfans *iustes.* De sorte que
dans le Droit le terme *Naturalis* pouuant signifier également les fils des esclaues, des concubi-
nes, ou des femmes legitimes, le sens n'est distin-
gué que par l'opposition que la loy en fait, &

G g iij

par la fuite du raifonnement, ce qui en ofte l'e-
quiuoque. Il en eft de mefme du mot de *Legiti-*
me. Mais de croire que les Iurifconfultes ne mettoient point de difference entre fils naturel, &
fils legitime, & que ce foit vne inuention des
derniers temps, parce que Suetone appelle Dru-
fus fils naturel de Tibere quoy qu'il fuft fon fils
iufte & legitime ; C'eft vne erreur tout à fait
inexcufable, & vous-vous eftes trompé dans la
chofe & dans les termes. La Iurifprudence n'a
rien innoué en cela. Cette difference n'a point
commencé au fiecle de Suetone, elle eft plus
ancienne que les douze Tables, & fon origine
eft la mefme que celle des Loix. Leur premier
foin ayant efté de corriger les dereglemens de
la Nature, elles commencerent par le Mariage
qu'elles ont inftitué comme le fondement &
la fource de la vie ciuile. Elles honnorerent cette focieté de beaucoup de priuileges ; Elles re-
connurent les enfans qui en venoient pour des
productions iuftes, legitimes & veritables :
Quant à ceux qui deuoient leur naiffance à la
débauche & à la volupté, ils eftoient eftimez
prophanes & impurs. D'où vient qu'il leur eftoit
deffendu d'entrer dans le Temple de Dieu iufqu'à la dixiefme generation, & que Lucain parlant d'vn baftard qui auoit vfurpé la Royauté,
dit elegamment, que c'eftoit vne tache qui def-

Deut. c. 23.

honnoroit vne puissance qui doit estre sacrée
& inuiolable;

    Obliquum maculat qui sanguine regnum.

    C'estoit vne disposition generale du droit des
gens, *Ea propter* (dit Solin) *inter omnes populos de-
generes habentur.* Et bien loin d'estre considerez
par les Romains à l'égal des legitimes, on ne les
regardoit que comme des personnes qui n'a-
uoient aucune part à la Republique, comme
des membres qui n'estoient pas de ce Corps, &
qui estoient absolument estrangers; On les con-
toit pour rien; Ils ne succedoient point à leurs
Peres, s'il ne se trouuoit quelque disposition
particuliere en leur faueur; Ils n'estoient point
sous leur puissance, & si nous le prenons à la rigueur, ils n'estoient pas reputez estre leurs enfans. *Filium enim definimus,* dit Vlpien, *qui ex viro
& vxore eius nascitur.* C'est la raison pourquoy
les anciens Iurisconsultes en parlent si peu. *Le
Preteur ne se met point en peine des petites choses.* On
ne leur auoit pas mesme donné de nom en particulier, ils estoient compris sous le terme general d'enfans naturels; & pour les distinguer des
autres, ils furent appellez *Nothi,* d'vn mot Grec
qui signifie, comme dit Suidas, des gens qui n'a-
uoient rien de diuin; car le mariage estant vne
participation des droits diuins & humains, il
sembloit que les enfans illegitimes en estoient

incapables, qu'ils naiſſoient contre la volonté
des Dieux, & qu'ils ne meritoient aucune part
dans la ſocieté ciuile.

Pour cette remarque ſi particuliere que vous
faites, que Suetone appelle Druſus fils naturel
de Tibere, & que ce mot ſe prend pour vn fils
qui eſt né d'vn mariage contracté ſelon les loix;
c'eſt vne obſeruation d'vn homme qui ne les a
pas fort eſtudiées non plus que les anciens Autheurs. Car il n'y a rien de plus commun dans
les Iuriſconſultes, que cela. Ils appellent ordinairement les enfans iuſtes & legitimes, naturels, quand ils les oppoſent aux adoptifs qui
eſtoient legitimes auſſi-bien que les autres, mais
qui n'eſtoient pas naturels à l'égard de leurs Peres d'adoption. De ſorte que d'en faire vne obſeruation, c'eſt faire vn myſtere d'vne choſe
que tout le monde ſçait, c'eſt remarquer qu'il eſt
iour quand le Soleil paroiſt ſur noſtre hemiſ-
phere. Suetone n'eſt pas le ſeul qui ait parlé comme les Iuriſconſultes. Il me ſouuient que Valere
Maxime traitant des teſtamens qui furent infir-
mez par le peuple Romain, ſe ſert du mot de
Pere naturel, pour dire qu'il eſtoit auſſi legitime.
L'origine de la pluſpart de vos meſpriſes, c'eſt
que vous prenez vos Remarques dans les Commentateurs, & dans les Compilateurs de lieux
communs, & vous tenez celle cy de Beroald.

Vous

Lib.7.cap.7.

Vous faites bien voir encore que vous n'estes pas vn fort grand Iurisconsulte, quand vous ne mettez point de difference entre les enfans qui ne viennent pas d'vn mariage legitime, & que vous croyez que le mot *Naturales*, se prend dans le droit nouueau pour ceux *qui n'ont esté faits que pour satisfaire aux desirs de la Nature, & qu'on nomme Champis en Poitou*, comme qui diroit *faits dans les champs*. Vous auez voulu exprimer Lucrece, qui les appelle *Volgiuaga Venere conceptos*. Mais vous ne deuiez pas confondre ceux qui naissoient du concubinage qui estoit permis par les loix Romaines, & partant qui se faisoient dans les maisons, auec ceux qui naissoient d'inceste ou d'adultere, d'vne femme publique ou d'vne estrangere, *vel ex nefario concubitu*. Le Iurisconsulte Modestinus les definit ainsi dans la loy 23. *de statu hominum*. *Vulgo concepti dicuntur qui patrem demonstrare non possunt, vel qui possunt quidem, sed eum habent quem habere non licet, qui & Spurij appellantur,* τὸ δἐ τλὺ απόρͅαν. Or tant s'en faut qu'ils fussent appellez des enfans naturels, qu'ils estoient estimez mesme n'auoir point de Pere. On les nommoit tantost les enfans de Venus & des Zephyrs, tantost les fils de la terre & des tenebres, ou comme dit Euripide des demiesclaues. Ils ont toûjours esté exceptez par les Loix & par les Princes, lórs qu'ils ont fait

Hh

quelque difpofition en faueur des *Nothi* ou naturels.

Il eft donc conftant que ceux-cy eftoient traitez plus fauorablement que les autres baftards, mais ils l'eftoient beaucoup plus rudement que les legitimes. Si bien que vous auez tiré vne fort mauuaife confequence du paffage que vous expliquez, quand vous dites que les anciens Iurifconfultes ne mettoient point de diftinction entre les enfans iuftes & legitimes, & ceux que vous appellez *Champis*, & que c'eft vn droit nouuellement eftably. Vous trouuerez au contraire que les derniers temps leur ont efté plus fauorables ; Qu'ils ont eu égard à l'humanité plutoft qu'à la iuftice, & qu'ils ont donné quelque part en l'heredité de leurs peres, à ceux qui autrefois n'en pouuoient pretendre que par teftament, & comme perfonnes eftrangeres. Mais au fonds la difference en a toufiours efté égale ; les termes ont toufiours eu la mefme fignification & la mefme force. Les Empereurs feulement ont diftingué plus clairement les conditions ; ils ont tâché d'ofter l'ambiguité des mots, & celuy de *Naturels* a efté donné plus ordinairement à ceux qui eftoient *naturales tantùm, non etiam naturales & legitimi.*

SECTION VI.

QVE MONSIEVR COSTAR A tort de se moquer des Poësies d'Alexandre Seuere & d'Adrien. Que Ciceron est meilleur Poëte qu'il ne pense. Qu'il y a plusieurs Epigrammes fort bonnes dans l'Anthologie.

VOus auez raison, Monsieur, de vous moquer de l'obseruation que fait Erasme sur
les vers de l'Empereur Seuere. *Lecteur, si tu t'apper-* Pag.191.
çois que les loix de la Poësie ne soient pas bien obseruées
icy, souuiens-toy que c'est vn Empereur qui a fait ces
vers, & que les Princes sont au dessus des loix. Car,
comme vous le remarquez, Erasme, ne s'estoit
pas auisé que Lampridius ne rapporte que la version d'vne chose qu'Alexandre Seuere auoit
composée en Grec ; Mais ie m'estonne, que vous
qui vous en estes apperceu, & qui reprenez si facilement les autres, attribuyez à cét Empereur les
fautes de son Interprete, & blâmiez la Poësie de
ce Prince, parce que la traduction Latine n'est
pas elegante.

Vous raillez de si bonne grace, vous & M. de
Voiture, que ie n'ay pû m'empescher d'en rire
à vostre exemple. Il vous est bien facile, Monsieur, de vous entretenir dans cette belle humeur,

H h ij

vous n'auez qu'à lire tels Autheurs qu'il vous
plaira lors qu'on leur fait parler des Langues
estrangeres : En effet, ils ne sont plus connoissa-
bles sous ces déguisemens, & ie pense qu'ils ne
se connoistroient pas eux-mesmes. On dit que
les charmes les plus puissans de la Magie, perdent leur force lors qu'ils sont traduits, & que
les Demons ne s'attachent qu'au son & à l'ex-
pression des paroles qui leur sont consacrées. I'ay
veu des versions de l'Eneïde si impertinentes,
que comme Alexandre defendit à tout autre
qu'à Appelle de le peindre, ie voudroit qu'on fit
defense à tous les Poëtes (i'en excepte Annibal
Caro, & peut-estre quelqu'vn des nostres, de toucher aux Ouurages de Virgile.

Traitez donc tant qu'il vous plaira les Poësies
d'Alexandre Seuere, de ridicules, dites *qu'il est
certain que ce bon Empereur est vn meschant faiseur de
vers, & que c'estoit par punition des Dieux, qu'il se
mesloit d'vn mestier dont il s'acquittoit si mal.* Pour
moy, i'ayme mieux croire son Historien qui asseure qu'il estoit fort eloquent, & qu'il faisoit
des vers qui estoient fort agreables & fort polis.

Pour ce qui est d'Adrien, ie vous demande
grace pour luy, ayez ie vous supplie, la mesme
complaisance qu'eut autrefois vn Philosophe de
son temps ; Permettez quelque chose à vn homme qui commendoit à trente Legions. Il n'estoit

pas ſi mauuais Poëte que vous pourriez croire.
Nous trouuons dans l'Anthologie deux ou trois
de ſes Epigrammes qui ſont fort bonnes, & ie
ne puis deuiner ce qui vous fait tant rire dans
celle-cy.

> *Ego nolo Florus eſſe,*
> *Ambulare per tabernas,*
> *Latitáre per popinas,*
> *Culices pati rotundos.*

Au moins Turnebe qui eſtoit vn excellent Cri- Aduer.l.24.
tique, trouue ces vers fort galans & fort bien c.8.
faits.

Il eſt vray que Spartien, non plus que vous,
ne fait pas beaucoup d'eſtime d'vne autre Epigramme qui eſt auſſi de Seuere.

> *Animula, vagula, blandula,*
> *Hoſpes, comeſque corporis,*
> *Quæ nunc abibis in loca*
> *Pallidula, rigida, nudula,*
> *Nec vt ſoles dabis iocos.*

Mais le meſme Hiſtorien ſe contredit, ayant ailleurs remarqué que ce Prince eſtoit tres-ſçauant
en toute ſorte de diſciplines, & qu'il auoit vne
facilité merueilleuſe à faire des vers. Quoy qu'il
en ſoit, c'eſt vn fort mauuais iuge de telles choſes, que voſtre Spartien ; & ie fais le meſme eſtat
de ſon iugement, que de la traduction de ce bel
eſprit de voſtre connoiſſance.

Hh iij

> *Mignardelette, amelette,*
> *Compagne hostesse du corps,*
> *En quels lieux, ma doucelette,*
> *Nuë, tremblante, panurette,*
> *Ores s'en vas-tu dehors*
> *Me frustrant de cette joye*
> *Que par toy ie receuoye?*

Ie ne connois personne capable de faire des Ouurages si accomplis, que vostre faiseur de Preface. Les Sonnets qu'il a composez à vostre loüange, sont à peu-prés de ce stile-là; Encore a-t-il fallu que pour entreprendre cette version, il ait eu vn exemplaire deuant les yeux, & qu'il ait copié son Ronsard qui auoit dit il y a bien long-temps.

> *Amelette, Ronsardelette,*
> *Mignonnelette, doucelette,*
> *Tres-chere hostesse du corps,*
> *Tu descends la bas foiblette,*
> *Pasle maigrelette seulette*
> *Dans le froid royaume des morts.*

Mais n'en déplaise à Spartien, à M. de Voiture, & à vous; Les vers de l'Empereur Adrien ne sont pas si mauuais que vous pensez; & quand vous en ririez plus long-temps que n'a iamais fait Democrite, les rieurs pour cela ne seront pas tous de vostre costé. Au moins, ce ne sera pas Casaubon, qui parle en ces termes dans les Com-

mentaires qu'il a faits de l'Histoire Auguste.
Mirum quare Spartiano hi versiculi parum videantur elegantes: nam ita mox iudicat. Videbimus alibi quantum isti scriptores Poëtica facultate valuerint: Multa enim de Græcis à se versa his libris inseruerunt, præ quorum venustate scilicet sordere Hadrianea debuerint. Nobis vero hi dimetri mollißimi, & melioris sæculi elegantia dignißimi cum viderentur, etiam Græcè idem fecimus Hadrianum dicere, nisi hoc potius balbutire est.

Vous traitez auec vne pareille iniustice le pauure Ciceron; Car bien que Iuuenal, Martial, & quelques autres, se soient moquez de ses vers, ses jambes neantmoins, & ses versions, sont tout à fait bonnes, & il a passé, comme dit Plutarque, pour vn des plus excellens Poëtes de tous les Romains. On l'auroit encore dans la mesme estime, si le siecle d'Auguste n'eust produit vne telle quantité de grands hommes, qu'ils ont pû non seulement effacer la gloire de Ciceron, mais encore disputer auec toute la Grece de l'honneur de la Poësie.

Le dégoust que vous tesmoignez auoir pour les Epigrammes Greques me sembleroit insupportable, si vous n'auiez desia blâmé auec vne pareille licence, *ce qu'on appelle les bons mots de Plaute, & les pointes de Martial.* Ie n'ay pas le loisir à cette heure, de vous faire remarquer les graces, les

beautez, & la naïueté dont l'Anthologie eſt
toute pleine. Poſſible que vous ne l'auez iamais leuë ; Autrement, Monſieur, vous pourriez donner ſujet à vos Ennemis, de ne pas
loüer voſtre iugement en cela, comme en beaucoup d'autres choſes que ie ſerois marry d'examiner dauantage. Quoy qu'il en ſoit, i'auoüeray toûjours ingenûment que vous auez de bons
Recueils ; Que voſtre imagination eſt feconde ;
Que voſtre ſtile eſt galant & agreable, & d'vn
beau tour ; Que vos Ecrits ont vn agrément & vn
éclat qui ſurprend d'abord ; & ſi vous pouuiez
adjouſter la ſolidité, & vne eſtude vn peu plus
exacte à tant de belles qualitez, ie ſuis certain
que vos Ouurages auroient bien plus d'Admira-
teurs & de Partiſans.

SECTION VII.

QVE MONSIEVR COSTAR N'A pas entendu Homere. Qu'il n'a pas raison de dire, que Mithridate estoit vn homme sans cœur. Sçauoir si Sylla estoit galant & coquet.

IE ne pretends pas dans cette Section, non plus que dans la precedente, vous oster vos diuertissemens, ni vous empescher de rire, puis-que vous le faites de si bon cœur, quand vous parlez de ceux à qui on a donné le nom de leurs femmes. I'aurois seulement besoin que vous m'expliquassiez ces termes. *Cela n'est beau ny honneste, qu'vn mary ne soit connû que par sa femme, & Homere croit iniurier Pâris, quand il l'appelle le mary de la belle Helene.*

Car ie ne trouue point qu'Homere ait pretendu dire des iniures au beau Pâris, veu mesme que dans les lieux dont vous parlez, il le traite de diuin. Ce qui pourroit vous auoir fait prendre le change, c'est qu'Eustathius remarque sur le troisiesme de l'Iliade, qu'Homere raille bien Pâris, lors qu'il le nomme diuin, puis qu'vn homme qui retient la femme d'vn autre, ne merite pas ce nom-là. Mais tant s'en faut qu'il ait crû

Δῖος Ἀλέ-
ξανδρος
Ἑλένης πόσις
ἠϋκόμοιο.
Ἰλ. γ'.
Ἰλ. η'.

Ii

l'iniurier, en luy donnant l'epithete de mary de
la belle Helene, qu'il appelle bien souuent Iupiter mesme, *le mary de la belle Iunon,* comme dans
le dixiesme de l'Iliade,

Ὡς δ᾽ ὅτ᾽ ἀν ἀςράπῃ πόσις Ηρης ἠϋκόμοιο.

Et dans le quinziesme de l'Odyssée, il le nomme
deux fois dans le mesme feüillet,

ἐειγδδυπος πόσις Ηρης.

Homere, Monsieur, estoit trop religieux, luy
qui passe pour le pere, & le modele de toute
vertu, de se moquer ainsi de Iupiter. Et il n'est
pas à croire que ce grand Poëte veüille railler,
lors qu'il represente ce Dieu en colere, tout enui-
ronné d'éclairs & de tempestes, ou qu'il le prend
à tesmoin dans les traitez de paix, & dans les affaires les plus serieuses.

Dans la mesme page 133. vous faites vne cruelle iniure à Mithridate, de dire qu'il n'auoit pas
de cœur. Cependant, Monsieur, Ciceron l'appelle le plus grand & le plus braue de tous les
Rois depuis Alexandre, & Plutarque le nomme
d'vn nom qui signifie le plus grand guerrier.
En effet, il n'y a point eu de Prince ny de peuple, qui ait soustenu si long temps que luy, vne
si difficile entreprise que celle de faire la guerre
aux Romains. Il suscita contr'eux presque toutes les Nations, & il remplit de la terreur de
ses armes, cette vaste estenduë de terre qui est

depuis l'Orient iusqu'aux colonnes d'Hercule.
De sorte, qu'on ne doit parler proprement de
l'Empire des Romains, qu'après sa défaite. Ce
fut lors qu'ils commencerent d'imposer tribut
aux Prouinces, & qu'ils se crurent les maistres
de l'Vniuers. Ce grand Prince resista plus de
quarante ans à toutes leurs forces, & Sylla, Lucullus & Pompée ne suffirent pas à le vaincre.
Il estoit vaillant & hardy iusqu'à l'excés, il estoit
encore infatigable ; & comme il auoit fait la
guerre dés son enfance, son experience aussi
bien que sa conduite, estoit merueilleuse. On
ne parloit à Rome, comme dit Appien, on ne
faisoit estat que de la guerre de Mithridate ;
L'heureux succés qui la termina fut appellé la
grande victoire, & Pompée qui mit fin à de si
grands mouuemens fut comparé à Alexandre, &
merita aussi-bien que luy le surnom de Grand.

Pour Sylla, il s'estima glorieux d'auoir vaincu
vn si terrible Ennemy, ce fut la raison principale
qui luy fit prendre le nom d'*heureux*. Mais i'a-
uoüe que ce n'est pas sans vn agreable diuertis-
sement, que ie vous ay veu si fort embarassez,
vous & M. de Voiture, pour sçauoir si Sylla estoit
coquet & galant, ou s'il ne l'estoit pas ; Et ie
trouue que vostre amy auoit raison de dire, que
vous ne connoissiez pas trop bien vn homme
qui est si remarquable dans l'Histoire. Autrefois

vous-vous eſtonniez que Saluſte contaſt pour
quelque choſe dans vn ſi grand Capitaine la
connoiſſance qu'il auoit des bonnes Lettres, qui
n'eſtoit, ſelon vous, qu'vne qualité vulgaire;
maintenant vous trouuez encore plus merueilleux qu'il fut coquet.

C'eſt que vous ne penſiez pas à ce que dit Ciceron, que Sylla eſtoit le maiſtre qui auoit en-
ſeigné aux Romains les trois vices les plus con-
tagieux & les plus dommageables, le luxe, l'auarice & la cruauté. Car, comme remarque Valere
Maxime, Sylla auant ſon voyage d'Afrique auoit
paſſé ſa vie dans toute ſorte de débauches. Le
vin, les femmes & la comedie, faiſoient toutes
ſes delices auſſi-bien que toutes ſes occupations.
Il ſembloit, comme dit excellemment le meſme
Valere, que Sylla ioüaſt deux perſonnages, &
qu'on vid en ſa perſonne deux hommes tout à
fait diſſemblables. On l'eut pris quelquefois pour
vn ieune débauché, pour vn coquet & pour vn
galant, & quelquefois il faiſoit voir qu'il eſtoit
graue, laborieux & conſtant, & pour dire tout
en vn mot, qu'il eſtoit vn Citoyen digne de l'ancienne Republique.

Vous dites qu'au rapport de Plutarque, Sylla quand
il écriuoit aux Grecs, s'appelloit luy-meſme ἐπαφρόδιτος,
Veneri gratus, & que ce terme qui reuient à noſtre
Venuſtus, ſe prend pour le fœlix des Latins. S'il eſtoit

parlé, ajoustez-vous, d'vn autre que de Sylla, on pour-
roit peut-estre prendre ce mot à la lettre, comme l'a tra-
duit l'Interprete, mais vous sçauez que Sylla n'estoit pas
coquet ni galant, ou du moins qu'il n'affectoit pas d'en
auoir la reputation parmy les Grecs.

Ie ne veux pas beaucoup insister sur ces paroles, puis que vous auez reconnu en vn autre lieu,
que vous-vous estiez trompé, & que Sylla estoit
fort galant, Mais il est bon de remarquer qu'il
s'appelloit tantost *fœlix*, tantost *faustus*, & tantost *venustus* ou *Veneri gratus*, qui signifient à peu
prés la mesme chose, c'est à dire heureux. A la
verité, c'estoit vne moderation à vn Capitaine si
illustre d'attribuër à la Fortune tant de grandes
victoires qu'on pouuoit attribuër à sa vertu.
Neantmoins, c'estoit par vne prudence consom-
mée & par vne fine politique, qu'il vouloit ceder
à l'enuie qui s'attache ordinairement à ceux qui
s'esleuent au dessus des autres. Les Sages parmy
les Anciens ont toûjours craint la Deesse Ne-
mesis qui se plaisoit à abatre & à destruire ce qui
estoit de trop eminent.

Or vous n'ignorez pas, Monsieur, que l'Astre
de Venus est d'vne influence douce & fauorable;
Que mesme dans le ieu, le coup le plus heureux
estoit celuy de Venus. Et ce qui fait le plus à
nostre sujet, c'est que cette Deesse aimoit & fa-
uorisoit extremement les Romains, à cause de

Ii iij

ſon fils Enée de qui ils eſtoient deſcendus. Outre cette aſſiſtance générale de Venus, qui eſtoit
commune à tout le peuple Romain, Sylla eſtoit
particulierement en ſa protection, teſmoin l'O-
racle qui luy fuſt rendu, lors qu'il forma le deſſein de ſes grandes entrepriſes.

Πείθεό μοι Ρωμαῖε, κράτος μέγα Κύπρις ἔδωκε
Αἰνείω γενεῇ, μεμνημένον &c.

*Romain ajouſte foy à mes paroles, Venus promet
vne grande victoire, & vne nouuelle puiſſance à la poſterité d'Enée ; Ne ſois pas ingrat enuers les Dieux,
enuoye de riches preſens à Delphes, mais ſur tout ſi tu
conſacres vne hache, dans vne ville de la Carie qui porte le nom de cette Deeſſe, tu viendras à bout de tes
deſſeins.*

Sylla receut encore vn nouueau teſmoignage
de la protection de Venus, l'ayant veuë en dor-
mant, au milieu de ſes bataillons encourageant
ſes ſoldats & les menant au combat. Aprés qu'il
eut vaincu ſes ennemis, il ne fut pas ſatisfait de
luy offrir la hache qu'elle luy auoit demandée,
il luy conſacra vne couronne d'or auec vne inſ-
cription qui teſmoignoit ſa gratitude & l'aueu
qu'il faiſoit ſolennellement d'auoir receu de ſa
faueur de ſi glorieux auantages. Nous voyons
encore auiourd'huy dans les medailles de Sylla
l'image de Venus & celle de Cupidon. Si bien
qu'il ne faut pas s'eſtonner s'il prenoit le nom

ἐπαφρόδιτος ou de *Venuſtus*, c'eſt à dire vn nom qui ſignifioit tout-enſemble, heureux, & le fauory de Venus. Ioint qu'il aimoit paſſionnément les femmes, & qu'il eſtoit, pour me ſeruir de vos termes, extremément coquet.

SECTION VIII.

EXPLICATION D'VN MOT
d'Ennius qui ſe vantoit d'auoir
trois cœurs.

LE *Pere Ennius*, dites-vous, *ſe vantoit d'auoir trois cœurs, parce qu'il ſçauoit parler Græcè, Oſcè & Latinè. A ce conte-là Mithridate qui ſçauoit parler vingt-deux Langues auoit bien des cœurs, luy qui n'en auoit pas vn bon. Mais, à voſtre auis, ſur quoy ſe fondoit le bon-homme? N'eſt-ce point que de ſon temps les Romains ne parloient que du cœur; Et de fait, encore long-temps apres, Caton le grondeur ayant harangué les Atheniens leur laiſſa cette opinion, Que le parler des Grecs venoit des leures, & celuy des Romains du cœur.*

Que vos railleries ſont froides, & que vous eſtes heureux à mettre vos fautes en racourcy! Elles ſe ſuiuent de ſi prés, qu'on ne les peut diſtinguer; Vous faites mention de tant de choſes; Vous ébloüiſſez le Lecteur par la varieté de tant

d'especes & de matieres, qu'il n'a pas le loisir de
les considerer à son ayse, il suit le torrent qui
l'emporte. Mais de grace, arrestons nous vn peu
icy. Premierement, vous pechez contre la Chro-
nologie, quand vous dites que *Caton le grandear*
harangua les Atheniens, long-temps apres Ennius ; Et
neantmoins ils estoient tous deux contemporains, & à peu près de mesme âge ; Ce fut Ennius qui luy apprit la Langue Grecque lors qu'il
estoit desia vieux ; & ainsi ce fut de son temps
qu'il fit cette harangue dont vous parlez. Vous
prenez donc icy l'vn pour l'autre, à vostre ordinaire, & vous confondez les deux Catons ; Mais
vous nous direz vne autrefois, pourquoy au
prejudice de l'vn, vous faites l'honneur à l'autre
de l'appeller *grandeur.* Vous agréerez que je vous
die encore, que cette raillerie est fausse ; *Mithri-*
date qui sçauoit vingt-deux Langues, auoit bien des
cœurs luy qui n'en auoit pas vn bon ; Puis qu'il vous
faut démentir tous les Autheurs & toute l'Antiquité, pour faire passer cela pour vn bon mot.

   Pour reuenir à *Ennius,* vous-vous moquez
plaisamment de luy, de ce qu'il se vantoit d'auoir
trois cœurs, à cause qu'il sçauoit trois Langues.
N'est-ce point, adjoustez-vous, *que de son temps les*
Romains ne parloient que du cœur?

   Il est vray, Monsieur, que les Atheniens ayant
vne fois oüy Caton le Censeur, remarquerent
cela

cela des Romains ; mais c'eſt par vne raiſon qui ne ſe rapporte pas à voſtre ſens. Plutarque dit, que ceux d'Athenes admiroient la viteſſe, la ſubtilité, & la force de ſon diſcours, qu'il falloit que ſon Interprete ſe ſeruiſt d'vn grand nombre de paroles, pour rendre ce que Caton diſoit en peu de mots ; Il leur ſembloit que Caton alloit droit au but ; Qu'il exprimoit ſa penſée en vn moment, & qu'il leur parloit à cœur ouuert ; Ce que la Langue Greque ne ſçauroit faire, ayant beaucoup de prepoſitions, d'articles, & de paroles inutiles qui ne ſeruent que d'ornemens à vn diſcours, qui le rendent foible, languiſſant & long, & qui ſemblent ne partir que de la langue : Au lieu qu'vn diſcours comme celuy de ce Romain, eſtant ſimple, ſans affectation, ſans déguiſement, & ſans aucuns termes ſuperflus, à bien plus de force, & exprime bien mieux les ſentimens de noſtre ame, laquelle ayant ſon ſiege dans le cœur, & y exerçant toutes ſes fonctions & toutes ſes puiſſances, ſelon la Philoſophie des Anciens, on peut dire que celuy-là parle du cœur, qui découure ſes penſées à nû, & en peu de paroles.

On peut ajouſter fort à propos ce que dit ſaint Gregoire Taumaturgue, que la Langue des Romains eſt terrible & ſuperbe, & qu'eſtant proportionnée à la grandeur de leur puiſſance, elle

K k

commande plustost qu'elle ne persuade, elle ne
cherche point à plaire ni à flater; Vn long dé-
tour de paroles n'estant propre qu'aux foibles,
& à ceux qui se pleignent; le discours de ceux qui
parlent auec authorité est toûjours concis, &
sans artifice.

Mais pourquoy Ennius se vante-t-il d'auoir
plusieurs cœurs? Il n'a voulu dire autre chose, si
ce n'est qu'il valoit autant que trois autres; Car
le mot de cœur est employé dans toutes les Langues, pour signifier toute la personne. Si je n'a-
uois peur que vous me prissiez pour quelque Ra-
bin, ie vous en apporterois des exemples de la
Langue Sainte; pour cette fois vous m'en croi-
rez, s'il vous plaist, sur ma simple parole. Vous
sçauez bien que les Grecs s'en seruent en cette
façon, & qu'Homere, lors qu'il parle du cœur
de Iupiter, d'Vlysse, ou de quelqu'autre, parle
d'eux-mesmes, & non pas de cette partie de leur
corps. Mais personne ne peut mieux appuyer
cette remarque, que le mesme Ennius dans ces
vers que rapporte Aulugelle.

Aulug. Gell.]
L.6.c 2.

Annibal audaci dum pectore dehortatur
Ne bellum faciam, quem crediderit esse meum cor
Suasorem summum, & studiosum robore belli.
Annibal ille, dit Aulugelle, *audentissimus atque for-*
tissimus, quem ego credidi, hoc est enim quem credidit esse
meum cor. Perinde atque diceret, quem ego stultus homo

cred̀i fore summum suasorem ad bellandum, is me de-
hortatur ne bellum faciam.

Il me semble pourtant, qu'il y auroit bien
autant de raison d'appeller des gens qui sçau-
roient deux langues, *bilingues*, comme fait Virgile, ou Asteropées & ambidextres, comme les
appelle Athénée, que de leur donner plusieurs
cœurs, qui est vn auantage qui leur est commun
auec les perdrix d'vne Prouince d'Asie, lesquel-
les naissent toutes auec deux cœurs, si nous en
croyons Theophraste. Quoy qu'il en soit, ces
gens-là estoient si estimez, que Galien remarque,
qu'vn certain homme passa autrefois pour vn
prodige, & pour vne merueille, parce qu'il parloit la Langue de deux differentes Nations.

Lib.1.

Plin.l.11.c.37.
Aulug.Gell.
l.16.c.15.
Gal.2.de diff.
pulsu.

SECTION IX.

D'VN PASSAGE D'ARISTOTE QVE
*Monsieur Costar n'explique pas fidelement. S'il
est vray que le Tasse & l'Arioste logeoient en
chambre locante. Beueües de Monsieur
Costar dans les allegations de l'Arioste
& du Tassone. Explication
d'un vers de Iuuenal.*

VOus m'auriez extremement obligé, si vous
auiez pris la peine de marquer le lieu des
Topiques, où Aristote dit, *Qu'il y a quelquefois des
choses qui sont ridicules, pour estre trop vrayes.* Ie me
puis croire que vous qui auez tant d'auersion
pour les gros liures, & sur tout quand ils sont
Grecs, ayez leu cela dans ce Philosophe. Sans
doute, vostre M. Pauquet de qui vous parlez si
souuent, vous a fourny ces memoires sans les
auoir bien examinez. Peut-estre mesme que
vous ne lisez pas auec plus d'attention les Autheurs d'Italie, que ceux de Grece. M. de Voiture s'en estoit bien apperceu, lors qu'il vous
écriuit vne fois, *Ie ne fus pas plus estonné quand
i'entendis les Religieuses de Loudun parler Latin, que
ie l'ay esté de vous voir dire tant d'Italien. En verité,
vous l'alleguez comme si vous l'entendiez. Au moins,*

vous estes fort mal informé de la façon de viure des deux plus celebres Poëtes d'Italie, vous ne les connoissez pas plus particulierement que les autres.

Dans la liste que vous faites de ceux qui estoient pauures, & qui n'ont iamais *basty, si ce n'est quelque Ode*, ou quelque edifice de noms & de termes, Vous ajoustez. *A la verité l'Arioste & le Tasse ont fait de tres-riches Palais, sans parler de celuy de l'Amour dans l'Adonis du Marin ; mais ils n'en logeoient pas moins en chambres locantes, & ce n'est pas ce que nous appellons, ædificare casas.* I'auoüe que le Tasse estoit pauure, neantmoins, il ne logeoit point en chambre garnie ; il auoit son logement dans le Palais des Ducs de Ferrare & des autres Princes, en la Cour desquels il s'est trouué. Pour ce qui est de l'Arioste, il auoit assez de bien ; & tant s'en faut qu'il fût reduit à la chambre locante, il fit bastir vne maison fort commode, où il faisoit ordinairement sa demeure, comme luy-mesme l'asseure dans ces vers qu'il y fit grauer.

Parua, sed apta mihi, sed nulli obnoxia, sed non
  Sordida, parta meo, sed tamen ære domus.

Battista Pigna qui a fait sa vie dit, qu'il aimoit fort à bastir, & que c'estoit l'vne de ses occupations les plus communes, que de changer & de refaire toûjours quelque chose à sa maison. *Ma*

*dilettando ſi molto d'edificare, &c. Intorno à queſta
ſua caſa non ſi contentando mai d'vna coſa fatta, facea
ſpeſſo rifarla dicendo d'eſſere ancora tale nel far verſi,
eſſendo che molto li mutaua e rimutaua.* Si vous voulez encore vn autre teſmoin, Paul Ioue dit de
luy dans ſes Eloges. *Receptus inde eſt ab Alfonſo
Principe tanquam horarum omnium amicus & ſodalis,
cuius benigna manu vrbanam domum extruxit pera-
mœnâ hortorum vbertate, frugi menſæ quotidianos ſum-
ptus adæquantem.* Mais il vous importe peu de la
verité des choſes que vous dites, vous craignez
qu'elles *ſoient ridicules pour eſtre trop veritables.* Tout
va bien, poutueu que vous ne demeuriez pas
court, & que vous rempliſſiez la page. Vous rapportez tout ce qui ſe preſente à voſtre imagination. Ie ne conteſte pas que vous ne l'ayez pleine
de belles Idées ; mais vous nous en faites part
auec la meſme forme, la meſme apparence, & le
meſme ordre, ou la meſme confuſion qu'elles ſe
montrent à vous. C'eſt que vous n'eſtes pas de
l'humeur de Demoſthene, à qui on reprocha
vn iour qu'il eſtoit vn grand reſveur, & qu'il s'at-
tachoit auec vne application trop violente aux
choſes qu'il meditoit. Dieu me garde, reſpon-
dit-il, de rien proferer de ce que ie dois dire au
peuple d'Athenes, ſans l'auoir auparauant bien
conſulté en moy-meſme.

Vous traduiſez auſſi, bien plaiſamment, cét

endroit que le Chancelier Bacon cite de l'A- Pag. 419.
rioste, où il parle des Corbeaux & des Vautours
qui se trouuent sur les bords du fleuue d'Oubly, &
que vous prenez pour *des oyseaux de riuiere.* Certes, vous n'auiez pas vostre Dictionaire, lors que
vous lisiez ces vers du Chant 35.

    Lungo e d'intorno quel fiume volando
    Giuano corui & auidi auoltori,
    Mulacchie, e varij augelli, che gridando
    Facean discordi strepiti, e romori,
    E a la preda correuan tutti, quando
    Sparger vedean gli amplissimi tesori
    E chi nel becco & chi nel l'vgna torta
    Ne prende, ma lontan poco li porta.

Ayant si mal entendu ce passage, si M. de
M. de Voiture auoit veu vostre traduction, il
ne diroit plus, que *vous alleguez l'Italien comme si
vous l'entendiez.* Et vous ne pouuez vous excuser
sur Bacon qui ne parle en ce lieu-là d'aucun oy- *Circa fluuium
autem magnâ
auium vim
volitare, qua
numismata
accipiunt &c.*
seau de riuiere. Mais pour passer à vne autre de
vos mesprises ; il faut que vous ayez dans l'esprit vne certaine mesure pour les vers Italiens,
aussi fausse que celle de ce Tyran, qui allongeoit
les pieds de ceux qui tomboient entre ses mains
à la longueur de son lit, & par ce moyen les
estropioit ; Car vous traitez de la mesme façon
le pauure Tassone en luy faisant dire,

Era fuor de' perigli vn vero Sacripante,
Ma ne' perigli haueua cara la vita.

Vous adiouſtez dans le premier vers le terme *ve-*
ro, & vous mettez dans le ſecond *haueua*, au lieu
d'*hauea*, ce qui donne deux pieds de plus au premier, & vn au ſecond, & ainſi les allonge plus
que ne veut leur naturel, auec aſſez de violence.

Vous n'auez pas eu plus de ſoin d'examiner
ce vers de Iuuenal qui parle de Rufus.

Qui toties Ciceronem Allobroga dixit.

Vous agitez là deſſus vne iolie queſtion, ſçauoir, *lequel des deux a plus deſobligé Marcus Tullius,*
ou l'Empereur Adrien qui iugea hautement contre luy
en faueur de Caton, ou le Pedant Rufus qui le nom-
moit Allobroge. Ie ne ſçay pas que vous a fait le
pauure Rufus pour le traiter de la ſorte. Cependant, Monſieur, c'eſtoit vn fort galant homme, & qui eût eſté bien faſché de faire vne telle iniure à Ciceron. Au moins, Iuuenal parle
de ce Rufus en des termes fort auantageux. Voicy le ſens du paſſage.

Les Dieux puiſſent donner aux Ombres de nos pre-
deceſſeurs de dignes recompenſes ; Que la terre leur ſoit
legere, & que les fleurs ne partent iamais de deſſus
leurs tombeaux ; Car certes, ils l'ont bien merité, lors
qu'ils ont rendu les meſmes honneurs à ceux qui inſtrui-
ſent la ieuneſſe, qu'ils en rendoient à leurs propres peres.

Achille

Achille, quoy qu'il fût desia grand, craignoit la ferule de son maistre qui estoit vn Centaure. Vne figure si difforme & si ridicule n'empeschoit pas qu'il n'eût pour luy beaucoup de veneration & de respect : mais à cette heure, la ieunesse est si corrompuë & si insolente, qu'elle ose bien fraper ceux qui l'enseignent, sans épargner le docte Rufus, ce Rufus, dis-je, qu'elle-mesme a nommé si souuent le Ciceron des Gaules.

Voyez, Monsieur, si vous ne faites pas comme cette ieunesse dissoluë, d'appeller vn honneste homme Pedant, & de le faire dire encore à Iuuenal qui l'honoroit beaucoup. Et afin que vous ne croyez pas que ie veüille vous rien imposer, il est bon que i'aporte le passage entier.

> *Dij Maiorum vmbris tenuem, & sine pondere*
>   *terram*
> *Spirantesque crocos & in vrna perpetuum ver,*
> *Qui præceptorem sancti voluere parentis*
> *Esse loco. Metuens virgæ iam grandis Achilles*
> *Cantabat patriis in montibus : & cui non tunc*
> *Eliceret risum citharædi cauda magistri ?*
> *Sed Rufum, atque alios cædit sua quemque iu-*
>   *uentus,*
> *Rufum, quem toties Ciceronem Allobroga dixit.*

Sat. 7. l. 3.

Où vous remarquerez s'il vous plaist, que les meilleurs exemplaires mettent, *quem toties dixit,* ce qui se raporte à *iuuentus.* Le vieux Scoliaste appuye cela, lors qu'il dit, que ce Rufus estoit

Pithœi, Rigaltii, Gronouij, Schreuel. &c.

Gaulois. Ie fçay bien qu'il y a là-deſſus des le-
çons differentes, & que pluſieurs liſent, comme
vous. *Rufum qui toties, &c.* Ce qui ne vous iuſti-
fie pas d'auoir appellé Rufus, vn Pedant, puis
que Iuuenal l'allegue comme vn homme excellent, blaſmant les ieunes gens de ſon temps, qui
auoient bien l'inſolence de le mal-traiter, au
lieu de l'honorer comme leur Pere. Car quand
meſme il auroit trouué à redire à Ciceron, il ne
meritoit pas vne plus grande punition que Brutus qui auoit autrefois appellé ce grand Orateur,
foible, languiſſant, & ſans force. Cependant, ie
n'ay point appris qu'on l'ait traité de Pedant:
Ce qui confirme bien ce que vous dites ſi ſouuent; *Qu'il n'y a qu'heur & malheur au monde.*

SECTION X.

POVRQVOY THEOCRITE APPELLE

le Printemps, blanc, & pourquoy Hesiode donne
le mesme nom à l'Olympe. Pourquoy la couleur de pourpre est quelquefois attribuée aux choses qui sont blanches. Si les Paons ont esté
en honneur parmy
les Anciens.

PAssons à l'obseruation que vous faites sur Pag. 428.
Theocrite. Vous remarquez que la blancheur
est la couleur de la beauté ; ce qui est si vray, que ce
Poëte appelle le Printemps blanc, λευκὸν ἔαρ χειμῶνος
ἄνθεντος. Et Hesiode parlant du Ciel a dit ἠχεῖ δὲ κάρη
νιφόεντος Ὀλύμπου.

Ie ne veux pas nier que la blancheur ne soit
vne partie de la beauté, & que les Poëtes parlant des belles personnes ne disent ordinairement qu'elles sont blanches. Mais il ne s'ensuit
pas que la blancheur soit la seule couleur de la
beauté. Il y a des choses qui sont belles pour
estre rouges, ou pour estre noires, & d'autres
pour estre blanches n'ont ni beauté ni agrément.
Il est vray que Theocrite appelle le Printemps
blanc, aussi bien qu'Hesiode fait le Ciel, mais

blanc, en cét endroit ne veut pas dire *beau*. Il signifie que le Printemps est blanc effectiuement, à cause des fleurs qui naissent en cette saison, & qui sont blanches pour la plus part ; ainsi que pour la mesme raison il est appellé rouge ou *purpureum*, à cause que beaucoup de fleurs sont de cette couleur. D'autres disent qu'on donne cette epithete de blanc, au Printemps, parce que cette saison est agreable ; que pendant qu'elle dure, tous les animaux se resioüissent, & qu'il semble qu'on voye dans toute la Nature vne gayeté extraordinaire ; Car il faut supposer que les Anciens appelloient les choses agreables, blanches ; & que c'estoit vne coustume qu'ils obseruoient religieusement de distinguer les iours heureux d'auec les autres, par des marques de cette couleur.

Le Scoliaste Tzetzes interprete le πολιὸν ἔαρ, *candidum ver*, d'Hesiode par λαμπρὸν, *splendidum*, soit parce que dans ce temps-là, la terre est *toute brillante de fleurs*, pour me seruir des termes de M. de Voiture, ou à cause de la lumiere du Soleil qui est plus éclatante lors qu'il a dissipé les nuës qui l'empeschoient de paroistre pendant l'hyuer. Or il est certain que la lumiere est appellée blanche, & que plusieurs croyent que la blancheur & la lumiere ne different que du plus ou du moins, comme on parle dans l'escole, d'où vient que

Moschop.
Proclus, Tze-
tzes in Hesio.
op. l. 2.

φοινικαύθεμου.
Pindar. Pyth.
Od. 4.
φοινικόπτε-
ρλου.

candor fignifie également ce qui eft blanc & ce
qui eft lumineux.

Mais vous-vous trompez étrangement de croire qu'Hefiode parle du Ciel, & qu'il l'appelle
beau, pour auoir dit ἤχει δὲ κάρη νιφόεντος Ὀλύμπου.
L'Olympe qui eft toufiours couuert de neges en retentit.
Car il parle de l'Olympe qui eft vne montagne
de la Macedoine, ou, comme veulent les autres,
de la Theſſalie, ſur le fommet de laquelle les
Dieux prenoient plaifir de s'aſſembler. l'auouë
que le Ciel eſt auſſi appellé, Olympe, mais il n'y
pleut ni n'y grefle; il n'y a point la de neges ni
d'orages, comme dit Homere quelque part dans
l'Odyſſée. Ainſi lors que le mefme Poëte dit que
l'Olympe a pluſieurs pointes & pluſieurs ſom-
mets, il entend parler de la montagne qui porte
ce nom, comme le remarque Euſtathius, & non
pas du Ciel qui eſt d'vne figure ronde, bien que
tout ce que les Poëtes difent de cette montagne
ſe puiſſe interpreter du Ciel par allegorie. Quoy
qu'il en ſoit, vne montagne couuerte de neges
eſt vne chofe qui bien-loin d'eſtre agreable, eſt
fort trifte & fort fafcheufe à voir; & ie croy mef-
mé, qu'elle vous paroiftroit plus belle, ſi elle
eſtoit couuerte de quelque foreſt bien épaiſſe
& bien verte.

Pour ce qui eft de la Pourpre, il eſt certain que
c'eſt vne belle couleur, mais lors que les Poëtes

Sur l'Iliad. a.

disent que la mer, la nege, les Cygnes, ou le Soleil sont de couleur de pourpre, ie ne croy pas, comme vous l'asseurez, *qu'ils ne veüillent dire par ce mot que ce qu'ils appellent pulchrum, c'est à dire beau.* Vous passez, Monsieur, quelquefois trop legerement sur les matieres que vous traitez, comme aussi en reuanche, vous les estendez bien souuent outre mesure. Vous pouuiez dire que cette couleur que quelques Autheurs appellent diuine, est attribuëe aux choses qui ont de l'éclat, qui iettent vn certain feu, & vne certaine lumiere qui se voyoit dans les draps qui estoient teints de cette precieuse teinture dont l'on doit l'inuention au chien d'Hercule. Vn seul exemple suffira à prouuer ce que ie dis. Aulugelle parlant de certains mots que le Poëte Furius auoit inuentez, allegue entr'autres cette façon de parler vn peu hardie à la verité, mais qui est noble, & fort significatiue.

Spiritus Eurorum virides dum pupurat vndas.

Remarquez, s'il vous plaist, comme Aulugelle explique ce *purpurat. Quod ventus mare cæruleum crispicans* nitescere *facit, purpurat dixit.* Vous ne deuez donc pas trouuer estrange, que la grande blancheur des cygnes, comme ayant beaucoup d'éclat & de lumiere, les ait fait nommer *Purpurei.*

Vous ajoustez, *que les cygnes sont fort beaux.*

Pag. 426.

Tyrias imitata papauera luces. Manil.l.5.

Lib. 18. c 11.

mais pour montrer qu'il n'y a qu'heur & malheur au
monde, les paons n'ont point leurs honneurs, ni leurs
priuileges. Et cependant, leur queuë est toute couuerte
de diuerses pierreries.

Ie vous sçay bon gré, Monsieur, de prendre
le party des paons, dont la beauté est si grande,
qu'on peut dire d'eux ce que disoit Pline, moins   Gaudenfis o-pus esse natu-ræ lib. 3. c. 5.
à propos sur vn autre sujet, qu'ils sont vne pro-
duction de la Nature, lors qu'elle estoit en belle
humeur, & qu'elle cherchoit à se diuertir. C'est
pourquoy il ne faut pas s'estonner, si les oyseaux,
lors qu'ils voulurent choisir vn Roy pour leur
commander, ietterent les yeux sur le paon. En
effet, il a vne majesté de Prince, & ses plumes ne
cedent point à la pourpre ni à l'or des plus grands
Monarques. Mais ie ne puis comprendre ce qui
vous oblige de déplorer le malheur des paons,
& de les plaindre si fort, *de ce qu'ils n'ont point leurs*
honneurs & leurs priuileges aussi bien que les cygnes:
Car ie trouue, Monsieur, qu'ils ont toûjours esté
bien honorez & respectez en ce monde. Ne
sçauez-vous pas qu'ils estoient consacrez à Iunon, comme les plus beaux & les plus excellens
de tous les oyseaux, à la plus grande de toutes
les Deesses? Et que les Imperatrices Romaines,
pour tesmoigner qu'elles estoient en terre, ce
que Iunon estoit dans le Ciel, auoient accoustumé de mettre leur image d'vn costé de leurs me-

dailles, & au reuers vn paon auec ce mot *confecra-tio*. Les Samiens pareillement, pour faire voir qu'ils estoient en la protection de Iunon, marquoient leur monnoye & les monumens publics, de la figure de cét oyseau.

Si les paons n'eussent pas esté en honneur, l'Empereur Adrien n'eut pas dédié dans vn Temple de Iunon, proche la ville de Mycene, vn paon d'or enrichy de pierres tres-precieuses; & ce Roy d'Egypte dont parle Elien, n'eust pas consacré à Iupiter vn de ces oyseaux; Iupiter mesme n'eut pas puni auec tant de seuerité les sacrileges qui voulurent le luy dérober. Autrefois les Princes de la maison d'Austriche au raport de Wolfgangus Lazius auoient de coustume d'orner leurs casques de plumes de Paon; & Lucien asseure que dans l'Isle des bien-heureux on faisoit des couronnes de ces plumes, pour seruir de recompense à ceux qui auoient vaincu leurs aduersaires à la iouste, au ceste, ou à la course, & que les Poëtes entr'autres, en estoient couronnez. Ainsi ie ne m'estonne plus si parmy les Pythagoriciens on tenoit pour vne chose bien constante, que l'ame d'vn Paon qui anima autrefois le corps de leur maistre, anima aussi ceux d'Ennius & d'Homere.

Personne n'ignore le soin qu'auoient les Anciens de seruir des paons en leurs festins, qu'ils

estoient

Pausan. in Corinth.

de Anim. l.11. cap. 33.

In Præf. Com. de Rep. Ro.

l.2.de ver.hist.

estoient tout l'honneur de leurs tables, & qu'on les achetoit au poids de l'or. Ce seroit vne chose trop affectée si ie monstrois dauantage combien ils estoient precieux parmy les Grecs & les Romains. On ne les faisoit voir à Athenes que les iours de feste en ceremonie, & par decret public. Et Pline nous apprend qu'à Rome tel Citoyen tiroit de reuenu de ses paons plus de quinze cens escus d'or.

L.14 c.15.
l.10.c.20.

Quoy qu'ils fussent extremement coñus dans les Indes, les Rois ne laissoient pas de les faire esleuer en grand nombre dans leurs maisons de plaisance. Et Alexandre ayant conquis ces riches Prouinces, luy qui auoit fait perir tant de milliers d'hommes, ne pût souffrir qu'on tuast des paons, & fit deffense à ses soldats sous de grosses peines de leur toucher. Suetone remarque que Tibere fit mourir vn soldat des cohortes Prétoriennes pour luy auoit dérobé vn de ses paons. Enfin, ces oyseaux ont receu tant d'honneurs que les peuples de Lybie les reueroient comme des diuinitez, de sorte que ceux qui osoient les mal-traiter, estoient chastiez comme des impies & des sacrileges.

Eust. in
Iλ.χ'.

M m

SECTION XL.

MESPRISE DE MONSIEVR COSTAR *dans vne citation d'Homere. Qu'il explique mal le terme δυσώνυμος. Explication du mot Quincunx dont Monsieur Costar a ignoré la signification.*

LE défaut de memoire dans les grands Autheurs comme vous, est vne faute bien excusable, puis qu'ils ont la teste pleine de tant de choses, qu'il est comme impossible qu'elles puissent s'y ranger sans confusion & sans desordre. Pour dire qu Homere donne à Iupiter le titre de Pere, vous alleguez cét Hemistiche.

Πατὴρ δ' ὡς ἤπιος ἦεν.

Mais, si ie ne me trompe vous trouuerez dans le 15. de l'Odyssée, que c'est Menelaüs qui se sert de ces paroles pour tesmoigner la bonté de Nestor, & l'amitié qu'il auoit euë pour luy pendant le siege de Troye; Il est vray que Iupiter est appellé ordinairement le Pere des Dieux & des hommes, mais il falloit citer ce demy-vers.

Πατὴρ ἀνδρῶντε Θεῶντε.

Vous-vous mesprenez vn peu dauantage quand vous parlez de l'epithete que Lucien donne à la goutte, & que vous dites que δυσώνυμος si-

gnifie *difficile à nommer.* Certes, ie ne vois pas la Pag. 323.
difficulté qu'il y a, à prononcer ce mot, *de goutte,*
non plus que ceux de Pâris, d'Ilion & d'Aiax, de
Iulien, d'Arius & de plusieurs autres à qui on
donne l'epithete dont se sert Lucien. Δυσώνυμος,
Monsieur, signifie, malheureux, maudit, exe-
crable, *infausti nominis, seu inauspicati, cuius nomen
odiosum est.* Ou comme parle le Scoliaste de So- In Aia.flagel.
phocle, celuy-là s'appelle δυσώνυμος de qui on ne
peut ouïr le nom sans horreur, sans auersion, &
sans desplaisir à cause de la haine qu'on luy porte. Le premier dictionaire vous pouuoit apprendre l'explication de ce terme, & sans la chercher
plus loin, Lucien dans le lieu que vous citez,
s'explique luy-mesme fort clairement, quand il
represente vn gouteux qui s'écrie. *O goutte dont
le nom est terrible & haï des Dieux,* où il est aisé de
connoistre qu'il attribuë au nom ce qui doit
estre attribuë à la chose qu'il signifie.

Vous me répondrez que cela n'est pas de grande importance, & comme disoit autrefois Demosthene, *Que ce n'est pas de là que dépendent les
destinées de la Grece.* Ie vous l'auoüe, Monsieur, si
vous voulez, & ie vous auoüeray encore que
presque tout ce qu'escriuent les gens de Lettres
n'est pour l'ordinaire que l'employ des personnes oysiues; Ce sont des amusemens innocens
& qui importent fort peu à la Republique Mais,

M m ij

ſuiuant la deciſion de Caton, il ne faut rien faire au hazard & ſans raiſon, nous deuons rendre conte de noſtre repos & de noſtre loiſir. C'eſt pourquoy ie ne puis vous laiſſer paſſer ce que vous dites de Budé qui eſtoit, quoy que vous le taxiez d'ignorance, le plus ſçauant homme de ſon ſiecle.

Pag. 181.

Vous m'obligeriez bien dauantage dites-vous, de m'apprendre ce que veut dire, quincunx, quand on dit que les arbres ſont plantez en quincunx. Ie n'entends pas trop mal la diuiſion de l'as des Romains en douze onces, et ie ſçay que quincunx en ſignifie cinq. Mais auec toute cette profonde erudition, ie ne ſatisfis pas mieux l'autre iour à cette difficulté, & me contentay de rapporter ce lieu de Budé, Quincuncialis autem ordinum ratio in arbuſtis & vineis, et in quincuncem arbores diſpoſitæ, cur dicantur cõmminiſci non potui. Par où ie prouuay que ſi i'eſtois ignorant ie l'eſtois auec vn grand homme.

Ie ſerois faſché, Monſieur, que l'on eût vne ſi mauuaiſe opinion de vous. Pour ce qui eſt de Budé, il ſçauoit tres-bien ce que veut dire *quincunx*, & perſonne n'a mieux compris que luy la diſpoſition des arbres rangez de la ſorte. Il l'ex-

plique excellemment par quantité de beaux paſſages de Quintilien, de Ciceron & de Collumelle, & cite fort à propos Demoſthene & Xenophon : Vous auez tort d'auoir tronqué ſon passage; Vous ne deuiez pas obmettre ce qu'il adiouste en suite des termes que vous alleguez. *Quid tamen sit ex Fabio intelligimus, apud quem hæc verba libro octauo leguntur, nullusne etiam frugiferis adhibendus decor? Quis negat? nam & in ordinem certáque interualla redigam has arbores. Quid illo quincunce speciosius qui in quancunque partem spectaueris rectus est? sed protinus in id quoque prodest, vt terræ succum æqualiter trahant.* Le mesme Budé, apres auoir allegué vn passage de Xenophon, ajouste, *Ex quibus verbis cum Ciceronis collatis conijcere statim possumus, quid sit quincuncialis ordo, etiam si nondum intelligimus, cur ita appellatus sit.* Ce qui fait voir fort clairement, qu'il n'ignoroit pas vne chose qu'il explique si bien; Il aduouë pourtant, qu'il ne sçait pas au vray, pourquoy les arbres plantez d'vne telle façon, s'appellent des arbres plantez en *quincunx*, il sçait ce que veut dire le mot, mais il en ignore l'etymologie, pouuant dire en quelque sorte,

Numeros memini si verba tenerem.

Pour conclure, il est constant que *quincunx* signifie cinq onces. Or le nombre de cinq estoit representé par cette figure V, Si bien que la multipliant plusieurs fois, vous trouuerez incontinent vos arbres en *quincunx*, ou comme nous parlons en François, en eschiquier; Ce qui arriue lors qu'ils sont en pareille distance les vns des au-

M m iij

tres en tout sens, & lors que les rangs se trouuent
toûjours droits de quelque costé qu'on les regarde, *quocúmque modo intueare, in ordinem se porrigente
versu.* En voicy la forme.

Volusius Mœtianus Autheur fort ancien, &
dont les Ouurages sont citez dans les Liures des
Pandectes, nous enseigne que le *quincunx* est
composé de cinq onces, & qu'il est representé par
cinq petites lignes, ou points disposez ainsi,

Ce qui est toûjours reuenir à ce que nous auons
dit ; car cette figure n'est rien que deux V ioints
l'vn à l'autre

SECTION XII.

DEFENSE D'HERODOTE CONTRE
Monsieur Costar. Qu'il s'est mespris en traduisant
Muræna, Lamproye. Conclusion de
tout le Discours.

VOus trouuerez bon, s'il vous plaist, Monsieur, puisque ie me suis vne fois interessé
pour Herodote , contre les railleries de M. de
Voiture, que ie le defende icy contre vos accu- Pag. 365.
sations. Vous-vous moquez de luy comme d'vn
autheur fabuleux , parce qu'il raconte que le vent de
Midy s'auisa vn iour d'emporter toutes les eaux des Psylliens, & de tarir toutes leurs fontaines ; dequoy ce peuple se sentant mortellement offencé, luy declara aussi-tost
la guerre, comme à vn voleur public, mais toute leur armée s'en alla au vent, parce que le vaillant Auster ve-
nant à leur rencontre, excita contr'eux vne telle tem-
peste dans le sable & dans la poussiere, que ces pauures
gens y perirent tous, & firent vn malheureux naufrage
en terre ferme. Vous ajoustez, Que vous ne pensez
pas que cette fable soit vraye, car plusieurs Autheurs
qui sont venus depuis parlent des Psylliens, qui par consequent ne perirent pas tous lors de cette défaite, ainsi
Auster ne fut pas du tout si meschant que nous le fait le-

fidele Hiſtorien. O que la Grece eſt vne menteuſe inſo-
lente dans ſes Hiſtoires les plus ſerieuſes!

Ie ne doute pas que les Grecs n'ayent racon-
té pluſieurs fables ; mais pour ce coup, Monſieur, vous auez grand tort d'accuſer des innocens. Herodote ne debite pas cette hiſtoire de
ſon chef, & comme il n'en eſt pas l'Autheur, il ne
pretend pas auſſi en eſtre le garent. Il dit ſimplement, que les habitans de Lybie la tiennent
pour veritable. Il ne dit pas non plus que les
Pſylles y perirent tous, ſans qu'il en eſchapaſt
aucun ; Ce qui ſeroit bien eſtrange ; quoy qu'il
ne s'enſuiuroit pas que la nation fût exterminée
entierement, quand meſme toute cette armée
l'auroit eſté. N'auroient-ils laiſſé perſonne à la
maiſon pour la garder ? n'eſtoit-il point reſté de
vieillards, de petits enfans, de malades, ni meſme de femmes groſſes ? La diſgrace qui leur arriua pût bien donner occaſion à leurs voiſins de
s'emparer de leur Eſtat, mais il ne faut pas conclure qu'Herodote eſt vn menteur parce qu'on a
veu depuis des Pſylles. *Ce ſeroit grand dommage di-*
tes-vous, que vous ne ſceuſſiez point de Logique, tant
vous-vous plaiſez dans voſtre ieu, & tant vos
concluſions vous ſemblent ingenieuſes. Pour
moy, i'oſe dire auec le reſpect que ie vous dois,
que c'eſt grand dommage que vous ne vous y
ſoyez pas mieux exercé, & que vous n'ayez vn

peu

peu plus diligemment cultiué vne science dont
nous auons tant de besoin, & qui est si necessaire
en toutes rencontres. Voicy le sujet de vostre
mesprise, Vous n'auiez pas consulté *vostre Hero-*
dote, qui ne sçait que la Langue de son païs & de son
Pere. Vous auez leu ce passage dans Aulugelle,
qui dit, à la verité, que les Psylles perirent tous;
mais sa traduction n'est pas exacte.

Pour terminer ce different, il ne faut que voir
ce qu'en dira Pline. *Similis,* dit-il, *& in Affrica gens* Lib.7. c.2.
Psyllorum fuit, &c. Hæc gens ipsa quidem propè inter-
nicione sublata est à Nasamonibus, qui nunc eas habent
sedes. Genus tamen hominum ex his qui profugerant,
aut cum pugnatum est absuerant, hodiéque remanent
in paucis.

Les fontaines & les ruisseaux des Psylles, que
tarit le meschant Auster, m'ont remis en la memoire le viuier de Vedius Pollio, dont vous par-
lez, *que l'Empereur Auguste fit combler, parce que ce* Pag. 388.
Vedius auoit accoustumé d'y ietter ses esclaues pour des
fautes assez legeres, & de nourrir ainsi ses Lamproyes de
chair humaine. Ie ne dis point que cette Histoire
ne faisoit rien à vostre sujet, & que vous-vous
faites des objections qui n'ont pas la moindre
apparence de difficulté. Ie dis seulement, que
vous faillez auec beaucoup de gens, de croire
que ces poissons que Dion & Seneque appellent
dans les passages que vous alleguez, *Murena,*

N n

foient les mefmes que ceux que nous appellons
des Lamproyes. Ce font des poiffons bien differens. Ceux-cy font vne efpece de Remores, &
les mefmes qu'Aufone décrit fous le nom de
Muftellæ, & Caffiodore fous celuy d'*Exormiftos*.
Les autres qui font les πλῶται, & les *Fluta* des Anciens, n'ont point d'autre nom en François, que
celuy de Murenes. Mais vous auez fuiuy felon
voftre couftume, l'opinion du vulguaire. Peut-
eftre auiez-vous leu l'*Onomafticon nouum Latino-*
græcum, qui écrit à la verité, *Lampetra* μύραινα, mais
cét *Onomafticon*, & le vulguaire, fe trompent.
Vous deuiez confulter là-deffus les Autheurs
qui ont traité de ces matieres, comme les deux
Scaligers, Rondelet, & Belon, Gefner, Aldrouan-
dus & tant d'autres, qui euffent pû vous en ef-
claircir. Ie fçay bien qu'Archeftratus appelle les
Lamproyes des Anguiles qui n'ont point d'os,
& que Dorion les nomme des Murenes de riuiere. Mais elles ne font pas de vrayes Anguilles,
ni de vrayes Murenes. De mefme que les Chiens
& les Veaux de mer font bien differens de ceux
de terre, quoy qu'on leur ait donné leurs noms.
Ce n'eft pas merueille toutefois fi vous vous
eftes mefpris dans la connoiffance de ces poiffons, puis que vous prenez bien des Corbeaux
pour des oyfeaux de riuiere.

  I'aurois, Monfieur, mille chofes à remarquer,

ſi ie voulois pouſſer plus auant & vous traiter à
la rigueur ; Mais ce ſeroit tomber dans le deffaut
que tout le monde a blaſmé dans vos Entretiens ;
Ie laſſerois le Lecteur, que i'aprehende de n'auoir
déja que trop ennuyé, & ie ferois vn diſcours
qui ſeroit auſſi grand que voſtre Liure. Pour
concluſion, ie ne ſçaurois mieux finir qu'en diſant de vous ce qu'autrefois Quintilien diſoit Inſt.orat.l.10.
de Seneque. Ce ne ſera pas vous faire iniure.

Plaçebat propter ſola vitia , multæ alioqui & ma-
gnæ virtutes fuerunt. Ingenium facile & copioſum,
plurimum ſtudij, & multarum rerum cognitio, in qua
tamen aliquando ab ijs quibus inquirenda quædam man-
dabat deceptus eſt. Tractauit etiam omnem feré ſtudio-
rum materiam. In Philoſophia parum diligens, egregius
tamen vitiorum inſectator fuit. In eloquendo corrupta
plæráque, atque eo pernicioſiſſima quòd abundet dulci-
bus vitiis. Velles eum ſuo ingenio dixiſſe, alieno iudicio.

Ie diray donc ſuiuant à peu prés le ſens de
cét Autheur. Vous plaiſez, Monſieur, autant
par vos manquemens que par voſtre merite &
par voſtre vertu. Vous auez l'eſprit beau, facile,
& abondant ; vous auez beaucoup leû ; vous auez
la connoiſſance de pluſieurs choſes ; Neantmoins, vous auez ſouuent eſté trompé par ceux
qui vous ont fourny de memoires. Vous auez
traité toute ſorte de matieres, & auez parlé de
toutes les diſciplines. Quoy que vous ſoyez peu

exact dans la Philosophie, vous ne laissez pas de
reprendre volontiers les moindres fautes d'autruy. Vous corrompez les choses en les énon-
çant, & vous estes en cela d'autant plus dangereux, que vos deffauts sont aimables. Il seroit à
souhaiter qu'en écriuant, vous eussiez suiuy vostre genie & vostre esprit, mais que vous-vous
fussiez seruy du iugement de quelque autre.

FIN.

PAVLI THOMÆ
(A GIRACO)
EPISTOLA
AD LVDOVICVM BALZACIVM,

PAVLVS THOMAS
IOANNI LVDOVICO
BALZACIO.
S. P. D.

IBI ergo, quod nulli Mortalium ferè contigit, à Numine concessum est, CLA-RISSIME BALZACI, vt & versus faceres optimos, & solutâ oratione scriberes quàm emendatissimé. Poëma sanè tuum, quod ad me misisti nuper, maxima cum voluptate perlegi, adeò cuncta polita & ornata, suísque numeris omnibus perfecta sunt & expleta: nihilque, vt paucis absoluam, quod non summum Poëtam deceat & optimum Ciuem. Nec erat omnino cur de meâ sententiâ deberes esse sollicitus : scis enim quanto studio, quanta reuerentia & admiratione suscipiam téque, tuáque omnia.

Quid de Vincente Victuro sentiam non ita dicere est

expeditum: Quí enim ego medijs in ſiluis occupatus, ru-
riſque plenus & inficetiarum judicem de homine,
quem vrbanitate, leporibus, ſuauitate dicendi, cæteriſque
mitioribus animi bonis abundare, conſentiens eſt Aulæ to-
tius opinio? Dicam tamen apertè, vt noſtra poſtulat amici-
tia, meique mores, quale ſit meum ſuper hac re judicium.

Tria potiſſimum Auctor iſte epiſtolarum genera vide-
tur eſſe perſecutus; vnum modeſtum & graue; alterum
facetum, familiare & jocoſum; tertium quod ex duobus
illis componitur, amatorium. In primo & vltimo medio-
cri cum laude verſatus eſt: jocoſum vero tanta cum ele-
gantia & venuſtate tractauit, vt ſi pauca excipias, quæ
veniam apud multos facilè inuenerint, nihil iucundius aut
dulcius cogitari poſſit; nihil quod ſales Atticos magis ſa-
piat, vel Romanam vrbanitatem. Elucet vbique perſpi-
cuitas ſumma & ornatus; dictio pura & elegans; exqui-
ſita, vt plurimum, abſque nimia affectatione, rerum &
verborum tenuitas: & ſi Demetrio Phalereo credendum,
quod ad elocutionem ſpectat, optimum expreſſit epiſtolæ
conſcribendæ characterem, cum floridum dicendi genus
ſubtili commodè miſcuerit.

Eſt & aliud quod in Victuro laudes: Habent enim
multum ipſius epiſtolæ ὸ ἠθικὸν, adeò vt cùm quiſque ve-
lut imaginem animi ſui ſcribat epiſtolam, Victuri fuiſſe
ſuauiſſimos mores, jucundum ac mite ingenium, gratam
in loquendo libertatem facilè dignoſcas. Quæ res, dum
viuebat, tantam ei apud omnes conciliauère gratiam, vt
majore quàm vſquam alterius fauore, ipſius ſcripta ſint

EPISTOLA.

profecuti, fimul ac in lucem edita funt. Et verò expecta-
tionem fui quæ magna erat, egregiè fuftinuit: Quis enim
tam à Mufis alienus, quem non oblectent & afficiant
fcriptæ ad Clariffimum Memmium epiftolæ, ac præcipuè
illa CCXV. in qua de fœmina Principe, & Germanis Ora-
toribus loquitur. Quàm ibi optimè fuauitatem Terentij &
elegantiam, atque Luciani lepores & amœnitatem repræ-
fentat; & quàm, vt inquit ille, omnia digna diuâ ve-
nuftiffimâ Venere!

Ijfdem falibus afperfæ funt litteræ CXII. & CCIX. &
quædam aliæ ad eundem. In illis pariter fumma eft gratia,
quibus cum inuictiffimo Condæo iocatur, partâ Rocroenfi Ep. CLXI.
CLXXXVI.
CXXIV.
victoriâ, & occupato Belgij portu illo celeberrimo. Le-
pidiffima quoque mihi videtur illa fictio Cyprini cum fa-
miliari fuo Lucio ludentis & geftientis, quòd Gallicus
exercitus eodem duce tranfportatus effet in Germaniam.
Minore, vt ego arbitror, Athenienfium plaufu in fce-
nam aues fuas Ariftophanes introduxit, & ranas incon-
dito ftrepitu garrientes; Illudque exclamare fubit.

O mutis quoque pifcibus

Donature Cycni, fi libeat, fonum!

Ad Ramboletam lectiffimam fœminam litteræ quæ-
dam non peffimæ, & ad Pauletam; Nec injulsè ri- Ep. CLXII.
LVI.
det Pifanium, ob amiffam pecuniam, & Academicos
noftros, neceffariam omninò & à populis omnibus vfur-
patam vocem Oftracifmo damnantes. Iucunda Bæticæ
Prouinciæ defcriptio epiftolâ XLV. Armandi quoque Ri-
chelij amplitudinem, poft receptam Corbiam, munitum ad

* iij

LXXIV.

Somonam oppidum, aliquâ cum dignitate tuetur & il-
lustrat. Ad eminentissimum Valetam, & ad clarissimum
Costardum litteras scripsit non malas. At quamuis hone-
sto viro sit indecens & planè mimicum, de seipso narra-
re ridicula (Nam, vt ait Quintilianus, deformitas &
turpitudo cùm in alijs demonstrantur, vrbanitas,
cùm in ipsum dicentem recidunt, stultitia voca-
tur.) *illud tamen facetissimum est, multique oriuntur*
risus dulcesque cachinni, ex hac historia, cùm Au-

Ep.LXIX.

ctor ipse sago impositus quod valentissimi homines quatuor
aduersis è partibus arripuerant, in altum iactabatur, vt
statim recideret, & continuato illo petauro risum puellis,
quæ id iusserant excitaret. Et hæc omnia sanè, facetè,
lepidè, lautè, nihil supra.

Tanta igitur venustatum copia, & tam eximia di-
cendi facultate instructus, valde conspicuum inter aucto-
res Gallicæ facundiæ occupasset locum, si libro suo vlti-
mam manum imposuisset; aut si plus in eligendis iudicy,
quàm in conquirendis vndequáque eius epistolis, diligen-
tiæ adhibuissent qui curam hanc suscepere. Plurimas
sanè non optimæ notæ concedat necesse est qui attentè
inspexerit, quique blandientis Aulæ plausus expertus
fuerit sæpius esse fallaces. Neque interim quod praua
solet ambitio, amœnissimi Scriptoris famam cupio læ-
dere; sed ità multa sunt quæ reprehendas, vt dissimulare
nequeat Lector vel indulgentissimus. Aliquando inanis
verborum sonus obstrepit, summáque inest vacuitas re-
rum & inopia; quo vitio vel maximè laborant qui nunc

temporis scribunt vernaculè; siue quòd litterarum studia leuiùs attigerunt, seu quia dum exquisitam sermonis elegantiam & nitorem nimis affectant, non intelligunt se vim & pondus eorum quæ dicuntur, omnino corrumpere.

Castigatum & pressum orationis genus magis esse conueniens epistolis existimaui semper, quàm redundans & Asiaticum; nec ferre possum iterationes illas & ταυτολογίας & περισσολογίας quibus abundat Victurus. Multæ sunt vnius argumenti litteræ, præcipuè vero amatoriæ, absque vlla ferè varietate sententiarum, eóque minus probandæ quo longiores. Nouitate etenim aliquâ morandus est Lector, vel eruditione, aut saltem negotia tractanda. Næ illi vehementer errant qui eloquentiam in nudo & ambitioso verborum apparatu constituunt, & effœminatam læuitatem, fucóque óblitam & pigmentis speciem consectantur. Non leui equidem me tædio affecerunt epistolæ ad Pauletam tricesima & tricesima quarta, & amatoria CXCVII, *cum sequentibus quatuor, & ad Scombergium epistolæ tres, atque aliæ quas molestum esset persequi. Quin & plurima reperias quæ ad delectum verborum & elocutionis pertinent ornatum, quamuis id maximè spectauerit Vincens Victurus vt emendatè loqueretur, in quibus limæ laborem & moram effugisse manifestum sit. Quædam nouè dicta, nonnulla trita & communia, & aliquid non satis politum & accuratum, & vt ita dicam, non satis Balzacianum.*

In ipso etiam quo excelluit genere dicendi hilari &

faceto non pauca me offendunt. Vt enim taceam licentiosam illam familiaritatem, quâ aduersús ornatissimos viros, fœminasque primarias vtitur, aliquando dum totus versatur circa ridiculum, non illiberalibus temperat jocis, non sententijs parcit turpibus & obscœnis. Nam sicut ingeniosa, elegans & vrbana iocandi ratio mirâ quadam animum voluptate perfundit, ita profectò ingenuo homini dicacitas illa scurrilis & scenica alienissima est; dúmque in id vnum animum intendit vt placeat, facilè parit contemptum sui. Quis Victurum ferat vnum è multis de furunculis suis & phlegmonibus comicè differentem apud illustrissimam Condæam? Et continuatâ licentiâ eadem scribentem ad Capellanum? Alio loco de pediculis loquitur insecto fœdissimo, à quo delicatiores quàm maximè abhorrent. Immodestum & petulans quod scribit aliquando in nonnullis ad matronas litteris. Cui vero non mimica videatur & frigida illa Valentini ædificij descriptio? Quàm alieno tempore jocatur scribens ad Gramontium Equitum Tribunum in ipso Patris funere! Quàm insulsa, quàm petita è triuio, mediaque Suburra, barbaræ illius vocis, Abracadabra vsurpatio! Risi certè multùm aliquandò càm bellum istud figmentum legissem apud Septimium nostrum; nosti quàm lepidus homo fuerit; quod tamen libris suis insertum mirum in modum exultabat. Sunt equidem hæc vrbanitatis & εὐτραπελίας delicta: Sed cùm diuinis illis verbis & sententijs, quæ mysteria Religionis continent, ad mouendum risum Victurus abutitur, hoc iam flagitium est & sacrilegium; hoc,

sacrum

Ep. XCIV.
XCV.
XXX.

LXXXVIII.

CLXIV.

CCXII.

sacrum ignem è curru Solis detractum cœno includere, & vt Poëticè persequar, manibus prophanis Deorum contingere vittas.

Nec tot mendæ obfuerunt quin se iactet vbique quòd litteras scribat bonas, & quod mireris, cùm eas libenter Romanis salibus aspergat, & facit lepidè herclè & commodè; *Multa tamen reperiuntur quæ ipse non intellexit, & quæ liquidò demonstrant mediocres illum in re litteraria fecisse progressus. Quàm malè Epist.* CCXII. Q. *Curtij mentem est assecutus, dum ab Alexandro Darij fratrem deditâ operâ oppugnatum asserit, cùm è contra ipsum Regem peteret Alexander, & sese medium Oxatres intulisset, quò ab hostibus fratri intentatam perniciem auerteret. Verba elegantissimi Scriptoris subijciam.* Alexander non ducis magis quàm militis munia exequebatur, opîmum decus cæso Rege expetens. Quippe Darius curru sublimis eminebat, & suis ad se tuendum, & hostibus ad incessendum ingens incitamentum. Ergo frater eius Oxatres cùm Alexandrum instare ei cerneret, equites quibus præerat, ante ipsum currum Regis objecit, armis & robore corporis multùm super cæteros eminens. *Grauiter etiam peccauit Vincens, cum verbum istud,* armis, *hoc in loco vsurpari potuisse pro humeris existimauit; Non enim alio sensu locutus est Curtius, quàm eodem in libro, cùm Persarum exercitum fulgere armis dixit & opulentiâ. Sed ineptissimum, illam confirmare sententiam Virgilij auctoritate, & Poëtam*

**

PAVLI THOMÆ

putat: de humeris Æneæ habuiſſe ſermonem, cùm ait

> Quem ſeſe ore ferens! quàm forti pectore &
> armis!

Ad Coſtardum Epiſtolâ C X C I I I. *citauit verſus Ca-*
tulli corruptiſſimè.

> Non eſt ſana puella, nec rogare
> Qualis ſit, ſolet hæc imago naſum.

Licet enim hæc tanta verborum deprauatio Adriano
Turnebo placuerit. poſt Ioſephi Scaligeri fœliciſſimam in-
terpretationem, nefas dubitare quin ſit legendum,

> Non eſt ſana puella, nec rogate
> Qualis ſit, ſolet hæc imaginoſum.

Id eſt, ſolet imaginoſum morbum ægrotare ; phreneti-
de laborat; illam vrget, *vt ait Horatius, phanaticus*
error.

C C X I I I. *Epiſtolâ Flaccum vno pede debilitat Vi-*
cturus, dum ſic corrigit,

> Nunc lapides adeſos
> Stirpeſque raptas, & pecus & domos
> Voluentem vnà, non ſine montium
> Clamore, vicinæque ſiluæ.

Scripſerat Horatius, voluentis vnà, integra metri ra-
tione.

Ep. ccxiv. *Idem in Virgilium committit,*

> immania Cete,

> Tritoneſque citos, Phorcique exercitus omnes.

Vbi penultimum pedem Creticum fecit, qui debebat eſſe
Dactylus.

EPISTOLA.

Incommodè quoque illud explicare videtur,
  Me-ludo fatigatumque fomno,
  Fronde noua puerum palumbes
  Texere.

Hoc eft, *inquit* fatigatum fomni inopia. *Scio multos fic accipere,* ludo fatigatum, fomno oppreffum.
Ego fimpliciter intelligendum puto, fomno nimio laf-
fatum, malè affeĉtum, *aut vt fcribit Liuius,* fomno
fatiatum. *Quod optimè Homerus expreffit.*

Γ δ' έπων μὴν κόρος έςὶ, κỳ ὕπνε κỳ Φιλότητος,

Μολπῆςτ γλυκερῆς, ἑ ἀμύμονος ὀρχηθμοῖο.

*Satietas enim faftidium, mœrorem poftea & dolorem parit;
Vnde idem diuinus Homerus,*

αὐίκ κỳ πολὺ ὕπνος.

*Affirmat quoque Hippocrates, & omnis poft eum tur-
ba Medicorum, fomnum immoderatiorem omnes fenfuum
mentifque vires torpore & ignauia fic afficere, vt cor-
pus languidum reddat & imbecillum: Ad quæ refpexiffe
affirmaverim* Poëtam litteris Græcis atque Latinis
iuxta atque doĉtiffimè eruditum; *Nam verbis vtar
Crifpi Saluftij, quem in eo quàm iniquè reprehendit Vi-
ĉturus! Syllam enim quòd Latinè doĉtus fit, cur lauda-
ri moleftè habeat non video; Si quidem Romanam eloquentiam affequi, aut Poëtices laudem; vel purè, ele-
ganter, & ornatè loqui aut fcribere; originem gentis
fcire & hiftoriam; jura ac leges facrorúmque ritum cal-
lere, adeóne cuilibet Romano ciui eft peruium & facile?
Quis vnquam vitio vertat fi quis Demofthenem, Pla-*

** ij

Hor. lib. III.
Ode IV.

IΛ. I.

OΔ. o.

Περὶ διαίτης
βι. β.

De Bello
Iugur.
Ep. CXCVI.

PAVLI THOMÆ

tonem, Herodotum quia Græcè, aut quemquam alium quia patrio sermone sint docti, commendauerit? Nec quicquam tuæ gloriæ detractum crederem, CLARISSIME BALZACI, si te Gallicis litteris, sicut es & Latinis & Græcis instructum & eruditum, vt libenter facio, prædicarem.

At ipse se Romanâ doctrinâ minus excultum prodit, dum Latino sermone scriptas epistolas mutuò accipit, vt suo nomine ad eos mittat, qui ipsum πολυθρυλλήτου *illius Academiæ socium acciuerant. Minime igitur mirandum si verba illa Ciceronis explanare non voluit.* Volo videre animum qui mihi audeat ista quæ scribis apponere, aut etiam polypum miniani Iouis similem; crede mihi non audebis. *Quærit hîc facetus homo, quale sit monstrum, polypus ille Iouis miniani similis? Timebat fortè nè periret fato Diogenis, cui causa mortis alter polypus fuit. Nesciebat in more fuisse apud Veteres, Deorum statuas minio pingere.* Enumerat auctores Verrius, *vt est apud Plinium*, quibus credere sit necesse, Iouis ipsius simulachri faciem diebus festis minio illini solitam, Triumphantumque corpora; Sic Camillum triumphasse, etiam nunc addi in vnguenta cœnæ triumphalis, & à Censoribus in primis Iouem miniandum locari. *Inde Virgilius.*

> Pan Deus Arcadiæ venit, quem vidimus ipsi
> Sanguineis ebuli baccis minioque rubentem.

Polypum mensis olim fuisse adhibitum nemo nescit, ipsum autem θολον *siue atramentum habere, non quidem*

Ep. CXCV. & seq.

Cic. ep. XVI. L. IX.

Nat. hist. Lib. XXXIII. Cap. VII.

Egl. X.

EPISTOLA.

vt sepia nigrum, sed purpurascens in vesiculâ, quam μήκωνα *vocant, auctor est Athenæus libro septimo. Siue igitur assus aut elixus foret polypus, has enim duas illius præparandi rationes in vsu fuisse inuenimus, rubei coloris erat & miniati. Assum vel iure nullo adhibito sic inficiebat ignis; Elixus vero cum suo atramento, vt laudabilior, sic coloremillum magis referens :* Muriam namque ex sese emittere, *testis est Plinius,* & ideò non debere addi in coquendo. *Et ecce tibi Polypus similis miniani Iouis.*

Li. XXXII
c. X.

Victuri igitur non erat admodùm erudita Vrbanitas. Quod ex hoc etiam apparet, cùm politissimum ridet Herodotum, quia dixit in India formicas inueniri canibus quidem magnitudine minores, vulpibus vero ampliores. *Attamen si quicquam aliud, receptissima fuit hæc apud antiquos de formicis opinio, quas aurum è cauernis eruere, & egestum acerrimè tueri ab Indorum insidiis nullus non scribit. Eadem apud Strabonem tradidere Nearchus atque Megasthenes: Eadem Ælianus, Mela, Philostratus, & alij complures. Quid, si legisset Vincens Iulium Solinum, qui illas esse formâ similes, ait,* canibus maximis, pedes habere leoninos? *Quid, si Plinium qui miraculum adijcit* cornua gestantes formicas, quibus color sit felium, magnitudo Ægypti luporum? *His omnino congruentia reperias apud Auctores qui detecti superiore sæculo noui Orbis scripsere historiam. Nec fidem ista superant, constat enim immanè quantùm à no-*

Ep. LXXVII.

Thalia.

Lib. XV.

Cap. XLII.

L. XI.
c. XXXI.

** iij

ſtris differat quod eſt in India & Africa ſerpentum ge-
nus. Et teſtudinum teſtas certum eſt eius eſſe capacitatis
in illius Orbis inſulis , vt duodecim homines commodè
recipiant.

    Et vt id quóque quod in eâdem epiſtolâ addit Victu-
rus obiter attingam , Quænam , inquit , mens erat
Herodoto , cum ſcriberet Vraniam Venerem im-
miſiſſe muliebrem morbum Scythis illis , qui ipſius templum in vrbe Syriæ Aſcalonē deprædati
fuerant? *Morbus ille in fœminis nihil aliud eſt , quàm*
ipſarum καθαρσὶς *menſtruæ. In viris vero debet intelligi*
effluuium ſanguinis, qui per venas αἱμορροῖδας *excernitur,*
more menſtruorum.

    Sed non ſatis demirari poſſum cur Terentij locum tra-
ctans adeò ſe torquet, vt vnum hoc ſciat, an quæ ſecum
loquitur perſona, poſſit interrogatione vti æquè
ac ſi cum aliâ loqueretur? *Certè nulla res magis obuia,*
nulla ſæpius vſurpata , cùm ab ipſo Terentio , tùm ab om-
nibus Poëtis , quotquot vnquam carmina fecere.

    Non caret quóque reprehenſione quod ait Victurus
ep. XIV. *memoriam eam eſſe animæ partem, quæ*
menti ſit magis contraria ; *Vt enim præteream , non*
accuratè dictum, indiuiduam animi noſtri naturam ex par-
tibus ſibi diſſentientibus eſſe compoſitam ; multos ſanè re-
periri conſtat & fœlici memoriâ præditos & acri iudicio.
Quin & ipſemet Vincens eorum quæ dixerat oblitus, lau-
dat illuſtriſſimum Principem, quod ornatus ſit memoriâ
tenaciſſimâ.

EPISTOLA.

Nec suæ existimationi fauet, dum se narrat super-
ciliis inuicem junctis esse conspicuum, quæ no-
ta sit hominis perditissimi ; *at fuit ille homo mi-
nimè malus ,* & σιωόϕρυας *non dixit Aristoteles esse* Lib. de Phy-
siog.
pessimos sed tristes. *Octauium etiam Augustum Princi-
pem optimum supercilia habuisse coniuncta ait Sueto-
nius.*

  *Quæ ab alijs scitè aut acutè dicta suis inserit, sæ-
pius inculcat, quale illud,* Quidquid calcaueris hîc
rosa fiat : *Et* Nardi paruus onyx eliciet cadum ;
& *illud,* Carduus & foliis surget paliurus acu-
tis ; & *multa similia.* Alicubi etiam tanta ipsius fuit
negligentia, vt non scripsisse, sed absque vlla medita-
tione dictasse quædam videatur ; Quale in eo Poëmate
quo Lucianum imitatus, Iouem introduxit responden-
tem postulationi litterarum, quæ in formatione nominis, Neugermani, non fuerant admissæ ; Rebellant,
ait, solæ consonantes, nam quod ad vocales at-
tinet, nullius ratio non habita. *Mirum quod non
aduertit vir acutissimus, vocalem, O, hoc in nomine de-
siderari.*

  Cur Homerum, Thebanum *nominet potius quàm*
Smyrnæum, *aut* Mæonium *nescio ; Non equidem nu-
merantur* Thebæ *inter vrbes quæ de Poëtæ summi ortu
contendunt : Affirmat* Heliodorus *Thebis* Ægyptiu *na-
tum, sed si* Ægyptius, *quare Græcum dixit* Victurus?
Quare Thebanum *cæcum, quæ est appellatio* Tiresiæ
vatis ?

PAVLI THOMÆ EPISTOLA.

Næui sunt hæc in pulcherrimo corpore, quibus deletis, suus ei nitor redibit & venustas; At profectò omnes in partes funduntur nimij, quas si non deturpant, certè minus gratas reddunt & elegantes. Vincentis Victuri solum pingue & fœcundum, lætæ segetes, sed diligentioris culturæ vitio, inter nitentia culta.

Infœlix lolium & steriles dominantur auenæ. *Sed de his hactenus.* Vale, BALZACI CLARISSIME, *& me ama obseruantissimum tui.*

Sceaux de France, auant que de l'expofer en vente, & que ces
prefentes feront regiftrées dans le Liure de la Communauté
des Libraires de noftre Ville de Paris, fuiuant l'Arreft de noftre Cour de Parlement, à peine de nullité d'icelles. Du con-
tenu defquelles nous vous mandons que vous faffiez iouïr
plainement & paifiblement l'Expofant, & ceux qui auront
droit de luy, fans qu'il leur foit donné aucun trouble ny em-
pefchement. VoyLons qu'en mettant au commencement
ou à la fin dudit Liure, vn Extrait des prefentes, elles foient
tenuës pour deuëment fignifiées, & que foy y foit adjouftée,
& aux coppies collationnées par vn de nos amez Feaux Con-
feillers Secretaires comme à l'original MandonS au premier noftre Huiffier, ou Sergent fur ce requis, de faire pour
l'execution des prefentes, tous exploits neceffaires, fans demander autre permiffion. Car tel eft noftre plaifir, nonob-
ftant oppofitions ou appellations quelconques, & fans preiu-
dice d'icelles, pour lefquelles nous ne voulons qu'il foit dif-
feré Clameur de Haro, Chartre Normande, & autres Lettres
à ce contraires. Donne' à Paris le 12 iour de Fevrier, l'an
de Grace mil fix cens cinquante-cinq. Et de noftre Regne
le douziefme. Signé, Par le Roy en fon Confeil, ConrarT.
Et feellé du grand fceau en cire jaune.

Acheué d'imprimer pour la premiere fois, le 10. Avril 1655.

**Les Exemplaires ont efté fournis, ainfi qu'il eft porté
par le Priuilege.**

*Regiftré fur le liure de la Communauté,
le vingtiefme Fevrier 1655. conformément
à l'Arreft du Parlement du 9. Avril 1653.*
BallarD, Sindic.

Fautes suruenuës dans le cours de l'impreßion.

PAr tout où il y a responce, defence, offencer, *lisez* response, defense, offenser, &
au lieu de condamner, *lisez* condanner. Page 11. ligne 6. & ailleurs où il y a Longin, *lisez* Longinus, p.30. l.derniere, de Courtisans, *lis.* des Courtisans, p.34. l.penult.
iniue, *lis.* iniure, p.36. l.16. habille, *lis* habile, p.42. l. penult. Ecloques, *lis* Eclogues, p.54.
l.der. M. de Clermont, *lis.* Me de Clermont, p 55. l.7. que'lle, *lis.* qu'elle, p.59. l.15. langüe,
lis. langue? p.78. l.12. claoque, *lis.* cloaque, p.86. l. penult. auoürés, *lis.* auoüërés, p.89.
l.15. &, puis, *ostez la virgule*, p.98. *à la marge*, l.1. *lis.* Idy. & l.18. Aurico, *lis.* aurico, p.105.
l.16. suiet, il, *lis.* suiet; Il, p.130. l.8. feüeilles, *lis.* feüilles, p.159. l.16. ie n'ay point cru, *lis.* ie
n'ay point veu, p.169. l.22. s'abillent, *l s.* s'habillent, p.188. l.23. & qui se sert, *lis.* & qu'il
se sert. p.202. aussi, *lis.* aussi, l.7. *lis.* il n'y a, p.231. l.7. venoient d'estre tuez, *lis.* venoient
d'y perir, p.245. l.3. Alexander, *lis.* Alexandre, p.267. l.6. osebi en frapper, *lis.* ose bien
frapper, p.283. l.14. pugnatum est, *lis.* pugnatum est. Dans la lettre Latine, p.5. l.12.
quò, *lis.* quo, p.8. l.20. montium. Clamore, *lis.* montium Clamore, p.9. l.2. me ludo. *lis.*
Me-ludo, l.23. Si quidem, *lis.* Siquidem.

☞ *Il y a quelques endroits où les points n'ont pas esté bien mis, il y a aussi quelques autres
fautes que le Lecteur pourra facilement suppleer.*